大国优势

洪向华◎主编

中央党校出版集团　大有书局

图书在版编目（CIP）数据

大国优势 / 洪向华主编. -- 北京：大有书局，
2025.3. -- ISBN 978-7-80772-191-8
Ⅰ.D621
中国国家版本馆CIP数据核字第202597LH62号

书　　名	大国优势
作　　者	洪向华　主编
策划统筹	李瑞琪
责任编辑	李江燕
责任校对	李盛博
责任印制	袁浩宇
出版发行	大有书局
	（北京市海淀区长春桥路6号　100089）
综 合 办	（010）68929273
发 行 部	（010）68929805　68922233
经　　销	新华书店
印　　刷	北京盛通印刷股份有限公司
版　　次	2025年3月第1版
印　　次	2025年3月第1次印刷
开　　本	710毫米×1000毫米　1/16
印　　张	22
字　　数	272千字
定　　价	68.00元

本书如有印装问题，可联系调换，联系电话：（010）68928947

序　言

以进一步全面深化改革释放制度优势，更加坚定"四个自信"

韩庆祥

党的二十届三中全会以进一步全面深化改革、推进中国式现代化问题为主题。进一步全面深化改革，是坚持和完善中国特色社会主义制度、推进国家治理体系和治理能力现代化的必然要求。通过进一步全面深化改革，充分彰显中国特色社会主义制度优势和伟大的中华人民共和国这个大国的优势。全面深化改革释放出来的优势使我们更加坚定"四个自信"，我们要充分运用制度优势和国家的力量应对风险挑战冲击、激发经济活力潜能，构建全方位、高水平对外开放的新格局。

一、道路自信是对发展方向和未来命运的自信

方向决定道路，道路决定命运，道路自信是对发展方向和未来命运的自信。以经济建设为中心，坚持四项基本原则，坚持改革开放的"一个中心，两个基本点"，是新时期党的基本路线的核心内容。

长期以来，我们党既坚持科学社会主义基本原理又赋予其鲜明的中国特色，把马克思主义基本原理同中国具体实际相结合，不断解放生产力、发展生产力，把社会主义和市场经济有机结合起来，既发挥了社会

主义的优势，又发挥了市场经济的优势；既发挥了政府这只"看得见的手"的优势，又发挥了市场这只"看不见的手"的优势，经济社会的发展日新月异，中华民族迎来了从站起来、富起来到强起来的伟大飞跃。这种飞跃主要表现在国民经济持续快速增长，经济总量连上新台阶；财政实力由弱变强，外汇储备大幅增加；国际地位显著提升，影响力日益彰显；等等。

习近平总书记指出："当代中国的伟大社会变革，不是简单延续我国历史文化的母版，不是简单套用马克思主义经典作家设想的模板，不是其他国家社会主义实践的再版，也不是国外现代化发展的翻版。"新中国成立70多年，改革开放40多年，尤其是进入新时代以来，我们把国家制度和国家治理体系的显著优势转化为国家治理效能，经济社会发生翻天覆地变化的实践使我们有充分理由自信：中国特色社会主义道路是一条既符合中国国情，又适合时代发展要求并取得巨大成功的唯一正确道路。这条道路能够引领中国进步，增进人民福祉，实现民族复兴。

二、理论自信源于中国特色社会主义理论体系的科学性、人民性、开放性

我国国家制度和国家治理体系13个方面的显著优势实际上讲述了中国特色社会主义现代化建设13个方面的理论和实践问题，而它们恰恰是中国特色社会主义理论体系研究和阐述的理论和实践问题。进一步说，这13个方面的理论和实践问题从邓小平理论、"三个代表"重要思想、科学发展观到习近平新时代中国特色社会主义思想几乎都有论述，这些论述一脉相承，为做好这13个方面的工作提供了指导思想和行动指南，使这13个方面的显著优势转化为国家治理效能。

邓小平理论深刻揭示了社会主义的本质，确立了社会主义初级阶段的

序　言　以进一步全面深化改革释放制度优势，更加坚定"四个自信"

基本路线，明确提出走自己的路、建设中国特色社会主义，科学回答了建设中国特色社会主义的一系列基本问题，成功开创了中国特色社会主义。"三个代表"重要思想确立了社会主义市场经济体制的改革目标和基本框架，确立了社会主义初级阶段的基本经济制度和分配制度，成功地把中国特色社会主义推向21世纪。科学发展观强调坚持以人为本、全面协调可持续发展，在新的历史起点上坚持和发展了中国特色社会主义。习近平新时代中国特色社会主义思想，从理论和实践相结合上系统回答了新时代坚持和发展什么样的中国特色社会主义、怎样坚持和发展中国特色社会主义，建设什么样的社会主义现代化强国、怎样建设社会主义现代化强国，建设什么样的长期执政的马克思主义政党、怎样建设长期执政的马克思主义政党等重大时代课题。习近平新时代中国特色社会主义思想是对马克思列宁主义、毛泽东思想、邓小平理论、"三个代表"重要思想、科学发展观的继承和发展。概而言之，我国国家制度和国家治理体系13个方面的显著优势是在中国特色社会主义理论体系为指导思想和行动指南的前提下形成的，这些显著优势的发挥也验证了中国特色社会主义理论体系的科学性、人民性、开放性。

三、中国特色社会主义制度的本质特征和优越性是坚定制度自信的依据

中国特色社会主义制度是当代中国发展进步的根本制度保障，是具有明显制度优势、强大自我完善能力的先进制度。这一制度体现在经济、政治、文化、社会、生态文明等方面。我国国家制度和国家治理体系13个方面的显著优势是中国特色社会主义制度在13个领域彰显的优势。也可以说，这13个方面的显著优势反映了13个领域的制度优势，成为我们坚定中国特色社会主义制度自信的基本依据。

大国优势

具体来说,坚持党的集中统一领导,坚持党的科学理论,保持政治稳定,确保国家始终沿着社会主义方向前进的显著优势,坚持全国一盘棋,调动各方面积极性,集中力量办大事的显著优势,坚持改革创新、与时俱进,善于自我完善、自我发展,使社会始终充满生机活力的显著优势,都是党的领导制度体系优势的体现;坚持人民当家作主,发展人民民主,密切联系群众,紧紧依靠人民推动国家发展的显著优势是人民当家作主制度体系优势的体现;坚持全面依法治国,建设社会主义法治国家,切实保障社会公平正义和人民权利的显著优势是中国特色社会主义法治体系优势的体现;坚持各民族一律平等,铸牢中华民族共同体意识,实现共同团结奋斗、共同繁荣发展的显著优势是爱国统一战线和民族区域自治制度优势的体现;坚持公有制为主体、多种所有制经济共同发展和按劳分配为主体、多种分配方式并存,把社会主义制度和市场经济有机结合起来,不断解放和发展社会生产力的显著优势是社会主义基本经济制度优势的体现;坚持共同的理想信念、价值理念、道德观念,弘扬中华优秀传统文化、革命文化、社会主义先进文化,促进全体人民在思想上精神上紧紧团结在一起的显著优势是繁荣发展社会主义先进文化制度优势的体现;坚持以人民为中心的发展思想,不断保障和改善民生、增进人民福祉,走共同富裕道路的显著优势是统筹城乡的民生保障制度优势的体现;坚持德才兼备,选贤任能,聚天下英才而用之,培养造就更多更优秀人才的显著优势;坚持党指挥枪,确保人民军队绝对忠诚于党和人民,有力保障国家主权、安全、发展利益的显著优势是党对人民军队绝对领导制度优势的体现;坚持"一国两制",保持香港、澳门长期繁荣稳定,促进祖国和平统一的显著优势是"一国两制"制度体系优势的体现;坚持独立自主和对外开放相统一,积极参与全球治理,为构建人类命运共同体不断作出贡献的显著优势是独立自主的和平外交政策制度体系优势的体现。

序　言　以进一步全面深化改革释放制度优势，更加坚定"四个自信"

四、文化自信是更基础、更广泛、更深厚的自信

在一个有着14亿多人口的大国，怎样把亿万人民的力量凝聚起来同心同德地进行社会主义现代化建设？这是一个十分重要的问题。习近平总书记提出了中国梦，画出了最大的同心圆，找到了全体中华儿女梦想的最大公约数，把国家、民族和个人作为一个命运共同体，把国家利益、民族利益和每个人的具体利益都紧紧地联系在一起。

党的十八大以来，我们党加大力度宣传中国特色社会主义和中国梦，使中国梦成为中华民族独特的梦想符号。提炼概括了社会主义核心价值观，利用各种方式宣传弘扬社会主义核心价值观。在各地的大街小巷、公园广场、机场车站，我们可以看到一幅幅展示社会主义核心价值观的公益广告。各地各部门精心设计开展人民群众喜闻乐见的活动，举办专家学者的宣讲活动，举办立足基层、丰富多彩的社会主义核心价值观进校园、进企业、进社区等宣传活动，利用传统文化节日弘扬中华优秀传统文化和爱国主义精神，宣传改革开放40周年的成就，宣传新中国成立70周年，推动着社会主义核心价值观内化于心、外化于行。在社会上大力提倡崇尚英雄、尊重模范、学习先进，人们的民族自信心、自豪感大大增强，人民思想觉悟、道德水准、文明素养不断提高，道德领域呈现积极健康向上的良好态势。

大力支持发展文化事业，不断深化文化体制改革，文化事业繁荣兴盛，公共文化投入力度持续加大，公共文化服务设施不断完善，服务能力和服务水平明显提升。文化产业快速发展，新业态迅速兴起，文化投资主体日趋多元，文化消费水平不断升级。积极鼓励和实施一系列文化交流、文化贸易和文化投资并举的"文化走出去"政策，中华文化影响力日益增强，国家文化软实力得到提升。在文化领域采取的各种措施，取得了巨大

成就，使人民群众在文化领域的获得感不断增强，这些成就和人民群众的感受为坚定中国特色社会主义文化自信提供了基本依据。

概而言之，我国国家制度和国家治理体系的显著优势已经成为我们坚定"四个自信"的基本依据，在新时代，应该坚持和完善我国国家制度和国家治理体系，把承载这些显著优势的制度和体系成熟化、定型化，日益筑牢坚定"四个自信"的基础。

目　录

第一章　坚持党的全面领导 ································· 1

一、维护党中央权威和集中统一领导 ····················· 2
二、健全党的全面领导制度 ····························· 9
三、确保党和国家事业始终沿着正确方向胜利前进 ········ 15

第二章　坚持人民当家作主 ······························· 21

一、人民当家作主制度的历史渊源和理论密码 ············ 22
二、人民当家作主制度的体系结构及独特优势 ············ 35

第三章　坚持全面依法治国 ······························· 55

一、科学立法 ······································· 57
二、严格执法 ······································· 63
三、公正司法 ······································· 68
四、全民守法 ······································· 72

1

第四章　坚持集中力量办大事 ············ 77

一、总揽全局、协调各方 ············ 77
二、举国体制、善作善成 ············ 85

第五章　铸牢中华民族共同体意识 ············ 99

一、坚持和完善民族区域自治制度 ············ 99
二、铸牢中华民族共同体意识 ············ 117

第六章　坚持基本经济制度 ············ 133

一、坚持公有制为主体、多种所有制经济共同发展 ············ 133
二、坚持按劳分配为主体、多种分配方式并存 ············ 140
三、充分发挥市场在资源配置中的决定性作用，更好发挥政府作用 ··· 149

第七章　坚持共同理想信念，增强文化自信 ············ 153

一、坚持共同的理想信念、价值理念、道德观念 ············ 154
二、弘扬中华优秀传统文化、革命文化、社会主义先进文化 ············ 164

第八章　坚持以人民为中心的发展思想 ············ 176

一、坚持以人民为中心的发展思想 ············ 177
二、不断保障和改善民生 ············ 185

三、全面建成小康社会 …………………………………………… 190

第九章　坚持改革创新，激发和增强社会活力 …………………… 200

一、坚持改革创新、与时俱进 …………………………………… 201

二、善于自我完善、自我发展 …………………………………… 218

第十章　坚持德才兼备、选贤任能，培养造就更多更优秀人才 …… 229

一、坚持党管人才原则 …………………………………………… 229

二、实行人才强国战略 …………………………………………… 237

三、健全和完善人才激励政策 …………………………………… 244

第十一章　坚持党指挥枪，建设世界一流军队 …………………… 250

一、坚持和完善党对人民军队的绝对领导制度 ………………… 250

二、建设世界一流军队 …………………………………………… 266

第十二章　坚持"一国两制"，保持香港、澳门繁荣稳定，促进祖国和平统一 …………………………………………………… 287

一、中国共产党人对"一国两制"方针的理论探索和发展 …… 287

二、"一国两制"的制度优势和实施成就 ……………………… 299

三、新时代坚持和完善"一国两制"制度体系，保障国家安全 … 311

第十三章　坚持独立自主和对外开放相统一，构建人类命运共同体……316

一、坚持和平发展道路……317
二、推动构建人类命运共同体……327

后　记……336

第一章
坚持党的全面领导

中国共产党领导是中国特色社会主义最本质的特征，是中国特色社会主义制度的最大优势，坚持中国共产党的领导其核心就在于维护党中央权威和集中统一领导。党的十八大以来，党中央将完善党的领导制度体系放在突出位置，作出一系列重要制度安排和重大改革举措。党的十九届四中全会审议通过的《中共中央关于坚持和完善中国特色社会主义制度 推进国家治理体系和治理能力现代化若干重大问题的决定》(以下简称《决定》)，明确提出了我国国家制度和国家治理体系十三个方面的显著优势。其中，居首位的就是"坚持党的集中统一领导，坚持党的科学理论，保持政治稳定，确保国家始终沿着社会主义方向前进"。党的十九届六中全会审议通过的《中共中央关于党的百年奋斗重大成就和历史经验的决议》概括了具有根本性和长远指导意义的十条历史经验，坚持党的领导居于首位。党的二十大报告把"坚持和加强党的全面领导"列为前进道路上必须牢牢把握的"五个重大原则"之首，并强调"党的领导是全面的、系统的、整体的，必须全面、系统、整体加以落实"。坚持和加强党的全面领导，能确保我国社会主义现代化建设正确方向，确保全党全国拥有团结奋斗的强大政治凝聚力、发展自信心。

一、维护党中央权威和集中统一领导

（一）坚决做到"两个维护"

维护习近平总书记党中央的核心、全党的核心地位，维护党中央权威和集中统一领导，是推动新时代中国特色社会主义不断发展前进的根本政治保证。近年来，面对严峻复杂的国内外形势和各种风险挑战，我们都能笃定前行，从根本上讲就是牢牢把握住了坚持党的领导这一条，就是因为党中央有权威。党的十九届四中全会《决定》强调，要完善坚定维护党中央权威和集中统一领导的各项制度。广大党员干部要增强"四个意识"、坚定"四个自信"、做到"两个维护"，自觉在思想上政治上行动上同以习近平同志为核心的党中央保持高度一致。

1. 深刻领会维护党中央权威和集中统一领导

维护党中央权威和集中统一领导是马克思主义政党的重大原则，也是我们党百年奋斗历程的经验结晶。19世纪，马克思、恩格斯初创科学社会主义时，就提出无产阶级政党要实行民主集中制的原则。恩格斯曾强调，"没有权威，就不可能有任何的一致行动"[①]。马克思和恩格斯曾一针见血地指出，没有能够形成众望所归的领袖核心，没能建立起力挽狂澜的权威领导，是导致巴黎公社革命失败的重要原因。而俄国十月革命胜利，建立世界上第一个社会主义国家，一个很重要的原因就是列宁坚持了党的权威，保持布尔什维克党的集中统一领导。中国共产党自成立之日起，就继承了马克思主义政党维护权威和坚持党的集中统一领导的原则，在全党建立统一的组织和严格的纪律来维护党的领导。1921年，党的一大通过的党的第一个纲领15条内容中就有6条涉及纪律规定。党的二大确立了全国代表

---

① 《马克思恩格斯全集》第33卷，人民出版社1973年版，第368页。

大会及中央执行委员会为党的最高机关，并在首部《中国共产党章程》中明文规定："全国大会及中央执行委员会之议决，本党党员皆须绝对服从之。"我们党早期的革命斗争屡遭挫折甚至面临失败危险，就在于没有形成坚强的领导核心。邓小平同志曾指出："在历史上，遵义会议以前，我们的党没有形成过一个成熟的党中央。从陈独秀、瞿秋白、向忠发、李立三到王明，都没有形成过有能力的中央。"①1935年的遵义会议在事实上确立了毛泽东同志在党中央和红军中的领导地位，开始形成我们党坚强的领导核心，在历史的关键时刻发挥了重要作用。新中国成立后，在社会主义建设的过程中，党中央权威和集中统一领导进一步巩固。1956年，党的八大突出强调在国家生活的各个方面发挥党正确的领导作用和核心作用，并在党章中明确"维护党的团结、巩固党的统一"是党员一项新的义务。改革开放后，邓小平同志多次强调维护党的领导核心的极端重要性。他指出："任何一个领导集体都要有一个核心，没有核心的领导是靠不住的。"②党的十八大以来，我们党把维护党中央权威和集中统一领导作为明确的政治准则和根本的政治要求，进一步健全完善维护党中央权威的制度，制定修订90多部党内法规，从制度上保证党的领导全覆盖，保证党中央集中统一领导更加坚强有力。历史证明，当全党坚定维护党中央权威和集中统一领导时，党的战斗力就会增强，党的事业就会不断取得胜利；离开了党中央权威和集中统一领导，党的领导就必然弱化，党的事业就必然遭受挫折。在中国革命、建设、改革的伟大历程中，形成中国共产党的坚强领导核心，成为我们党和国家事业无往而不胜的成功奥秘。

2. 坚决维护习近平总书记党中央的核心、全党的核心地位

一个国家，一个政党，领导核心至关重要。如果党中央没有权威，党

---

① 《邓小平文选》第3卷，人民出版社1993年版，第309页。
② 《邓小平文选》第3卷，人民出版社1993年版，第310页。

的理论和路线方针政策可以随意不执行,大家各自为政、各行其是,党就会变成一盘散沙,就会成为自行其是的"私人俱乐部",党的领导就会成为一句空话。《中共中央关于加强党的政治建设的意见》明确指出:"坚持和加强党的全面领导,最重要的是坚决维护党中央权威和集中统一领导;坚决维护党中央权威和集中统一领导,最关键的是坚决维护习近平总书记党中央的核心、全党的核心地位。"习近平总书记成为党中央的核心、全党的核心,成为人民的领袖、军队的统帅,是历史的选择、人民的选择。我们要满怀对习近平总书记的深厚感情,始终做到深刻认同、衷心拥护、真诚爱戴,在情感上始终与以习近平同志为核心的党中央紧紧贴在一起、连在一起,把维护核心融入血脉、植入灵魂,使之成为一种习惯、一种自觉。广大党员干部必须旗帜鲜明讲政治,在政治立场、政治方向、政治原则、政治道路上同以习近平同志为核心的党中央保持高度一致,始终以党的旗帜为旗帜、以党的方向为方向、以党的意志为意志,始终保持高度的政治敏锐性,提高政治站位,查找政治偏差,"始终与党同心同德,真正做到政治上信得过、过得硬、靠得住"[①]。维护习近平总书记的核心地位,是重大的政治原则,要铭记在心、切实落实到行动上。要紧跟习近平总书记的步伐,一切听从以习近平同志为核心的党中央统一指挥,步调一致、同向同行。要立足岗位,经常用中央的决定决议、中央的最新精神、中央的原则要求对照自己的言行,及时校准思想之标,调正行为之舵,绷紧作风之弦。

3. 知行合一维护党中央权威和集中统一领导

"两个维护"关乎党的事业成败和前途命运,维护党中央权威和集中统一领导,不是政治口号,也不是空洞理论,而是要时时、事事、处处贯

[①] 中共中央宣传部主编:《习近平新时代中国特色社会主义思想三十讲》,学习出版社2018年版,第78页。

彻落实党中央重大决策部署，在知上下功夫，在行上见成效，坚定而自觉地做到知行合一。全面准确把握"两个维护"的重大意义、政治内涵和实践要求，吃透党中央精神，准确把握党中央要求，不断增强拥护核心、跟随核心、捍卫核心的思想自觉、政治自觉、行动自觉，打好思想和行动高度统一的思想基础。坚决做到"两个维护"，不仅要在头脑里扎根，而且要落实到具体行动中。要以正确的认识、正确的行动坚决做到"两个维护"，坚决防止和纠正一切偏离"两个维护"的错误言行，不得搞任何形式的"低级红""高级黑"。坚决贯彻落实党中央决策部署，结合本职工作找准结合点和突破口，坚持问题导向，把本职工作同党的基本理论、基本路线、基本方略对标对表，坚定坚决、不折不扣、落细落实，决不允许对党中央的大政方针阳奉阴违，决不允许在贯彻执行党中央决策部署上打折扣、做选择、搞变通，防止"表态多调门高、行动少落实差"，真正让党中央的决策部署落到实处、取得实效。

（二）深学笃用习近平新时代中国特色社会主义思想

我们党是用马克思主义武装起来的政党，思想建党、理论强党，坚持以科学理论引领全党、用科学理论武装全党，是我们党永葆先进性和纯洁性的根本保证。《中共中央关于加强党的政治建设的意见》指出："习近平新时代中国特色社会主义思想是当代中国马克思主义、21世纪马克思主义，是全党全国人民为实现中华民族伟大复兴而奋斗的行动指南。"理论创新每前进一步，理论武装就要跟进一步。只有理论上成熟，才能够在思想上清醒，政治上坚定，行动上自觉。维护党中央权威和集中统一领导，必须深学笃用习近平新时代中国特色社会主义思想。

1. 持续在学深上下功夫

学深就要做到原原本本学，读原著、学原文、悟原理。习近平新时代中国特色社会主义思想是系统完备、逻辑严密、内在统一的科学理论体系。这一思想体系深刻回答了人类向何处去、社会主义向何处去、当代中国向何处去、中国共产党向何处去的问题。习近平新时代中国特色社会主义思想内涵丰富，涵盖改革发展稳定、内政外交国防、治党治国治军等各个领域、各个方面，是一个严密的思想理论体系。及时跟进学习习近平总书记最新重要讲话文章，坚持反反复复学，学在经常、学在日常，常学常新，准确领会这一思想蕴含的核心要义、丰富内涵、重大意义。

2. 持续在悟透上下功夫

悟透就是要在系统全面、融会贯通上下功夫，深入学习贯穿这一思想的马克思主义立场观点方法，知其然还要知其所以然。"八个明确"是习近平新时代中国特色社会主义思想的主要内容，对新时代坚持和发展中国特色社会主义的总目标、总任务、总体布局和战略布局，以及发展方向、发展方式、发展动力、战略步骤、外部条件、政治保证等一系列基本问题进行了系统阐述。"十四个坚持"是新时代坚持和发展中国特色社会主义的基本方略，从行动纲领和重大对策措施的层面上，对经济、政治、法治、科技、文化、教育、民生、民族、宗教、社会、生态文明、国家安全、国防和军队、"一国两制"和祖国统一、统一战线、外交、党的建设等方面内容作出了科学回答和战略部署。坚持以历史的、发展的、联系的思维学思想、用思想，深刻认识习近平新时代中国特色社会主义思想对发展马克思主义作出的原创性贡献，深刻把握共产党执政规律、社会主义建设规律、人类社会发展规律，深刻领会党和国家事业各项战略部署的整体性、关联性、协同性。

3. 持续在做实上下功夫

做实就是要学以致用，真信笃行，把这一思想落实到干好本职工作、推动事业发展上。要坚持不懈用习近平新时代中国特色社会主义思想武装头脑、指导实践、推动工作。要带头执行、坚决维护党中央权威和集中统一领导，把忠诚核心、拥戴核心、维护核心的要求转化为思想自觉、党性观念、纪律要求和行为规范。要把自己摆进去，把职责摆进去，把工作摆进去，从中找题目、找思路、找答案，自觉运用新思想蕴含的立场、观点、方法，解决改革发展实际问题。

（三）严守党的政治纪律和政治规矩

政治纪律是党最根本、最重要的纪律，要把严守政治纪律、严明政治规矩放到重要位置来抓，努力在全党营造守纪律、讲规矩的氛围。党的十八大以来，以习近平同志为核心的党中央把纪律建设摆在更加突出的位置，作为全面从严治党的治本之策，与时俱进推进理论、实践和制度创新，纪律建设成为新时代党的建设总体布局的突出亮点。党中央先后于2015年、2018年和2023年三次修订《中国共产党纪律处分条例》，始终坚持严的基调，不断完善纪律规矩，释放了全面从严治党越来越严、越往后执纪越严的强烈信号，充分彰显了我们党推进自我革命的坚定决心和坚强意志。习近平总书记在二十届中央纪委三次全会上发表重要讲话强调，以学习贯彻新修订的纪律处分条例为契机，在全党开展一次集中性纪律教育。经党中央同意，自2024年4月至7月在全党开展党纪学习教育。这次党纪学习教育，是加强党的纪律建设、推动全面从严治党向纵深发展的重要举措。我们要始终严守党的政治纪律和政治规矩，坚持"四个服从"，做到"五个必须"，防止"七个有之"，自觉做维护党中央权威和集中统一领导的模范。

1. 牢固树立纪律意识和规矩意识

"党要管党、从严治党，靠什么管，凭什么治？就要靠严明纪律。"我们党是靠革命理想和铁的纪律组织起来的马克思主义政党，纪律严明是党

7

的光荣传统和独特优势。党的二大通过了党的历史上的第一部党章，其中专设"纪律"一章，制定了具体的党员纪律处分细则。革命时期，红军制定了"三大纪律八项注意"，并统一内容成为全军的纪律。延安时期，党提出"四个服从"，即"个人服从组织、少数服从多数、下级服从上级、全党服从中央"，成为中国共产党最根本的政治纪律和政治规矩。新中国成立初期，毛泽东发动了新中国第一场大规模的反腐败斗争——"三反"、"五反"运动，并处理了刘青山和张子善贪污腐败的典型案件。习近平总书记在中国共产党第十八届中央纪律检查委员会第六次全体会议上的讲话中指出，全面从严治党，核心是加强党的领导，基础在全面，关键在严，要害在治。我们党从最初只有五十几个党员的小党派，成为现在的执政党，靠的就是革命理想和铁的纪律。

2. 全面掌握政治纪律和政治规矩

党的十八大以来，习近平总书记反复强调严守政治纪律和政治规矩的极端重要性。"保证全党服从中央，坚持党中央权威和集中统一领导，是党的政治建设的首要任务。全党要坚定执行党的政治路线，严格遵守政治纪律和政治规矩，在政治立场、政治方向、政治原则、政治道路上同党中央保持高度一致。"[①]党章是全党必须共同遵守的根本行为规范，是最重要的政治纪律。每一名共产党员，特别是领导干部都要认真学习党章、严格遵守党章、模范践行党章、忠诚捍卫党章，坚持和维护党的民主集中制，保证全党的团结统一和行动一致。认真学习党的纪律，深入了解党的政治纪律、组织纪律、廉洁纪律、群众纪律、工作纪律和生活纪律，守好行为防线。认真学习国家法律，只有知法懂法，才能守法用法，才能模范执行。

---

① 习近平：《决胜全面建成小康社会 夺取新时代中国特色社会主义伟大胜利——在中国共产党第十九次全国代表大会上的报告》，人民出版社2017年版，第62页。

继承和发扬党的优良传统和工作惯例，培育积极健康的党内政治文化。唯有如此，才能全面、系统把握政治纪律和政治规矩。

3.严格遵守政治纪律和政治规矩

政治纪律和政治规矩，是党的最重要、最根本、最关键的纪律和规矩，也是我们党生存和发展的生命线。纪律的生命力在于执行，有纪不依、执纪不严就会对纪律的公信力造成严重损害，对党中央权威和集中统一领导造成严重危害。严守政治纪律和政治规矩要做到对党忠诚，坚持共产主义远大理想和中国特色社会主义共同理想，始终牢记自己的第一身份是共产党员，第一职责是为党工作，在党言党、在党忧党、在党为党，任何时候都对党忠诚。坚持把纪律和规矩挺在前面，坚决维护纪律和规矩的权威，坚持"四个服从"，做到"五个必须"，防止"七个有之"，维护党中央权威，维护党的团结，遵循组织程序，服从组织决定，注重家庭、家教、家风，管好身边人，认真摆正个人与组织、下级与上级的关系，自觉接受组织安排和纪律约束。时刻以合格党员的标准严格自我要求，强修养、讲道德、守诚信、知廉耻，做到慎微、慎独、慎初，把好第一道关口，守住第一道防线，谨防第一次失足。

二、健全党的全面领导制度

《中国共产党章程》开宗明义，"中国共产党是中国特色社会主义事业的领导核心"。党的十九届四中全会《决定》强调，必须坚持党政军民学、东西南北中，党是领导一切的，坚决维护党中央权威，健全总揽全局、协调各方的党的领导制度体系，把党的领导落实到国家治理各领域各方面各环节。党的全面领导是对党"总揽全局、协调各方"领导地位的界定。习近平总书记形象地称之为"众星捧月"，这个"月"就是中国共产党。健全党的全面领导制度，就是要把党的领导贯彻和体现到改革发展稳定、内政外交国防、治党治国治军等各个领域，高效推进党和国家事业发展。

（一）健全党的全面领导制度结构体系

1. 严格执行民主集中制

民主集中制是我们党和国家的根本组织制度和领导制度，是民主基础上的集中和集中指导下的民主相结合。民主就是保障党员的民主权利，尊重党员的主体地位，充分发挥各级党组织和党员的积极性和创造性。集中就是要坚持"四个服从"，落实民主集中制，增强"四个意识"，坚定维护以习近平同志为核心的党中央权威和集中统一领导，确保全党在党中央集体领导下的思想统一、行动一致。坚持民主基础上的集中和集中指导下的民主相结合，形成"又有集中又有民主，又有纪律又有自由，又有统一意志又有个人心情舒畅的生动活泼的政治局面"[①]，最大限度发挥民主集中制的优势。

2. 完善党的组织体系

习近平总书记指出，党的力量来自组织，组织能使力量倍增。党的全面领导、党的全部工作要靠党的坚强组织体系去实现，必须贯彻落实新时代党的组织路线，加强党的组织体系建设，不断增强党组织政治功能和组织力、战斗力。党中央是大脑和中枢，必须有定于一尊、一锤定音的权威。党的地方组织要扛起主责、抓好主业、当好主角，确保党中央决策部署贯彻落实。党的基层组织要突出政治功能，宣传党的主张、贯彻党的决定、领导基层治理、团结动员群众，把党的政策和主张落实到最末梢，为统一全党意志打造坚强战斗堡垒。健全维护党的集中统一的组织制度，通过严密的组织体系把9000多万名党员组织起来，联结500多万个党的基层

[①] 《中国共产党章程》，人民出版社2007年版，第20页。

组织，形成"党的中央组织、地方组织、基层组织上下贯通、执行有力的严密体系"[1]，实现群众在哪里，党的工作就跟进到哪里，党员在哪里，党的组织就建在哪里，全面覆盖各个领域。

3. 加强干部队伍建设

治国之要，首在用人。毛泽东同志曾指出，"政治路线确定之后，干部就是决定的因素"[2]。健全干部、组织、人才工作制度，加强干部队伍建设，用好的制度选人，选最好的人，是健全党的全面领导制度的重要组成部分。落实党管干部制度，强化党组织在干部工作中的领导和把关作用，提拔重用忠诚干净担当的干部，确保各级领导权牢牢掌握在忠于党和人民、与党中央一条心的人手中。健全选贤任能制度，坚持好干部标准，做好干部培育、选拔、管理、使用工作，加强"五个体系"建设。建立素质培养体系，以思想淬炼夯实源头培养，以实践锻炼优化跟踪培养，以提升"八大本领"提高系统培养效果。建立知事识人体系，突出政治标准，定准调精识人察人标尺，结合日常考核、分类考核、近距离考核实现干部考核经常化、制度化、全覆盖。建立选拔任用体系，注重德才兼备、以德为先，坚持以事择人、人事相宜、人尽其才，及时发现优秀年轻干部，合理统筹各类干部资源，实现公心选人、公正用人、公道待人。建立从严管理体系，加强思想教育，注重重点监督，强化惩处震慑，从思想、工作、作风、纪律等方面从严管理，实现严管厚爱促进干部健康成长。建立正向激励体系，有针对性对标干部所思所盼所惑，充分调动各级干部的积极性、主动性、创造性，形成崇尚实干、带动担当、加油鼓劲的干事创业环境。

---

[1] 《中共中央关于坚持和完善中国特色社会主义制度　推进国家治理体系和治理能力现代化若干重大问题的决定》，人民出版社2019年版，第7—8页。

[2] 《毛泽东选集》第2卷，人民出版社1991年版，第526页。

（二）健全党的全面领导制度执行体系

习近平总书记指出："在国家治理体系的大棋局中，党中央是坐镇中军帐的'帅'，车马炮各展其长，一盘棋大局分明。"健全党的全面领导制度，必须强化制度执行力，把提高执行力摆在突出位置，推进党的领导制度优势转化为治理效能，确保各项制度落地生根。

1. 健全完善全面领导体制机制

万山磅礴，必有主峰。国家治理体系是由众多子系统构成的复杂系统，这个系统的核心是中国共产党。中国共产党是中国特色社会主义事业的主心骨、压舱石、定盘星，必须坚持党政军民学、东西南北中，党是领导一切的。党的领导必须是全面的、系统的、整体的，必须把党的领导体现在党和国家事业的全领域，覆盖到党和国家工作的全方面，贯穿于党和国家发展的全过程，统筹推进"五位一体"总体布局，协调推进"四个全面"战略布局。党的领导必须发挥党总揽全局、协调各方的领导核心作用，从思想上、政治上、组织上强化党在同级组织中的领导地位，协调各种利益、理顺重大关系，统筹安排好经济、组织、宣传、纪检、统战、政法等各方面的工作，确保党的理论、路线、方针、政策得到贯彻落实，确保各级各方面在党的统一领导下，各就其位、各司其职、各尽其责、有序协同。党的领导要完善党领导各项事业的具体制度，健全党领导经济社会各方面重要工作的制度规定，确保党管干部、党管人才、党管意识形态、党对经济工作的领导、党对政法工作的领导、党管农村工作、党管办学方向等落到实处，改进完善党领导实施重大战略的制度机制，实现党对重大工作的顶层设计、总体布局、统筹协调、整体推进。

2. 严格落实请示报告制度

请示报告制度是我们党的一项重要制度，也是维护党的集中统一的重要保障。我们党是拥有9000多万党员的大党，有众多的党组织，如果各行其是，我们党就会变成"一盘散沙"。落实请示报告制度要坚持党的集中统一领导，各级领导机关和领导干部要以上率下，以上促下，比如：中央政治局全体同志每年向党中央和总书记书面述职，中央和国家机关各部门，各人民团体，各省、自治区、直辖市，其党组织要定期向党中央报告工作，就是为了保证实现党对各方面各领域各层级工作的领导。落实请示报告制度要恪尽职守，敢于担当，涉及全局的重大事项或作出重大决定要及时请示报告，突发性重大问题和工作中重大问题要及时请示报告，情况紧急要临机处置后迅速报告，做到忠诚履责、尽心尽责、勇于担责。落实请示报告制度要从实际出发，实事求是，尤其是"涉及党和国家工作全局的重大方针政策、重大原则和问题、由党中央集中统一管理的事项"，必须及时如实反映情况，分析问题，提出建议，坚决杜绝"应付式""推卸责任式"报告。

3.全面提高党的执政本领

领导14亿多人的社会主义大国，我们党既要政治过硬，也要本领高强，要提高党把方向、谋大局、定政策、促改革的能力和定力，确保党始终总揽全局、协调各方。提高党把方向的能力和定力，高举中国特色社会主义伟大旗帜，坚持以习近平新时代中国特色社会主义思想为指导，增强"四个意识"、坚定"四个自信"、做到"两个维护"，增强忧患意识，始终坚持和发展中国特色社会主义。提高党谋大局的能力和定力，胸怀大局、把握大势、着眼大事，处理好局部利益和全局利益，眼前需要和长远谋划的关系，正确认识大局、自觉服从大局、坚决维护大局，因势而谋、应势而动、顺势而为。提高党定政策的能力和定力，不断增强学习本领、政治领导本领、改革创新本领、科学发展本领、依法执政本领、群众工作本领、狠抓落实本领、驾驭风险本领，发扬斗争精神，增强斗争本领，分析研判世情国情党情民情，抓住人民群众最关心最直接最现实的利益问题，保证科学决策、民主决策、依法决策。提高党促改革的能力和定力，要敢于啃硬骨头，敢于涉险滩，敢于担当，能为善为，改革再难也要向前推进，在实践中开新局、闯新路。

（三）健全党的全面领导制度监督体系

办好中国的事情，关键在党。中国共产党能够带领人民进行伟大的社会革命，也能够进行伟大的自我革命。勇于自我革命，从严管党治党，是我们党最鲜明的品格，也是我们党最大的优势。习近平总书记指出，中国共产党的伟大不在于不犯错误，而在于从不讳疾忌医，敢于直面问题，勇于自我革命。只有自我革命，才能确保党拥有旺盛的生命力和强大的战斗力，为党和国家事业发展提供坚强的政治保证。

1. 用纪律管党治党

打铁必须自身硬。我们党在一个幅员辽阔、人口众多的发展中国家执政，如果没有铁的纪律，就没有党的团结统一，就会弱化党的凝聚力和战斗力。严格遵守党章，树立党章意识，自觉用党章规范自己的一言一行，做到政治信仰不变、政治立场不移、政治方向不偏，始终遵守党章、贯彻党章、维护党章，经常对照党章自我检查，校准思想和行动，及时纠正不符合党章的行为。开展党的纪律教育，常态化增强纪律教育的实效性，引导广大党员干部知敬畏、存戒惧、守底线。要挺纪在前，坚持严管厚爱，深化运用监督执纪"四种形态"，抓早抓小，防微杜渐。

2. 用监督管党治党

监督是权力运行的根本保证，只有构筑起中国特色的监督体系，才能巩固党的执政地位，跳出历史周期率。党的十九大报告指出，增强党自我净化能力，根本靠强化党的自我监督和群众监督。加强党内监督，提高党内监督的有效性，要加强责任意识维护党内监督的严肃性，加强政治意识强化监督综合功能，加强对党员领导干部的日常管理监督，以党内监督带动其他监督，为全面从严治党提供制度保障。发挥巡视监督的作用，以问题为导向，坚定不移深化政治巡视，不断创新巡视形式，建立巡视巡察上下联动的监督网，用好巡视成果，发挥政治"显微镜""探照灯"作用。发现问题及时跟进，整改落实要"回头看"，确保发现的问题和线索件件有着落，事事有回音。加强对权力运行的制约和监督，让人民监督权力，构建党统一指挥、全面覆盖、权威高效的监督体系，把党内监督同国家机关监督、民主监督、司法监督、群众监督、舆论监督贯通起来，增强监督合力，不断增强党自我净化、自我完善、自我革新、自我提高的能力。

3. 用制度管党治党

习近平总书记指出，"不得罪成百上千的腐败分子，就要得罪13亿人民"。持续强化不敢腐的震慑，坚持无禁区、全覆盖、零容忍，坚持重遏制、强高压，有力削减存量，有效遏制增量。切实扎牢不能腐的笼子，合理确定权力归属，划清权力边界，厘清权力清单，坚持制度面前人人平等、制度执行没有特权，坚决维护制度的严肃性和权威性，把制度优势转化为治理效能。不断增强不想腐的自觉，注重教育和引导，加强思想道德和党纪国法教育，加强反腐倡廉建设和廉政文化建设，从思想根源上消除贪腐之念，构筑不想腐的堤坝，巩固发展反腐败斗争压倒性胜利。

三、确保党和国家事业始终沿着正确方向胜利前进

2017年7月26日，习近平总书记在省部级主要领导干部专题研讨班开班式上发表重要讲话指出，中国特色社会主义是改革开放以来党的全部理论和实践的主题，全党必须高举中国特色社会主义伟大旗帜，牢固树立中国特色社会主义道路自信、理论自信、制度自信、文化自信，确保党和国

家事业始终沿着正确方向胜利前进。只有社会主义才能救中国，只有中国特色社会主义才能发展中国，只有坚持和发展中国特色社会主义才能实现中华民族伟大复兴。中国特色社会主义是根植于中国大地、反映中国人民意愿、适应中国和时代发展进步要求的科学社会主义。中国特色社会主义是社会主义，不是别的什么主义。无论怎么改革，怎么开放，都始终坚持中国特色社会主义道路、理论、制度、文化，不走封闭僵化的老路，也不走改旗易帜的邪路。

（一）高举中国特色社会主义伟大旗帜

旗帜标识方向。确保党和国家事业的正确方向，必须高举中国特色社会主义伟大旗帜。"改革开放以来，我们取得的一切成绩和进步的根本原因，归结起来就是：开辟了中国特色社会主义道路，形成了中国特色社会主义理论体系，确立了中国特色社会主义制度，发展了中国特色社会主义文化。"[1] 牢固树立中国特色社会主义道路自信、理论自信、制度自信、文化自信，才能明确我们所选择的社会制度和道路，才能擘画全民族的共同愿景，凝聚实现伟大复兴的磅礴力量。

1. 坚持道路自信

方向决定道路，道路决定命运。中国特色社会主义道路是实现社会主义现代化的必由之路，是创造人民美好生活的必由之路，也是实现中华民族伟大复兴的必由之路。新中国成立以来的70多年，中国共产党团结带领全国各族人民共同取得了举世瞩目的成就，推动我国经济实力、科技实力、国防实力、综合国力进入世界前列，我们比历史上任何时期都更接近中华民族伟大复兴的目标。实践证明，中国特色社会主义这条路，走得

---

[1] 中共中央宣传部编：《习近平新时代中国特色社会主义思想学习纲要》，学习出版社、人民出版社2019年版，第31页。

通、走得对、走得好。

2. 坚持理论自信

中国特色社会主义理论体系是我们取得辉煌成就的行动指南，也是指导党和人民实现中华民族伟大复兴的科学理论。邓小平理论深刻回答了"什么是社会主义、怎样建设社会主义"的历史课题，"三个代表"重要思想回答了"建设什么样的党、怎样建设党"，科学发展观回答了"实现什么样的发展、怎样实现发展"，习近平新时代中国特色社会主义思想创造性地回答了"新时代坚持和发展什么样的中国特色社会主义、怎样坚持和发展中国特色社会主义"的重大时代课题，不断开辟马克思主义中国化的新境界。

3. 坚持制度自信

"中国特色社会主义制度是当代中国发展进步的根本制度保障，是具有明显制度优势、强大自我完善能力的先进制度。"[①] 坚持制度自信就是要相信社会主义制度具有巨大优越性，相信社会主义制度能够推动发展、维护稳定，能够保障人民群众的自由平等权利和人身财产权利。

4. 坚持文化自信

文化兴国运兴，文化强民族强。党的十九大报告指出："文化自信是一个国家、一个民族发展中更基本、更深沉、更持久的力量。"没有高度的文化自信，没有文化的繁荣兴盛，就没有中华民族伟大复兴。中国特色社会主义文化，源自中华民族五千多年文明历史所孕育的中华优秀传统文化，熔铸于党领导人民在革命、建设、改革中创造的革命文化和社会主义先进文化，植根于中国特色社会主义伟大实践。坚持文化自信就是要激发党和人民对中华优秀传统文化的历史自豪感，推动中华优秀传统文化创造

[①] 中共中央宣传部编：《习近平新时代中国特色社会主义思想学习纲要》，学习出版社、人民出版社2019年版，第32—33页。

性转化、创新性发展，继承革命文化，发展社会主义先进文化，在全社会形成对社会主义核心价值观的普遍共识和价值认同。

习近平总书记在庆祝中国共产党成立95周年大会的讲话中指出："全党要坚定道路自信、理论自信、制度自信、文化自信。当今世界，要说哪个政党、哪个国家、哪个民族能够自信的话，那中国共产党、中华人民共和国、中华民族是最有理由自信的。"[①]只有坚持中国特色社会主义道路自信、理论自信、制度自信和文化自信，才能毫无畏惧面对一切困难和挑战，坚定不移开辟新天地、创造新奇迹。

（二）精准把握时代大势和自身发展阶段

深入分析和准确判断世情国情党情，是我们谋划和推进党和国家各项工作的前提和基础。确保党和国家事业的正确方向，必须精准把握时代大势和自身发展阶段。

1. 中国特色社会主义进入新时代

经过长期努力，中国特色社会主义进入了新时代，这是我国发展新的历史方位，也是我们党在科学把握时代趋势和国际局势重大变化，科学把握世情国情党情深刻变化的基础上作出的重大政治论断。这个新时代，是承前启后、继往开来、在新的历史条件下继续夺取中国特色社会主义伟大胜利的时代，是决胜全面建成小康社会，进而全面建设社会主义现代化强国的时代，是全国各族人民团结奋斗、不断创造美好生活、逐步实现全体人民共同富裕的时代，是全体中华儿女勠力同心、奋力实现中华民族伟大复兴中国梦的时代，是我国日益走近世界舞台中央、不断为人类作出更大贡献的时代。

---

① 习近平：《在庆祝中国共产党成立95周年大会上的讲话》，人民出版社2016年版，第12页。

2.我国社会主要矛盾发生变化

我国社会主要矛盾已经转化为人民日益增长的美好生活需要和不平衡不充分的发展之间的矛盾。经过改革开放40多年的发展，我国社会生产力水平显著提高，成为世界第二大经济体、第一大工业国、第一大货物贸易国和科技创新大国，社会生产能力在很多方面进入世界前列。人民生活水平显著提高，对美好生活的向往更加强烈，人民群众的需要呈现多样化多层次多方面的特点。不仅在物质文化方面，而且在民主、法治、公平、正义、安全、环境等方面的需求也不断增长。而影响人民美好生活需要满足的主要因素，则主要是由不平衡不充分的发展造成和派生的。新时代我国社会主要矛盾的变化，反映的是我国社会生产和社会需求的新特点，也是我国社会发展的阶段性特征。

3.我国正处于并将长期处于社会主义初级阶段

毛泽东同志指出，明白中国特殊的国情，这是解决中国一切革命问题的最基本的依据。党的十九大作出了我国社会主要矛盾已经转化为人民日益增长的美好生活需要和不平衡不充分发展之间的矛盾这一重大政治论断，但同时也强调，我国仍处于并将长期处于社会主义初级阶段的基本国情没有变，我国是世界最大发展中国家的国际地位没有变。历史和现实都启示我们，必须要认识到社会主义初级阶段的长期性，牢牢立足社会主义初级阶段这个基本的国情、最大的实际，绝不能急于求成干超越现实、超越阶段的事。当前我国已经取得了举世瞩目的发展成就，但与发达国家仍然有差距，还存在着大而不强的问题。中国仍然是世界上最大的发展中国家，仍然面对一系列的挑战，还有许多需要解决的问题，需要全面把握，综合考量。不谋万世者，不足谋一时；不谋全局者，不足谋一域。我们正处于并将长期处于社会主义初级阶段，这是我们想问题、办事情、谋发展的最大实际。辩证地统一好社会主要矛盾的"变"与社会主义初级阶段

"不变"的关系，既不落后于时代，也不脱离实际，既坚持稳中求进，又注重与时俱进，在坚持党的基本路线基础上着力解决好发展不平衡不充分的问题。

（三）认真贯彻落实党中央决策部署

中国共产党领导是中国特色社会主义最本质的特征，是中国特色社会主义制度的最大优势。坚持党对一切工作的领导，是党和国家的根本所在、命脉所在，是全国各族人民的利益所系、命运所系，同时也是保持党和国家事业发展正确方向的根本保证。确保党和国家事业沿着正确方向前进，必须坚持党中央权威和集中统一领导。

一分部署，九分落实。畅通党中央决策部署的"最后一公里"，关键之处在于狠抓落实。狠抓思想自觉，强化党员干部深刻认识核心、忠诚认同核心、坚决拥护核心、跟随核心、捍卫核心的理论素养和思想意识。狠抓政治自觉，把贯彻落实党中央决策部署作为重要的政治责任和政治纪律，站稳党性立场和人民立场，做到党中央提倡的坚决响应、党中央决定的坚决执行、党中央禁止的坚决不做，做政治上的明白人。狠抓行动自觉，自觉向党中央看齐，向党的理论和路线方针政策看齐，向党中央决策部署看齐，以时不我待的紧迫意识和夙夜在公的责任意识，对党中央作出的决策、部署的工作、定下的事情，做到雷厉风行、紧抓快办，扭住不放、一抓到底。

第二章

坚持人民当家作主

党的十九届四中全会通过的《中共中央关于坚持和完善中国特色社会主义制度 推进国家治理体系和治理能力现代化若干重大问题的决定》，全面总结了我国国家制度和国家治理体系的显著优势，其中之一就是"坚持人民当家作主，发展人民民主，密切联系群众，紧紧依靠人民推动国家发展"，明确揭示出人民当家作主制度和发展社会主义民主政治的极端重要性和无比优越性。全会强调要将中国特色社会主义的制度优势，包括将人民当家作主制度体系的优势转换为国家治理效能。党的二十大报告也强调，"全过程人民民主是社会主义民主政治的本质属性，是最广泛、最真实、最管用的民主。""我们要健全人民当家作主制度体系，扩大人民有序政治参与，保证人民依法实行民主选举、民主协商、民主决策、民主管理、民主监督，发挥人民群众积极性、主动性、创造性，巩固和发展生动活泼、安定团结的政治局面"[①]。党的二十届三中全会指出，必须坚定不移走中国特色社会主义政治发展道路，坚持和完善我国根本政治制度、基本政治制度、重要政治制度，丰富各层级民主形式，把人民当家作主具体、现实地体现到国家政治生活和社会生活各方面。深刻理解坚持和完善人民当家作主制度作为中国特色社会主义制度优势之一，需要从人民当家作主制度的历史渊源、理论逻辑和制度设计等方面去理解和把握，更要对新时

---

① 《习近平著作选读》第1卷，人民出版社2023年版，第30—31页。

代发展全过程人民民主进行学习领悟。

一、人民当家作主制度的历史渊源和理论密码

人民当家作主是我国社会主义民主政治的本质特征。党和政府汲取中华优秀传统文化中的政治智慧，借鉴人类政治文明的有益成果，积极构建并不断完善中国特色社会主义民主政治制度，人民当家作主的制度体系不断健全，人民民主不断发展，为我国社会保持长期稳定、充满生机活力提供了制度保障。坚持和完善人民当家作主制度，就必须把握人民当家作主制度的历史渊源和理论密码，这样才能破解社会主义政治制度建设中的难题，推进国家治理体系和治理能力现代化，助力中华民族伟大复兴的征程。

（一）以史为鉴：对中国古代民本思想的批判和继承

民本思想是中国古代文化的精华之一。早在周朝就有"民之所欲，天必从之""天视自我民视，天听自我民听"的观点，周公在《周书·无逸》中就提出"敬天保民"的思想，《尚书》中也曾提到"民惟邦本，本固邦宁"。春秋战国时期，思想家们讨论了神与民的问题，提出："夫民，神之主也。是以圣王先成民而后致力于神。""国将兴听于民。将亡听于神。"而且进一步研讨了君与民的关系，提出了"听政于民""民以食为天"之类的见解。我国古代民本思想的形成和发展，与以孔子为代表的儒家思想有着十分密切的联系。孔子反对"苛政"，主张"仁者爱人"。他认为"民以食为天"，"足食足兵，民信之矣"。孟子提出了"民贵君轻"的民本观。他说："民为贵，社稷次之，君为轻。"他从历史上一些王朝的兴衰中看出了得民心者得天下，失民心者失天下。"桀纣之失天下也，失其民也，失其心也。得天下有道，得其民斯得天下矣。得其民有道，得其心斯得其民矣。得其心有道，所欲，与之聚之，所恶勿施尔也。"他把民心之得失视

为国家之兴废、社稷之安危的根基，主张"听政于民"，使民"有恒产"。荀子用生动的比喻说明君民关系："传曰：'君者，舟也；庶人者，水也，水则载舟，水则覆舟。'此之谓也。"后来许多封建统治者都以此作为治国安邦的格言。西汉贾谊在总结亡秦的教训时指出："自古及今，与民为仇者，有迟有速而民必胜之。"唐朝贤君李世民鉴于以往国家兴衰的教训，明确提出"为君之道，必须先存百姓，若损百姓以奉其身，犹割股以啖腹，腹饱而身毙"。明清之际的著名思想家黄宗羲，赋予民本思想以新的民主主义色彩，提出了"天下为主，君为客"的主张。他说："缘夫天下之大，非一人之所能治，而分治之以群工，故我之出而仕也，为天下，非为君也；为万民，非为一姓也。"否定"君为臣纲""屈民伸君"的封建政治原则。

中国古代民本思想之所以丰富多彩、源远流长，是与中国历史上农民起义和农民战争连绵不断、此起彼伏相关联的。封建社会的单纯农民起义和农民战争，虽然都没有实现从根本上变革封建社会制度，建立新的制度，但是"每一次较大的农民起义和农民战争的结果，都打击了当时的封建统治，因而也就多少推动了社会生产力的发展"[①]。历史上开明的君主及思想家，从历次农民起义和农民战争导致朝代兴衰更迭的教训中认识到不能不重视人民的力量。传统民本思想可分为两类：一是民为邦本，肯定人民在社会管理中的作用，强调人民的重要性；二是为政以德，这是针对统治者的劝告。统治者应以仁爱之心，施行勤民爱民政策。

但是，民本思想不等于人民民主思想，它不是人民利益的代表和反映，而是统治阶级利益的代表和体现，是为统治阶级服务的，不可能从根本上代表人民的利益和要求。所以它是狭隘的和有局限的，具体表现在：一是以维护统治阶级专政为根本目的，旨在治民，维护社会秩序稳定；

---

① 《毛泽东选集》第2卷，人民出版社1991年版，第625页。

二是人民的基本权利未得到充分保障。人民在阶级统治之中始终处于被统治的地位，政治、经济、文化权利根本谈不上。不仅在实践上不可能贯彻到底，而且在历史观上，它是与英雄创造历史的唯心史观相联系的，它是要统治者对人民施"仁政"，而不是让人民自己做主人。但这种传统的"民贵""民本"思想的正面意义是值得肯定的，没有"民本"启蒙，就不会有今天的人民政权。

（二）追求真理：对马克思主义经典作家民主观的吸收和借鉴

厘清人民当家作主制度的理论渊源，要从思想理论的源头进行研究。马克思主义人民观是人民当家作主制度的科学指南。马克思主义经典作家对民本思想的理解和发展，对我国人民当家作主制度的建设和发展具有十分重要的指导意义。

首先，马克思主义的人民观强调人民力量伟大。建立无产阶级政权必然体现人民意志。马克思十分重视人民对历史活动的影响，他认为，历史不是由它本身创造的，也不是由个别英雄人物创造的，而是由人民创造的，人民是历史活动的主体。因此，在社会变革中，人民具有决定性作用。马克思在其著作中深刻地论述了"人本"思想，强调要解放人的本性，马克思主义人本观最终目标是人获得自由而全面的发展，充分实现人民自治，应用到国家政权管理之中，也就是实现"人民政权"。马克思在《黑格尔法哲学批判》中指出："在君主制中是国家制度的人民；在民主制中是人民的国家制度"，"国家制度如果不真正体现人民的意志，那它就变成有名无实的东西了"。[①]很显然，我们建立的政权模式是区别于以往政权的，建立民主制国家，政权必然归属人民。人民政权理论也恰好印证了马克思

[①] 《马克思恩格斯全集》第1卷，人民出版社1956年版，第28、316页。

主义人民观。只有重视人的作用，以人为本，才能达到人的自由而全面的发展。

马克思主义认为人民当家作主是民主的核心。唯物史观作为民主的哲学基础，肯定了人民大众在历史中的主体地位，批驳了唯心史观的中心观点。广大人民群众是历史的创造者，是推动历史向前发展的最伟大的力量；人民群众创造了财富，不论是物质的还是精神的。生产力的发展、生产关系的变革，甚至社会形态的改变都是由广大人民群众推动完成的，历史上关键人物的出现都是顺势而为，他们处于当时的历史节点上，他们存在与否并不会影响整个历史的发展方向与总进程。真正不可缺少的是平民大众的力量，王朝的颠覆、国家的分裂与统一，甚至是资产阶级标榜的成就等，无一离得开人民群众。"无论历史的结局如何，人们总是通过每一个人追求他自己的、自觉预期的目的来创造他们的历史，而这许多按不同方向活动的愿望及其对外部世界的各种各样作用的合力，就是历史。"[①]

马克思、恩格斯的民本观体现在把人民视为价值评判和监督的主体。作为历史的主体，人民在认识世界和改造世界的实践活动中，有意识或无意识地从事着价值追求和价值创造的活动。人民作为历史的主体，创造价值并推进历史和社会的发展，正因如此，人民更具备价值评判的资格和公信力。马克思对巴黎公社的政务监督措施十分认可。巴黎公社规定，国家公职人员由民主选举产生，且选举者可以随时撤换被选举者，这便于公众对国家公职人员实行有效的监督，以防止其滥用职权谋取私利。同时，要求公社的各级领导必须经常参加选民大会，报告工作，听取群众批评意见和建议，把自己的工作置于群众的监督之下。马克思认为这样的制度，才能有助于人民成为国家社会的主体，对公权力进行监督，实现人民的社会

[①] 《马克思恩格斯选集》第4卷，人民出版社2012年版，第254页。

权力。

其次，列宁的人民主体思想受马克思、恩格斯的人民主体思想的影响，突出地表现在俄国的社会主义革命和建设实践中。伟大的无产阶级革命家列宁，在结合本国革命实践的基础上，形成了有鲜明特色的人民主体思想。列宁对于人民观曾这样表述过："我国革命之所以是伟大的俄国革命，正是因为它发动了极广大的人民群众投身于历史的创造。"[①]列宁认为，人民是物质财富和精神财富的创造者。人民群众通过最基础的生活资料和生产活动以满足人类的生存需要，而实践的主体正是人民群众自身。丰富的精神文化作品，以及艺术家、思想家的精神文化创造活动，归根结底还是源自人民群众的日常实践活动。列宁在批判孟什维克时指出："资产者忘记了微不足道的人物，忘记了人民，忘记了千千万万的工人和农民，可这些工人和农民却用自己的劳动为资产阶级创造了全部财富。"[②]

列宁认为作为无产阶级政党，它所制定的方针政策一定要切实反映群众意愿、代表人民群众的利益，否则它的执政基础就不牢固，工农政权办事首先考虑人民群众的利益。布尔什维克党人没有自己的特殊利益，要始终维护人民群众的利益。列宁认为："苏维埃政权的方针政策的出发点是人民群众，政策应当是从千百万人着眼，而不是从几千人着眼。只有从千百万人着眼，才会有实事求是的政策。"[③]他还指出："劳动群众拥护我们，我们的力量就在这里。"[④]这些论述反映出列宁站在人民立场的出发点和落脚点。

上述马克思、恩格斯和列宁的人民主体思想不仅对社会主义民主制度进行了理论上的阐释和概括，也在结合俄国的革命实际和建设的实践基础

---

① 《列宁全集》第13卷，人民出版社1987年版，第196页。
② 《列宁全集》第11卷，人民出版社1987年版，第149页。
③ 《列宁选集》第4卷，人民出版社2012年版，第651页。
④ 《列宁选集》第4卷，人民出版社2012年版，第53页。

上验证了马克思主义人民主体理念的科学性和时代必然性。这些都对我国社会主义民主制度建设有重要的经验借鉴和理论指导意义。

（三）中国智慧：中国共产党人对人民主体理论的创新和发展

中国共产党和中华人民共和国的发展历史，就是中国共产党人始终把人民群众作为革命战争和社会主义建设的依靠力量，是始终为实现人民当家作主而努力奋斗的征程史。人民当家作主是社会主义民主政治的本质和核心，其对完善和发展中国特色社会主义制度、推进国家治理体系和治理能力现代化具有基础性和全局性作用。中国共产党人民主思想的理论演进和实践发展过程，对坚定"四个自信"及实现中华民族伟大复兴的中国梦都有十分重要的理论和实践意义。

1. 以毛泽东同志为主要代表的中国共产党人的人民主体思想

毛泽东同志站在劳动人民的立场上，从历史唯物主义的理论高度，结合中国革命和建设的实践历程，充分阐释了人民主体思想的意义和它在我国历史发展中的重要地位。

首先，毛泽东同志科学地阐释了"人民群众"的概念，全面地论述了人民群众创造历史的伟大作用。他指出，人民群众是一个社会历史范畴，"人民，只有人民，才是创造世界历史的动力"[1]。历史是人民创造的。社会财富是工人、农民和劳动知识分子自己创造的。毛泽东同志在《论持久战》中提出了"兵民是胜利之本"的著名论断，并指出："战争的伟力之最深厚的根源，存在于民众之中。"[2]这是人民群众创造历史的基本原理在战争中的运用。毛泽东同志在谈到实现我国民主革命的根本力量时指出，"革命是什么人去干呢？革命的主体是什么呢？就是中国的老百姓。……什么

---

[1] 《毛泽东选集》第3卷，人民出版社1991年版，第1031页。
[2] 《毛泽东选集》第2卷，人民出版社1991年版，第511页。

人是根本的力量，是革命的骨干呢？就是占全国人口百分之九十的工人农民。"①

其次，毛泽东同志全面论述了群众观点。毛泽东同志把一切为了群众、一切依靠群众作为从事一切活动的根本出发点和归宿。他指出，要全心全意地为人民服务，一刻也不脱离群众，一切从人民的利益出发，而不是从个人或小集团的利益出发。向人民负责和向党的领导机关负责的一致性，这些就是我们的出发点。共产党人的一切言论行动，必须以合乎最广大人民群众的最大利益，为最广大人民群众所拥护为最高标准。应该使每一个同志懂得，我们依靠人民，坚决地相信人民群众的创造力是无穷无尽的。信任人民和人民打成一片，那就任何困难也能克服，任何敌人也不能压倒我们，而只会被我们所压倒。

再次，毛泽东同志系统地论述了群众路线。群众路线作为党领导人民取得革命战争胜利的三大法宝之一，是毛泽东同志基于历史唯物主义的群众观而提出来的共产党人在一切工作中都必须坚持的根本路线、根本的领导方法和工作方法。他指出："在我党的一切实际工作中，凡属正确的领导，必须是从群众中来，到群众中去。这就是说，将群众的意见（分散的无系统的意见）集中起来（经过研究，化为集中的系统的意见），又到群众中去做宣传解释，化为群众意见，使群众坚持下去，见之于行动，并在群众行动中考验这些意见是否正确。然后再从群众中集中起来，再到群众中坚持下去，如此无限循环，一次比一次地更正确、更生动、更丰富。"②把群众路线作为党的根本的政治路线和组织路线，作为根本的领导方法和工作方法，正是我们党在各种艰苦卓绝的困境和斗争中总结出来的宝贵历史经验。

---

① 《毛泽东选集》第2卷，人民出版社1991年版，第562页。
② 《毛泽东选集》第3卷，人民出版社1991年版，第899页。

2. 以邓小平同志为主要代表的中国共产党人的人民主体思想

毛泽东同志的人民主体思想是经历革命战争和社会主义建设时期的历史经验总结。相信人民、依靠人民和服务人民的群众路线思想，带领并引导中国人民真正挺起了中国的脊梁。邓小平同志的人民主体思想是建立在社会主义市场经济建设的背景下，解放思想，积极探索，为建设社会主义现代化国家明确了前进方向。

邓小平同志的人民主体思想着重阐释了民主和社会主义之间的关系。1979年3月，邓小平同志在《坚持四项基本原则》的重要讲话中说："没有民主就没有社会主义，就没有社会主义的现代化。"[1]这是邓小平社会主义民主理论的逻辑起点。马克思主义认为，民主是一种国家形态和国家制度。无产阶级专政的国家必须实行人民当家作主的制度。在邓小平同志看来，民主是社会主义的本质要求，它是经济基础和上层建筑的有机统一。邓小平同志表示，社会主义的优越性首先和主要体现在社会生产力上，表现在经济发展带动人民物质文化生活的提高；在政治上表现为充分发扬社会主义民主，保证人民真正享有通过各种有效形式参与和管理国家事务和维护自身利益的权利。邓小平同志在解释"中国共产党的含义和任务"时说，"如果用概括的语言来说，只有两句话：全心全意为人民服务，一切以人民利益作为每一个党员的最高准绳"[2]。同时，民主也是社会主义现代化的一个重要目标。政治民主化作为提升国家治理能力和治理体系现代化的必经之路，同样也是社会主义现代化的重要内容。邓小平同志在党的十一届三中全会上也明确指出，发展社会主义民主，健全社会主义法制，"这是三中全会以来中央坚定不移的基本方针，今后也决不允许有任何动摇"[3]。

---

[1] 《邓小平文选》第2卷，人民出版社1994年版，第168页。
[2] 《邓小平文选》第1卷，人民出版社1994年版，第257页。
[3] 《邓小平文选》第2卷，人民出版社1994年版，第359页。

邓小平同志强调按照中国的实际建设社会主义民主政治，注重人民群众创造历史的主体作用。社会主义事业是人民群众自己的事业，建设有中国特色的社会主义，必须坚持人民群众创造历史这一马克思主义基本原理，坚持相信群众、依靠群众、从群众中来、到群众中去的工作路线。人民群众是建设有中国特色的社会主义事业的力量源泉和胜利之本。邓小平同志强调："我们党提出的各项重大任务，没有一项不是依靠广大人民的艰苦努力来完成的。"①在建设社会主义现代化强国的路上，就必须充分发挥人民群众的积极性、主动性和创造性。邓小平同志还明确指出："社会主义现代化建设的极其艰巨复杂的任务摆在我们面前。很多旧问题需要继续解决，新问题更是层出不穷。党只有紧紧地依靠群众，密切地联系群众，随时听取群众的呼声，了解群众的情绪，代表群众的利益，才能形成强大的力量，顺利地完成自己的各项任务。"②党的十一届三中全会以来，在邓小平理论的指引下，我国的政治体制改革取得了一系列重要成果，社会主义民主政治建设开创了一个新的历史发展阶段。

3. 以江泽民同志为主要代表的中国共产党人的人民主体思想

"三个代表"重要思想是以江泽民同志为核心的党的第三代中央领导集体面临国内外复杂局势，围绕建成什么样的党和怎样建设党这一重要问题而进行的重大理论发展，对党的方向、宗旨、性质等内容进行重新定位，从理论上更加凸显了党和人民的密切联系，要求党必须做好人民群众的忠实代表。

2000年2月，在参加广东"三讲"教育期间，江泽民同志提出"五个始终"要求，其中有涉及人民群众利益和生产力"两个代表"的内容。在广州主持召开党建工作座谈会时，他正式提出"三个代表"重要思想，并

---

① 《邓小平文选》第3卷，人民出版社1993年版，第4页。
② 《邓小平文选》第2卷，人民出版社1994年版，第342页。

在2001年的庆祝中国共产党成立八十周年大会上的讲话中作了系统深刻的阐述:"我们党要继续站在时代前列,带领人民胜利前进,归结起来,就是必须始终代表中国先进生产力的发展要求,代表中国先进文化的前进方向,代表中国最广大人民的根本利益。"①江泽民同志的人民主体思想内容丰富。

首先,突出人民的历史主体地位。江泽民同志指出:"任何时候我们都必须坚持尊重社会发展规律与尊重人民历史主体地位的一致性,坚持为崇高理想奋斗与为最广大人民谋利益的一致性,坚持完成党的各项工作与实现人民利益的一致性。"②中国共产党的根本任务是充分发挥人民群众的创造性和主动性,实现人民群众创造历史活动的合规律性和合目的性的统一。

其次,强调实现人民政治利益,扩大党的群众基础。人民的政治利益是宪法和法律赋予人民的民主权利,是社会主义的民主,是人民当家作主。人民政治利益的核心是人民当家作主,马克思主义认为,民主是一种国家制度,人民有权利为自己建立体现自身意志的国家制度。民主的本质就是人民当家作主,真正的民主也是人民当家作主。江泽民同志指出:"社会主义民主的本质是人民当家作主。国家一切权力属于人民。"③实现人民的政治利益,就是实现人民的民主权利,实现人民当家作主。因此,在大力推进经济建设和文化建设的同时,必须保证社会主义民主政治建设与时俱进,加快民主政治建设的步伐,保障人民的政治权益。随着改革开放的进一步深入,各种经济成分迅速发展,社会结构发生了显著的变化,引发人民内部利益的多元化。江泽民同志审时度势,根据这一变化的趋势,

---

① 江泽民:《论党的建设》,中央文献出版社2001年版,第497页。
② 江泽民:《论党的建设》,中央文献出版社2001年版,第505页。
③ 中共中央文献研究室编:《江泽民思想年编(1989—2008)》,中央文献出版社2010年版,第292页。

对"人民"的范畴做了全新的理解。聚焦社会和阶层发展变化，关注新的社会阶层的利益，不仅在理论上丰富了中国共产党的人民利益观，而且在实践中能充分地调动人民的积极性与创造性，使社会主义改革和建设取得最广泛的群众基础和力量源泉。

最后，坚持把人民群众利益作为工作的最高标准。江泽民同志指出："我们想问题、办事情的出发点和落脚点，始终要考虑人民群众的根本利益。"① 实现人民利益的最高目标就是实现人的全面发展，社会发展的目的也是实现人的全面发展。人的自由全面发展是社会进步的最高价值取向。同时，江泽民同志十分强调人民群众的范围广度，"我们所有的政策措施和工作，都应该正确反映并有利于妥善处理各种利益关系，都应认真考虑和兼顾不同阶层、不同方面群众的利益"②。为大多数人谋利益，把握了最大多数人的根本利益，才能实现为最广大人民谋利益，这样体现在经济、政治和文化等层面的制度才是真正的人民当家作主的制度。

4. 以胡锦涛同志为主要代表的中国共产党人的人民主体思想

党的十六大以来，以胡锦涛同志为总书记的党中央立足当代中国特色社会主义事业的实践，提出了立党为公、执政为民，权为民所用、情为民所系、利为民所谋的以人为本的执政理念。在全面、协调、可持续发展的科学发展观引领下，解决实现什么样的发展、怎样实现发展的重大问题。

胡锦涛同志的人民主体思想主要体现在"以人为本"的民生理念。2003年10月，胡锦涛同志在党的十六届三中全会上提出"坚持以人为本，树立全面、协调、可持续的发展观，促进经济社会和人的全面发展"③。胡锦涛

---

① 《江泽民文选》第1卷，人民出版社2006年版，第469—470页。
② 江泽民：《在庆祝中国共产党成立八十周年大会上的讲话》，人民出版社2001年版，第22页。
③ 中共中央文献研究室编：《十六大以来重要文献选编》上，中央文献出版社2005年版，第465页。

同志指出:"坚持以人为本,就是要以实现人的全面发展为目标,从人民群众的根本利益出发谋发展、促发展,不断满足人民群众日益增长的物质文化需要,切实保障人民群众的经济、政治和文化权益,让发展的成果惠及全体人民。"①

以胡锦涛同志为总书记的党中央从全面建设小康社会和我国社会主义事业总体布局出发,提出构建社会主义和谐社会的任务,并把实现和谐社会作为我国进行民生建设的最终实现目标。21世纪,我国社会发展过程中民生问题出现的新矛盾新特点是胡锦涛同志提出"和谐社会"民生目标的现实依据。和谐社会目标的提出为解决社会发展过程中衣食住行等民生问题指明了新的发展方向,顺应了新时期民生建设的要求,也成为衡量我国社会主义民生建设的重要尺度。

5. 习近平总书记关于全过程人民民主的重要论述

党的二十大报告把发展全过程人民民主确定为中国式现代化本质要求的一项重要内容,强调全过程人民民主是社会主义民主政治的本质属性,对"发展全过程人民民主,保障人民当家作主"作出全面部署,提出明确要求。这是中国共产党团结带领人民追求民主、发展民主、实现民主的伟大创造,是党不断推进中国民主理论创新、制度创新、实践创新的经验结晶。这对新时代新征程更好发挥我国社会主义政治制度优势,全面建设社会主义现代化国家,全面推进中华民族伟大复兴,具有十分重要的意义。

全过程人民民主是社会主义民主政治的伟大创造。2019年11月,习近平总书记在上海虹桥街道考察全国人大常委会法工委基层立法联系点时指出,"人民民主是一种全过程的民主"。2021年7月,习近平总书记在庆祝中国共产党成立100周年大会上的讲话中强调,要"发展全过程人民

---

① 胡锦涛:《在中央人口资源环境工作座谈会上的讲话》,人民出版社2004年版,第2页。

民主"。2021年10月，习近平总书记在中央人大工作会议上对全过程人民民主重大理念和实践要求作出系统阐述。党的十九届六中全会把"发展全过程人民民主"作为习近平新时代中国特色社会主义思想的重要内容。党的二十大提出"全过程人民民主是社会主义民主政治的本质属性"，对发展全过程人民民主、保障人民当家作主作出全面部署。全过程人民民主始终将实现最广大人民根本利益作为民主政治建设的出发点和落脚点，且具有完整的制度程序，构建了多样、畅通、有序的民主渠道，实现了人民民主和国家意志的相互交融、同心同向。全过程人民民主是过程民主和成果民主的统一，是程序民主和实质民主的统一，是直接民主和间接民主的统一，是人民民主和国家意志的统一，不仅积极回应了人民对民主政治的新要求新期待，还拓展了社会主义民主政治的理论和实践内涵，丰富了人类政治文明形态。

  全过程人民民主是我国人民民主的最新发展，具有全链条、全方位、全覆盖的显著特征，是能够保证亿万人民当家作主、把国家和民族前途命运牢牢掌握在自己手中的新型民主。从政治过程看，全过程人民民主的民主选举环节、民主协商环节、民主决策环节、民主管理环节、民主监督环节环环相扣、内在统一、相互贯通，形成全过程人民民主的完整链条。从政治体系看，全过程人民民主贯通国家政治生活和社会生活各层面各维度。我国的国体和政体彰显国家一切权力属于人民，各级国家机关按照民主集中制原则来组织并贯彻实施国家宪法法律和方针政策，保证国家治理成为充分体现人民意志、保障人民权益、激发人民创造活力的政治实践，确保全体人民共享现代化建设和发展成果。从政治领域看，全过程人民民主涵盖国家各项事业各项工作，贯穿"五位一体"总体布局和"四个全面"战略布局的方方面面，是各方面民主的有机统一，实现了全领域全过程整体性的覆盖和贯通。全过程人民民主取得了历史性成就，成为新时代我国民主政治领域具有重大创新意义的标志性成果。

二、人民当家作主制度的体系结构及独特优势

经过新中国成立70多年的努力，特别是改革开放40多年的积极探索及新时代以来的伟大实践，我国人民当家作主的制度体系已经构建并完善起来。党的二十大更加强调以人民代表大会根本政治制度、中国共产党领导的多党合作和政治协商制度、民族区域自治制度和基层群众自治制度为主要内容的人民当家作主制度在国家治理体系中的重要地位。人民当家作主制度体系充分彰显社会主义民主政治的本质与核心，所以要大力推进社会主义民主政治发展，确保人民主体地位在国家政治生活和社会生活中得到有效落实。

（一）制度根基：人民代表大会制度

人民代表大会制度从萌芽到确立经历了一段相当长的发展时期。在这个历史进程中，一方面，它总结了近代以来中华民族在中国建立民主共和国的艰难探索经验；另一方面，它是中国共产党人以马克思主义为指导，将马克思主义民主理论同中国革命与建设的实践相结合，在不同的历史时期进行理论探索、实践探索、制度探索的产物，具有符合中国国情的独特优势。

1.人民代表大会制度产生的历史脉络

早在第一次国内革命战争时期，共产党领导的民主革命运动中就出现了"农民协会"、"罢工工人代表大会"及"市民大会"等政治组织形式。这些政治组织形式实际上是人民代表大会制度的萌芽。在"工农武装割据"政治方针的指引下，于农村革命根据地建立了许多以代表会议为组成形式的工农民主政权。其中，1927年9月底，毛泽东同志在井冈山建立农村革命根据地，建立了工农兵苏维埃政府或工农兵政府，并采用了工农兵代表

会议制度，而且明确了这种制度的组织原则是民主集中主义："民主集中主义的制度，一定要在革命斗争中显出它的效力，使群众了解它是最能发动群众力量和最利于斗争的，方能普遍地真实地应用于群众组织"，而"没有代表大会作依靠的执行委员会，其处理事情，往往脱离群众的意见"。[①]

1931年11月7日，中华苏维埃第一次全国代表大会在江西瑞金顺利召开，其组织形式是工农兵代表会议，自此中华苏维埃共和国成立。会议依据临时中央有关宪法大纲的来电原则，选举毛泽东、周恩来、朱德等人组成中央执行委员会，并颁布了《中华苏维埃共和国宪法大纲》《中华苏维埃共和国土地法》等法令。大会确定根据地人民政权的最高权力机关是工农兵代表大会，代表大会闭会期间，中华苏维埃中央执行委员会是最高政权机关，人民委员会则是行政机关。在1934年1月22日，中华苏维埃第二次全国代表大会颁布了《中华苏维埃共和国中央苏维埃组织法》。此后，这一政权组织形式在革命根据地得到了进一步发展和完善，成为人民代表大会制度的雏形。

抗日战争期间的参议会制度是中国共产党在特殊时期对人民代表大会制度的探索。在这个阶段，中国共产党人设计了一种新的政权组织形式，即参议会制度，参议会制度是从苏维埃制度向后来的人民代表会议制度转型过程中的重要中介。抗日战争时期，根据地的民主政权实行参议会形式，即由人民以普遍、平等、直接的原则和秘密投票方式，选举各界代表组成参议会，由参议会组织人民政府和人民法院，分别行使自己的职权。民主政权还实行"三三制"，即在参议院和政府机关的人员组成中，共产党员、左派进步分子、中间分子和其他分子各占三分之一，从而使过去的工农政权转变为具有统一战线性质的民主政权，获得了更广泛的群众基础。参议会会议制度提升了参与主体的广泛性，以及选举的直接性和竞

---

① 《毛泽东选集》第1卷，人民出版社1991年版，第72页。

争性。党外人士，尤其是中间分子也被纳入政权范围之内，政权的阶级基础和民主基础都有所扩大，党外人士，参政议政、共同协商、决定边区事务，实现了对民意的充分尊重。

解放战争时期，毛泽东同志开始从马克思主义中国化的视角出发，自觉把马克思主义的国家学说同中国的基本国情和革命性质相结合，就新民主主义国家的国体与政体关系进行理论探索，首次提出了人民代表大会制度的建构框架，将民主集中制作为其基本的组织原则。在《新民主主义论》一文中，毛泽东同志提出，"中国现在可以采取全国人民代表大会、省人民代表大会、县人民代表大会、区人民代表大会直到乡人民代表大会的系统，并由各级代表大会选举政府"，"国体——各革命阶级联合专政。政体——民主集中制"。[①]抗战胜利后，参议会制度逐渐退出历史舞台。1946年4月，陕甘宁边区第三届参议会第一次大会通过《陕甘宁边区宪法原则》，意味着边区的政权组织形式开始全面由参议会制度向人民代表会议制度转变。中国共产党开始不断总结各解放区的人民代表会议的经验，并进一步明确了这种会议制度的政权性质。

新中国成立初期，中国人民政治协商会议制度是在中国历史发生划时代的天翻地覆的变化之际，适应新型国家、新型社会的需要应运而生的。中华人民共和国的建立是新民主主义革命的伟大胜利。革命战争尚在继续进行，不具备立即召开普选的人民代表大会的条件。按照毛泽东同志在1945年的设想，新民主主义政权要实行人民代表大会制。但从1948年下半年起，中国共产党"先开全国人民代表大会，后组建中央政府"的方案一再改变，最后变为"先开全国政协会议，后建立中央政府，再召开全国人民代表大会"。不过，1949年9月，新中国成立前夕召开的中国人民政治协商会议第一届全体会议，通过了三大宪法性文献《中国人民政治协商会

---

① 《毛泽东选集》第2卷，人民出版社1991年版，第677页。

议共同纲领》(以下简称《纲领》)、《中国人民政治协商会议组织法》和《中华人民共和国中央人民政府组织法》,《纲领》规定中华人民共和国的政治制度是民主集中的人民代表大会制度。1954年9月,第一届全国人民代表大会召开,会议通过了中国第一部社会主义类型的宪法,且明确规定中国的政权组织形式是人民代表大会制度,该宪法结束了由政协全体会议授权中央人民政府代行国家最高权力的历史。第一届全国人民代表大会的召开标志着人民代表大会制度的政权组织形式在中央和地方都得以正式确立,成为中国的根本政治制度。

2. 人民代表大会制度的独特优越性

一直以来中华民族围绕着什么样的政治制度适合中国的发展进行了艰难的探索,只有符合中国实际国情和社会状况的民主制度才是最好的政治制度。邓小平同志曾经指出:"我们评价一个国家的政治体制、政治结构和政策是否正确,关键看三条:第一是看国家的政局是否稳定;第二是看能否增进人民的团结,改善人民的生活;第三是看生产力能否得到持续发展。"[①]历史和实践证明,人民代表大会制度作为最适合中国国情和发展的民主集中制制度载体,具有无可比拟的优越性和强大的生命力,是国家长治久安与民主政治的保障和伟大创举。

首先,人民代表大会制度具有广泛性的代表性优势。习近平总书记指出:"人民是否享有民主权利,要看人民是否在选举时有投票的权利,也要看人民在日常政治生活中是否有持续参与的权利;要看人民有没有进行民主选举的权利,也要看人民有没有进行民主决策、民主管理、民主监督的权利。"[②]人民当家作主制度有多种形式,但一个民主国家最重要的体现

[①]《邓小平文选》第3卷,人民出版社1993年版,第213页。
[②] 习近平:《在庆祝中国人民政治协商会议成立65周年大会上的讲话》,人民出版社2014年版,第12—13页。

就是人民牢牢掌握国家政权、行使国家权力。全国人民通过定期的选举行动产生能够代表自身权利和利益的人民代表，人民委托自己选举出来的代表组成各级人民代表大会，代表通过人民代表大会代表行使国家权力；同时代表们通过选举等方式，将行政权、司法权、军事指挥权等权力再委托给政府、法院、检察院、中央军委等国家机关。人民代表大会的代表源于人民，受人民监督，选民或选举单位可依照法律程序随时撤换、罢免不称职的代表，这就保障国家权力最终掌握在人民手中。而西方资本主义国家的议会制，议员们往往在名义上是人民民意的代表，实际上自从成为基层议员开始，要想成为更高级别的议员就需要大量的竞选资金来宣传造势，这些议员往往就成为利益集团的棋子，是一种金钱与权力的交易，失去了初心和民意。恩格斯曾尖锐地指出："正是在美国，同在任何其他国家中相比，政治家们都构成国民中一个更为特殊的更加富有权势的部分。在这个国家里，轮流执政的两大政党中的每一个政党，又是由这样一些人操纵的，这些人把政治变成一种生意，拿联邦国会和各州议会的议席来投机牟利，或是以替本党鼓动为生，在本党胜利后取得职位作为报酬。"[①]

其次，人民代表大会制度具有凝心聚力办大事的制度优势。我国人民代表大会制度的规则体系是一种无分权有分工的民主集中制，总体思路是"一院制"。为保证国家的一切权力属于人民，必须将权力高度集中于由民选产生的人民代表大会，其中全国人民代表大会是最高国家权力机关，也是立法机关；然后由全国人大和地方各级人大产生出同一级别的行政机关和司法机关（人民政府、人民法院和人民检察院）。邓小平曾经说过："我们的制度是人民代表大会制度，共产党领导下的人民民主制度，不能搞西方那一套。社会主义国家有个最大的优越性，就是干一件事情，一下决

---

① 《马克思恩格斯选集》第3卷，人民出版社1995年版，第12页。

心,一做出决议,就立即执行,不受牵扯。"[1]在人民监督下的权力集中,保证了国家各项工作能够集中力量高效地完成,在重大公共事件或自然灾害面前能够快速反应,集中调动国家力量进行干预、救援,最大限度地保证人民的利益和安全。在2020年新冠疫情中,中国举全国之力抗疫防控,在极短时间内修建完成火神山医院和雷神山医院,为国内疫情和全球疫情的防控作出了巨大的贡献。这正是凸显集中力量办大事制度优势的一个强有力的例证。我国的人民代表大会"一院制"同西方国家的"两院制"相比,具有极高的效率。西方国家的"两院制"把议会分成两个部分,由它们共同行使议会的权力,但两院分别议事,分别通过,互相制约。在西方实行的两党制或者多党制下,各政党均具有自己的利益,难免为了各自的利益互相扯皮。"两院制"往往成为政党之间利益较量的机制,容易被政党利益所利用,这样极大地影响了议事、决策的效率。

(二)合作共赢:中国共产党领导的多党合作和政治协商制度

中国共产党领导的多党合作和政治协商制度是在马克思主义的科学理论基础上建立起来的,在中国特有的国情环境下应运而生,并随着中国革命、建设、改革的历史进程而不断发展完善。

1.中国共产党领导的多党合作和政治协商制度的历史演变

马克思、恩格斯、列宁等革命导师对无产阶级政党多党合作的理论与实践的探索对以毛泽东同志为核心的中国共产党第一代中央领导集体建构当代中国政党制度有着直接的影响,因此中国共产党领导的多党合作制度必然打上马克思主义基本原理同中国国情相结合而产生的政治思想的烙印。历史证明,新中国成立前后毛泽东同志吸取了马克思列宁主义成果和

---

[1] 《邓小平文选》第3卷,人民出版社1993年版,第240页。

苏联一党专政、缺乏监督的教训，走上了一条与各民主党派长期合作、互相监督的道路。

国民革命时期，国共合作关系的建立拉开了中国共产党与中国其他党派合作的序幕。从此，中国共产党就不得不面临一个怎样处理党际关系的问题，而这个问题关系到中国革命和建设的成与败。从大革命失败到遵义会议前，中共中央在指导思想上一度"左"倾，既反对蒋介石国民党，又反对中间党派。在这期间，中间党派对中国共产党也是持批评态度的。因此，中国共产党在党派关系的处理上付出了巨大的代价，但积累了统战经验，由幼稚走向了成熟。后来毛泽东同志把党际关系的处理作为统一战线的重要组成部分，并把统一战线作为中国民主革命取得胜利的三大法宝之一。

抗日战争时期和新民主主义革命时期是中国特色协商民主的重要萌芽阶段。中国共产党在根据地实行了"三三制"抗日民主政权。"三三制"明确要求在政府人员构成和民意代表分配上，共产党占三分之一，左派进步分子占三分之一，中间分子及其他分子占三分之一。"三三制"政权以抗日为原则目标，容纳了无产阶级、小资产阶级、民族资产阶级及积极分子，充分听取不同群体的意见，充分开展协商讨论和发扬民主。邓小平同志在《党与抗日民主政权》中指出："'三三制'政权不仅是敌后抗战的最好政权形式，而且是将来新民主主义共和国所应采取的政权形式。""三三制"政权的实践就是协商民主的初步应用，其所形成的中国共产党与其他党派合作范式成为中国共产党领导的多党合作和政治协商制度的雏形。并且"三三制"在抗战后得到了坚持和进一步完善，为中国共产党领导的多党合作和政治协商制度的确立奠定了政治基础和思想基础。

在解放战争后期，1948年4月30日，中共中央发布《纪念"五一"劳动节口号》，提出"各民主党派、各人民团体、各社会贤达迅速召开政治协商会议，讨论并实现召集人民代表大会，成立民主联合政府"①。毛泽东同志在致信各民主党派时指出："在目前形势下，召集人民代表大会，成立民主联合政府，加强各民主党派、各人民团体的相互合作，并拟订民主联合政府的施政纲领，业已成为必要，时机亦已成熟。""但欲实现这一步骤，必须先邀集各民主党派、各人民团体的代表开一个会议。在这个会议上，讨论并决定上述问题。此项会议似宜定名为政治协商会议。"②此后，各民主党派积极响应中共中央"五一口号"，拥护共产党的号召；同时积极开展关于召开新政协有关问题的广泛讨论。这标志着在新政协运动中，各民主党派已接受中国共产党的新民主主义革命纲领，通过民主协商建立的新政权由此开始。这为中国共产党在多党合作关系中的领导地位的确立奠定了思想基础和政治基础。

1948年10月，中国共产党开始筹备召开新政协，中共中央开始与各民主党派和无党派民主人士就中共中央提出的《关于召开新的政治协商会议诸问题》草案进行商谈，多方达成《关于召开新的政治协商会议诸问题的协议》。1949年6月经各方协商确定成立新政协筹备会。6月15日至19日，新政协筹备会第一次会议在北平（今北京）中南海勤政殿举行，会议一致通过了《新政治协商会议筹备会组织条例》。1949年9月21日至30日，中国人民政治协商会议第一届全体会议在北平中南海怀仁堂隆重举行。会议正式通过了《中国人民政治协商会议组织法》《中国人民政治协商会议共同纲领》《中华人民共和国中央人民政府组织法》等重要文件。至此，中国共产党领导的多党合作和政治协商制度以法律文件的形式被确立下来。

1989年《中共中央关于坚持和完善中国共产党领导的多党合作和政治协商制度的意见》的颁布是该制度的重要转折点。文件对这项制度进行了

---

① 《毛泽东文集》第3卷，人民出版社1996年版，第91页。
② 《毛泽东文集》第5卷，人民出版社1996年版，第90—91页。

基本定位，提出"中国共产党领导的多党合作和政治协商制度是我国一项基本政治制度"；对民主党派及其参与国家事务方式进行了基本界定，即民主党派是参政党，参政的基本点是：参加国家政权，参与国家大政方针和国家领导人选的协商，参与国家事务的管理，参与国家方针、政策、法律、法规的制定执行。1993年宪法修正案将"中国共产党领导的多党合作和政治协商制度将长期存在和发展"载入宪法，上升到国家意志层面。1995年中国人民政治协商会议第八届全国委员会常务委员会通过了《政协全国委员会关于政治协商、民主监督、参政议政的规定》，明确了人民政协的三大主要职能。2004年3月，《中国人民政治协商会议章程修正案》对人民政协性质的表述也得到了规范："中国人民政治协商会议是中国人民爱国统一战线的组织，是中国共产党领导的多党合作和政治协商的重要机构，是我国政治生活中发扬社会主义民主的重要形式。"党的十九届四中全会强调，要坚持和完善中国共产党领导的多党合作和政治协商制度，坚持社会主义协商民主的独特优势，发挥人民政协作为政治组织和民主形式的效能，提高政治协商、民主监督、参政议政水平，更好凝聚共识。党的二十届三中全会强调，健全协调民主机制，完善协商民主体系，丰富协商方式，健全政党协商、人大协商、政府协商、政协协商、人民团体协商、基层协商及社会组织协商制度化平台，加强各种协商渠道协同配合。健全协商于决策之前和决策实施之中的落实机制，完善协商成果采纳、落实、反馈机制。

习近平总书记在党的二十大报告中强调："人心是最大的政治，统一战线是凝聚人心、汇聚力量的强大法宝。完善大统战工作格局，坚持大团结大联合，动员全体中华儿女围绕实现中华民族伟大复兴中国梦一起来想、一起来干。"[1]党的十八大以来，以习近平同志为核心的党中央统筹中

---

[1] 《习近平著作选读》第1卷，人民出版社2023年版，第32页。

大国优势

华民族伟大复兴战略全局和世界百年未有之大变局，从治国理政的高度对统战工作作出全面部署，先后制定《中国共产党统一战线工作条例》《中国共产党政治协商工作条例》，出台关于多党合作、民族、宗教、涉疆、涉藏、党外知识分子、民营经济、新的社会阶层人士、侨务等方面工作的法规文件，先后多次组织中央统战工作会议，对统战工作提出一系列明确要求，推动统战工作取得历史性成就。在实践中，形成了习近平总书记关于做好新时代党的统一战线工作的重要思想，并将这一思想概括为"十二个必须"。这是我们党统一战线百年发展史的智慧结晶，是我们党对做好统战工作规律性认识的深化，是新时代统战工作的根本指南。

2. 中国共产党领导的多党合作和政治协商制度的优势

中国共产党领导的多党合作和政治协商制度的优势首要体现为中国共产党的领导。中国共产党领导的多党合作和政治协商制度之所以能够成为正确有效的政党制度与民主制度形式，第一，在于它保证了现代化建设所必需的稳定的政治环境。邓小平同志指出："在中国这样的大国，要把几亿人口的思想和力量统一起来建设社会主义，没有一个由具有高度觉悟性、纪律性和自我牺牲精神的党员组成的能够真正代表和团结人民群众的党，没有这样一个党的统一领导，是不可能设想的，那就只会四分五裂，一事无成。"[①]与西方制度相比，中国共产党领导的多党合作和政治协商制度是最符合中国实际情况，符合中华民族文化和价值观的民主形式之一。邓小平同志在1978年会见美国前总统卡特时指出："中国如果照搬你们的多党竞选、三权鼎立那一套，肯定是动乱局面。如果今天这部分人上街，明天那部分人上街，中国十亿人口，一年三百六十五天，天天都会有事，

[①] 中共中央文献研究室编：《十一届三中全会以来重要文献选读》上，人民出版社1987年版，第227页。

日子还能过吗？还有什么精力搞建设？"①

尤其在新时代的背景下，世界局势复杂多变，中国在迈向民族复兴和社会主义现代化进程中的挑战越发严峻，全面深化改革更需要稳定的社会环境。正如亨廷顿所讲："现代性产生稳定，但现代化却会引起不稳定。"② 国家、社会稳定才有民主可言。为了保持社会稳定，处于现代化进程中的国家需要建立一个强大的政府来妥善处理各种利益矛盾和利益冲突。而强大的政党是强大政府的基础，没有强大的政党支撑的政府是脆弱的，那时的民主也只是空中楼阁，破碎不堪。历史和实践证明，只有中国共产党才能带领中国人民站起来、富起来、强起来，也只有在中国共产党的领导下，协商民主才能发挥更大的作用、代表广大的民意。

第二，促进国家顶层设计的科学化与民主化。民主党派在坚持接受中国共产党的领导的同时，对执政的中国共产党进行民主监督是作为参政党的重要职能。民主党派自成立以来就一直以追求民主为目标，因此在民主意识和民主监督能力上都比较完善，可以在一定程度上更好地实现对权力的监督与制约，民主党派发挥民主监督有利于督促中国共产党的党风建设，使其保持新鲜与活力，避免和减少腐败现象。政协委员来自全国各个民族、各行各业，包括各党派和人民团体不同层次有影响力的人物，他们通过撰写调研报告，把走访调查中发现的重大社会经济和民生问题，拟成提案呈交党和国家机关，并提出有建设性的意见。这些建设性意见被充分采纳后成为党的意志，通过合法程序成为国家政策。各党派通过民主协商的形式，充分表达各利益集团的意见与要求，更能够在决策过程中协调各利益集团的利益关系，正确处理好复杂的社会矛盾，实现最广泛、最真实、最管用的民主，保持社会稳定发展。

---

① 《邓小平文选》第3卷，人民出版社1993年版，第244页。
② 亨廷顿：《变革社会中的政治秩序》，华夏出版社1988年版，第41页。

第三，广泛凝聚思想共识，维护社会和谐与政局稳定。中国共产党对其他党派团体的领导首先是政治领导，具体体现在政治原则、路线方向和重大方针政策的领导。在此基础上，中国共产党聆听他们的需求和意见，达成新的共识。经过充分的政治协商，为各方面群众拓宽了利益表达的渠道，兼顾了多数人的利益和少数人的合理诉求，促进各方面的沟通和理解，保障最大限度地实现人民民主，促进社会和谐发展。

（三）共同选择：民族区域自治制度

民族区域自治制度是我国的基本政治制度，是中国共产党解决民族问题的一项基本政策，是中国共产党把马克思主义民族理论同我国民族实际相结合的一个创举，也是全国各族人民的共同选择。

1. 民族区域自治制度的形成及确立

建党初期，中国共产党所设想的民族政策并不是民族区域自治，而是以苏联民族政策为借鉴，主张用联邦制与民族自决原则来解决我国的民族问题。随着革命斗争的不断深入，中国共产党从中国的实践出发，不断深化对民族问题的认识和对马克思主义民族理论的理解，认识到与联邦制相比，民族区域自治较符合我国国情，最终将民族区域自治制度确立为基本政治制度。1922年7月，中国共产党召开第二次全国代表大会，此次会议提出，用自由联邦制，统一中国本部，蒙古、西藏、回疆，建立中华联邦共和国。这种自治是借鉴苏联模式的自治，并将之作为解决我国民族问题的方式提出来的。这是中国共产党第一次提出联邦制和民族自决，显然是对苏联联邦制的借鉴。1923年6月，中共三大通过的《中国共产党党纲草案》指出，西藏、蒙古、新疆、青海等地和中国本部的关系由各该民族自决。1931年11月7日中华苏维埃共和国成立，《中华苏维埃共和国宪法大纲》第十四条明确表示："蒙、回、藏、苗、黎、高丽人等，凡是居住在中国地域内的,他们有完全自决权……"。1935年12月,中华苏维埃发出《中华苏维埃政府对内蒙古人民宣言》,其中第一条指出,内蒙古民族可以随心所欲地组织起来,它有权按自主的原则,组织自己的生活,建立自己的政府。

在抗日战争时期,中国共产党的民族政策有了很大的变动。在对民族自决和民族区域自治两种政策的反复比较和权衡中,逐渐倾向于民族区域自治,并最终形成了民族区域自治的政策主张。抗日战争时期,中国共产党开始从主张民族自决向民族自治转变。1937年8月,中国共产党在《抗日救国十大纲领》中主张各少数民族在民族自决原则下,一致抗日。在1938年党的六届六中全会上,民族自决的主张逐渐被剔除和淡化,民族自治的主张已经被正式提出来。毛泽东同志在《论新阶段》的报告中指出,各少数民族在共同抗日的原则下,有权自己管理自己的事务并与汉族建立统一的国家。1941年《陕甘宁边区施政纲领》明文规定,各少数民族聚居地区可以划成民族区域,组织民族自治政权,订立自治法规。陕甘宁边区政府还划定了定边四区和五区、城关镇、三岔镇为回族自治区,在伊克昭盟建立了城川蒙民自治区。1945年,毛泽东同志在《论联合政府》中对孙中山先生的民族主义作了解读,民族主义之意在于中国境内各民族一律平等,有反抗帝国主义及军阀自求解放的权利,革命胜利后应当组织自由统一的(各民族自由联合的)中华民国。同年10月23日发出的《中共中央关于内蒙古工作方针给晋察冀中央局和晋绥分局的指示》表明:"对内蒙的基本方针,在目前是实行区域自治。"[①]1947年3月23日,《中共中央关于内蒙古自治问题的指示》表明:"应确定内蒙自治政府非独立政府,它承

---

① 中共中央文献研究室、中央档案馆编:《建党以来重要文献选编(1921—1949)》第22册,中央文献出版社2011年版,第760页。

认内蒙民族自治区仍属中国版图……"①1947年5月1日召开大会，成立了我国第一个少数民族自治区——内蒙古自治区，它的建立具有里程碑意义，是中国共产党第一次在较大范围内以民族区域自治理论为指导帮助少数民族建立自己的政府。内蒙古自治区的成立为我国解决民族问题提供了宝贵的实践经验。

1949年9月29日，中国人民政治协商会议第一届全体会议通过的《中国人民政治协商会议共同纲领》第五十一条规定："各少数民族聚居的地区，应实行民族的区域自治，按照民族聚居的人口多少和区域大小，分别建立各种民族自治机关，凡各民族杂居的地方及民族自治区内，各民族在当地政权机关中均应有相当名额的代表。"②1954年《中华人民共和国宪法》将民族区域自治制度以国家根本大法的形式确定下来。党的十八大以来，党的民族政策也在不断向前推进。2014年9月28日，习近平总书记在中央民族工作会议上的讲话中强调："坚持和完善民族区域自治制度，要做到'两个结合'。一是坚持统一和自治相结合……二是坚持按民族因素和区域因素相结合……"③民族区域制度发展和不断完善的历程，凸显了党和国家始终坚持人民至上、坚持以人民为中心的治国理念，也彰显了人民当家作主制度的要义。

2.民族区域自治制度的优越性

民族区域自治制度是根据我国特有的民族实际情况，尊重少数民族主体地位、保障少数民族当家作主的好制度。实践充分说明，我国的民族区域自治制度具有巨大的优越性和强大的生命力。这是中国共产党对世界和

---

① 中共中央文献研究室、中央档案馆编：《建党以来重要文献选编（1921—1949）》第24册，中央文献出版社2011年版，第121页。
② 《中国人民政治协商会议共同纲领》，人民出版社1952版，第17页。
③ 中共中央文献研究室编：《习近平关于社会主义政治建设论述摘编》，中央文献出版社2017年版，第151页。

平发展的贡献，是中华民族对人类解决民族问题的贡献。

首先，有效保证了少数民族自治权利的实现。民族区域自治制度把国家的集中统一和少数民族自治结合起来。在国家统一的前提下，保障少数民族地方的充分自治。由少数民族自己管理各自地方和本民族的内部事务，可以充分适应各少数民族的实际情况，从根本上保障各少数民族当家作主的权利，激发少数民族群众主人翁的自主意识，满足各少数民族参政议政的要求，保证各民族利益的实现，为少数民族地区的民主政治建设提供发展平台。民族区域自治制度也是人民民主专政的重要组成部分。

其次，少数民族独特文化得以保护、传承和发扬。对少数民族独特文化的保护有利于丰富人类文明的文化成果，有利于尊重各少数民族的传统，有利于保障各民族自主选择的权利。我国通过宪法、法律和国家政策等规范加强对各民族文化的保护，在各民族自治地方，自治机关也有权通过制定自治立法对少数民族文化予以保护和传承。除了立法保障，还有保护传统文化传承人制度，通过国家承认并认可的各少数民族传统文化传承人制度，加强对各种文化的保护。同时，大力宣传各少数民族的优秀文化，在少数民族旅游区都有独特的文化产品供大家挑选。加强对各少数民族独特文化的保护、传承和发扬，既是尊重各少数民族文化的需要，也是丰富多元文化生活的需要，具有重大而现实的意义。

再次，有利于和谐社会的构建和中华民族伟大复兴的实现。我国民族地区的经济、文化一般比较落后，这是历史造成的。实行民族区域自治，赋予自治机关在经济、政治、文化等各个方面享有许多自治权，一方面，是让各民族都享有当家作主管理国家的平等权利，实现各民族的自治平等；另一方面，是通过自治机关行使各项法定的自治权，充分调动少数民族的积极性，加快民族自治地方各项事业的发展，逐步消除民族间事实上的不平等。利用"因地制宜"且符合少数民族习惯和特点的政策法规，对少数民族区域进行针对性扶持。不仅在经济和社会基础设施建设上着力，还要在少数民族传统文化上加大扶持力度，保护中华文化的传承和发展。文化作为一个民族最深沉的力量，也是一个民族的灵魂。民族区域自治制度不仅是民族地区繁荣发展的根基，更是铸牢中华民族共同体思想基础、构建和谐社会及实现中华民族伟大复兴的制度保障。

（四）伟大创造：基层群众自治制度

基层群众自治制度，是指人民群众在党的领导下对农村村级、城市社区公共事务和公益事业直接行使当家作主民主权利的政策、法规、程序、规范的总称，是随着新中国发展历程而生长起来的基本政治制度。党的二十大报告指出："基层民主是全过程人民民主的重要体现。健全基层党组织领导的基层群众自治机制，加强基层组织建设，完善基层直接民主制度体系和工作体系，增强城乡社区群众自我管理、自我服务、自我教育、自我监督的实效。"基层群众自治制度作为我国四项民主政治制度之一，是党领导人民群众在实践中的伟大创造。这一制度，提高了人民群众的民主素养，扩大了有序的政治参与，保证了人民当家作主，维护了社会稳定，是我国社会主义民主政治建设的重大进步。

1. 基层群众自治制度的创立与发展

党的十九届四中全会通过的《中共中央关于坚持和完善中国特色社会主义制度 推进国家治理体系和治理能力现代化若干重大问题的决定》指出，健全充满活力的基层群众自治制度。在城乡社区治理、基层公共事务和公益事业中要实行群众自我管理、自我服务、自我教育、自我监督，拓宽人民群众反映意见和建议的渠道，着力推进基层直接民主制度化、规范化、程序化。党的二十届三中全会通过的《中共中央关于进一步全面深化改革、推进中国式现代化的决定》指出，要健全基层民主制度，健全基层党组织领导的基层群众自治机制,完善基层民主制度体系和工作体系,拓宽基层各类组织和群众有序参与基层治理渠道。

我国的基层群众自治制度,是在新中国成立后的民主实践中逐步形成发展起来的,首先发展于城市。新中国成立初期,为了巩固新生政权,在城市建立了具有政治组织性质的居民委员会,这是基层群众自治制度在中国社会全面确立的根基之所在。1950年前后,一些城市出现了群众自发性组织的防护队、防盗队和居民组织等群众自治组织。天津市建立了居民委员会,武汉市建立了居民代表委员会和居民小组。1953年6月8日,彭真及时总结了新中国成立初期城市居民自治的新鲜经验,给党中央写了《关于城市街道办事处、居民委员会组织和经费问题的报告》。该报告肯定了城市街道居民委员会这一组织的存在合理性,明确了其性质是群众自治组织而非基层政权组织。该组织的主要任务是组织街道居民在自愿前提下,办理有关居民的公共事务,宣传政府的政策和法规,向基层政权提出对政府的意见等事宜。

1954年12月,一届全国人大常委会第四次会议根据1954年宪法精神,制定并通过了《中华人民共和国城市居民委员会组织条例》,第一次以法律形式宣布居民委员会是"群众自治性的居民组织",用法律形式肯定了居民委员会的性质、地位和作用。党的十一届三中全会后,党和国家大力发展基层民主。1980年1月19日,国家重新颁布了1954年通过的城市居民委员会组织条例,从而使城市基层群众自治制度开始得以恢复和发展。1982年,城市基层群众自治制度被写入新颁布的宪法并推广到农村,规定农村也成立类似城市居民委员会的基层群众自治组织,即村民委员会。1987年,全国人大常委会会议通过《中华人民共和国村民委员会组织法（试行）》。两年后,在原来城市居民委员会组织条例的基础上形成的《中华人民共和国城市居民委员会组织法》也在全国人大常委会会议上获得通过。从此,我国城市居民自治、居民委员会建设进入了一个崭新的阶段。1998年11月4日,九届全国人大常委会第五次会议通过《中华人民共和国村民委员会组织法》。至此,基层群众自治制度的法律基础基本奠定。

2. 基层群众自治制度的优势和成就

基层群众自治制度是一种深深扎根于广大人民群众的民主制度,是选举民主的典范。直接选举现已成为中国基层选举的主要方式,几百万的村委会、居委会干部由村民、居民直选产生。直接选举的蓬勃发展体现了中国共产党和中国人民对人民民主的追求。基层群众自治制度充分体现了协商民主。实践证明基层群众自治制度在我国政治制度体系中有着独特的作用和优势。

第一,有利于发展中国特色社会主义民主的广泛性和真实性。习近平总书记在2014年9月21日召开的庆祝中国人民政治协商会议成立65周年大会上讲话指出:"有事好商量,众人的事情由众人商量,找到全社会意愿和要求的最大公约数,是人民民主的真谛。"[1]协商民主是实现党的领导的重要方式,是我国社会主义民主政治的特有形式和独特优势。社区协商是基层群众自治的重要方式,是社会主义协商民主的重要途径。城乡社区协商充分发挥社会主义制度优越性,发挥农村、城市社区基层党组织核心作用,不断健全基层群众自治的体制机制,扩大基层群众有序政治参与、推进社区信息公开,以协商于民、协商为民为重要原则,不断拓宽基层群众民主协商的范围和渠道,丰富协商内容和形式,保障基层群众享有更多更切实的民主权利。

基层群众自治制度的成长发展,并有效衔接人民代表大会制度、中国共产党领导的多党合作和政治协商制度、民族区域自治制度,共同构筑了

---

[1] 习近平:《在庆祝中国人民政治协商会议成立65周年大会上的讲话》,人民出版社2014年版,第13页。

人民当家作主制度体系，我国人民当家作主不仅体现在国家事务层面、体现在经济和文化事业层面，也体现在社会事务层面；不仅体现在代表制民主层面，也体现在基层直接民主层面，有力彰显了我国社会主义民主的优势和特色。

第二，有效提升基层社会治理实效性并助力国家治理体系的完善。数量众多的城乡社区，处于国家治理体系的最基层，犹如一个个神经末梢。实现国家治理体系和治理能力现代化，离不开城乡社区治理的现代化。坚持和完善基层群众自治制度是国家治理体系和治理能力现代化实现顶层设计与摸着石头过河相结合的战略选择，而基层群众自治制度的坚持和完善就是基层治理的探索。习近平总书记在2012年12月31日主持中央政治局第二次集体学习的讲话指出，"摸着石头过河和加强顶层设计是辩证统一的，推进局部的阶段性改革开放要在加强顶层设计的前提下进行，加强顶层设计要在推进局部的阶段性改革开放的基础上来谋划"，"摸着石头过河，是富有中国特色、符合中国国情的改革方法"。[①]党的十八届三中全会第一次提出了要将顶层设计和摸着石头过河相结合，这是对改革开放三十多年实践经验的深刻总结，更是我国当下全面深化改革、推进国家治理体系和治理能力现代化的一个重要原则。

第三，有利于促进社会的和谐稳定。实行基层群众自治制度还有利于提高基层民主素质、民主管理能力，切实保障人民的民主权利，从而提高我国整体的民主发展水平，推动整个国家社会主义民主化进程。保障人民权利，让人民真正参与到治理中。无论是农村还是社区，作为基层群众不再是被领导者，被动参加民主活动，而是被赋予主人翁的角色，靠自己的努力解决自己的事务，以达到和谐发展的状态。在这个过程中，村民和社

[①] 人民日报社理论部编：《深入学习习近平同志系列讲话精神》，人民出版社2013年版，第300页。

大国优势

区居民不仅仅是本村或社区的利益分享者，更是整个基层范围的责任承担者。在整个民主自治的参与过程中，群众会自觉主动地提升民主素质，加强对思想、工作等各方面的学习，从而推进自治水平，引导人民进入一个良性循环之中。这样不仅促进社会的稳定发展，也推动基层群众自治制度更加成熟稳定，为实现国家治理体系和治理能力现代化打下坚实基础。

第三章
坚持全面依法治国

法治行则国治，法治弛则国乱。法律是治国之重器，法治则是国家治理体系和治理能力的重要依托，一个国家的法治建设关乎着这个国家的兴衰。在中国，法治是中国共产党领导人民治国理政的基本方式，依法治国是国家治理体系和治理能力现代化的一条主线。改革开放四十多年来，为实行依法治国、建设社会主义法治国家，中国共产党团结带领人民进行了艰辛探索，从依法治国到全面依法治国的提出，从"有法可依，有法必依，执法必严，违法必究"到"科学立法、严格执法、公正司法、全民守法"的转变，在每个重要的历史节点，党中央都作出重要指示，为依法治国夯实理论基础，指明发展方向。

1978年，党的十一届三中全会在总结我国民主法制建设正反两方面经验的基础上，提出了"有法可依，有法必依，执法必严，违法必究"的法制建设方针。1997年，党的十五大将"法制"发展为"法治"，并正式提出了"依法治国，建设社会主义法治国家"的历史任务，把依法治国确定为党领导人民治理国家的基本方略，把建设社会主义法治国家确定为社会主义现代化建设的重要目标。2002年，党的十六大将"依法治国基本方略得到全面落实"列入全面建设小康社会的重要目标。2007年，党的十七大提出加快建设社会主义法治国家的要求。2012年，党的十八大作出"全面推进依法治国"的战略决策，进一步提出了法治的"新十六字方针"，即

大国优势

"科学立法、严格执法、公正司法、全民守法"。2017年,党的十九大报告则将"全面依法治国"提升为新时代坚持和发展中国特色社会主义的基本方略之一,强调全面依法治国是国家治理的一场深刻革命,必须坚持厉行法治,重申了要推进科学立法、严格执法、公正司法、全民守法。2022年,党的二十大报告第一次以专章部署全面依法治国工作,明确要求,"全面推进科学立法、严格执法、公正司法、全民守法,全面推进国家各方面工作法治化","在法治轨道上全面建设社会主义现代化国家",为坚持全面依法治国、推进法治中国建设进一步指明了方向。

从依法治国到全面依法治国的演化,体现了党与时俱进、求真务实的精神。依法治国是中国共产党领导广大人民群众,依照宪法和法律的规定,而不是依照个人意志和主张来治理国家;要求国家各项工作都依照法律进行,逐步实现社会主义民主的制度化、法律化,使这种制度和法律不因个人意志而改变或遭到破坏。依法治国是建设社会主义政治文明、发展社会主义民主政治的重要内容。全面依法治国,是新的历史时期下,以习近平同志为核心的党中央立足于坚持和发展中国特色社会主义的全局,为更好治国理政而作出的重大战略抉择,是新中国成立以来党领导人民依法治国的最新理论成果,也是解决党和国家事业发展面临的一系列重大问题,解放和增强社会活力、社会公平正义、维护社会和谐稳定、确保国家长治久安的根本要求。可见,新时代所提出的"全面依法治国"是对之前的"依法治国"在理论和实践上的深化。与"依法治国"相比,"全面依法治国"有两大特点:一是将"依法治国"这一基本方略覆盖到立法、执法、司法、守法的全过程,全方位推进了过去强调的"有法可依、有法必依、执法必严、违法必究"十六字方针;二是目标和原则更加明确,更富有也更能体现中国特色社会主义的特征。2014年,在《关于〈中共中央关于全面推进依法治国若干重大问题的决定〉的说明》中,习近平总书记明确指出全面推进依法治国，总目标是"建设中国特色社会主义法治体系，建设社会主义法治国家"。而实现这一总目标，就必须牢牢把握法治建设和运行的四个基本环节，全面推进科学立法、严格执法、公正司法、全民守法。党的十八大以来，党领导人民紧紧抓住这一重点，在立法上，努力做到科学立法、民主立法、依法立法，完善立法体制，提高立法质量；在执法上，加强法治政府建设，严格规范政府部门公正文明执法；在司法上，深化司法体制改革，健全司法权力分工负责、相互配合、相互制约的制度安排，努力让人民群众在每一个司法案件中感受到公平正义；在守法上，加大全民普法力度，在全社会形成人人尊法学法守法用法的法治环境。

经过长期努力，我国法治建设不断发展和完善，在立法、执法、司法、守法四个方面都取得了显著成效。坚持全面依法治国，建设社会主义法治国家，切实保障社会公平正义和人民权利的显著优势，已成为我国国家制度和国家治理体系的显著优势之一。

一、科学立法

立善法于天下，则天下治；立善法于一国，则一国治。法律是治理国家的重要工具，立善法、良法是实现善治的重要前提。立善法、良法就是指科学地立法，以科学的方式保证所制定的法律立得住、行得通、真管用。正如习近平总书记所指出的："人民群众对立法的期盼，已经不是有没有，而是好不好、管用不管用、能不能解决实际问题，不是什么法都能治国，也不是什么法都能治好国；越是强调法治，越是要提高立法质量。"[①]而要提高立法的质量，就必须深入推进科学立法。对现今的中国而

---

① 中共中央文献研究室编：《习近平关于全面依法治国论述摘编》，中央文献出版社2015年版，第43页。

言，科学立法不仅仅是实现法治现代化和建设社会主义法治国家的重要基础，还关乎着能否全面深化改革，能否提高党的执政能力和执政水平，能否实现第二个百年奋斗目标，以中国式现代化全面推进中华民族伟大复兴等一系列重大问题。基于此，习近平总书记多次强调要科学立法，在党的十八大报告中明确提出，要"推进科学立法"；在党的十八届四中全会上进一步提出要"深入推进科学立法"；在党的十九大报告中指明新时代立法工作的纲领性要求为"推进科学立法、民主立法、依法立法，以良法促进发展、保障善治"。在党的二十大报告中两次提及"科学立法"，一是在法治工作基本格局中将"科学立法"与"严格执法""公正司法""全民守法"相并列，进一步强调了"科学立法"作为法治工作首要环节的重要地位；二是从立法工作原则的角度再次强调了科学立法、民主立法、依法立法的重要性，并且在"科学立法"原则的指导下，旨在追求"立法系统性、整体性、协同性、时效性"。

科学立法如此重要，那么何为科学立法？

（一）科学立法的含义

所谓科学立法，就是运用科学的手段、方法和技术进行立法活动，在立法过程中以符合法律所调整社会关系的客观规律作为价值判断，同时遵循法律体系的内在规律，保证法律的制定过程尽可能满足法律所赖以存在的内外在条件，最终实现立法成果的科学性与合理性。马克思主义哲学指出规律是客观存在的，不以人的意志为转移，它既不能被创造，也不能被消灭，只能被发现、被遵循。科学立法的核心就是尊重和体现规律，这里的规律包括两种，一是其所调整社会关系的客观规律，这要求所立之法不能超越社会和经济的发展规律，不能是不合实际、无法实施的法律，而是要符合实际，准确反映经济社会发展的需求，具有针对性、及时性；二是法律体系自身的内在规律，这要求立法过程要保证宪法的最高法律效力地位，要划清立法权限，遵循立法程序，注重立法技术，实现所立之法的协调统一。所立之法只有满足法律所赖以存在的内外在条件，才配称为"良法"，才能起到调整社会关系、规整社会秩序的作用。

因此，实施科学立法，必须坚持以科学的理论为指导，一切从国情和实际出发，让立法和改革决策相衔接，做到重大改革于法有据、立法主动适应改革和经济社会发展需要。党的十八届四中全会对如何进行科学立法提出了明确要求，指出要把公正、公平、公开原则贯穿立法全过程，完善立法体制机制，坚持立改废释并举，增强法律法规的及时性、系统性、针对性、有效性；加强党对立法工作的领导，同时健全立法协商机制，开展立法协商，充分发挥各方面力量在立法协商中的作用；完善立法项目征集和论证制度，健全立法机关主导、社会各方有序参与立法的途径和方式，拓宽公民有序参与立法途径。而在具体的实施过程中，就是从拟订立法规划、制订立法计划到条例草案的起草、调查研究、征求意见、审议、表决等各个环节都遵循科学化的标准，并采取诸如座谈会、书面征求意见、调查研究、列席和旁听、公民讨论、专家咨询和论证等形式和方法，通过健全和完善多数决制度、审计制度、统一审议制度、联组会议、辩论制度、重大问题的事先协调和请示报告制度等，为立法的科学性和合理性提供依据和保障。这样才能令所立之法符合经济社会发展要求，符合人民群众的期许，才能真正成为经得起实践和历史检验的良法、善法。

（二）"科学立法"的大跨步——《中华人民共和国立法法》的两次修改

《中华人民共和国立法法》（以下简称立法法）是规范国家立法制度和立法活动、维护社会主义法治统一的基本法律，被称为"管法之法"。立法法的目的和要求是要对立法权限进行明确而具体的划分，对立法的每一步程序进行详细规定，对立法部门的立法行为进行规范和约束。可以说，立法法的存在为其他法律法规和规章的制定提供了方法、为科学立法的顺利实施提供了保障。倘若没有这样一部规范立法的法律，或者立法法本身不能适应时代要求，甚至存在缺陷，那么立法的科学性就无法得到保证，科学立法就如同"镜中花，水中月"。为此，我国在2000年3月15日的第九届全国人民代表大会第三次会议上通过了《中华人民共和国立法法》。这部法律在相当长的一段时间内对立法活动的有序性、立法行为的规范性和健全社会主义法律体系方面发挥着重要作用。但是随着经济社会的发展，其不足也逐渐显现出来，在民主性、科学性、专业性上都有所欠缺。

推进科学立法，首先要使规范立法活动的《中华人民共和国立法法》具有科学性，因此，2015年3月15日，第十二届全国人民代表大会第三次会议通过了《全国人民代表大会关于修改〈中华人民共和国立法法〉的决定》，对2000年的立法法中存在的缺陷进行了弥补，强调了立法的科学性、合理性、合法性和民主性。此外，根据新发展的需要，做出了符合经济社会发展规律的修改，对内容进行了相应的增减。例如，2000年立法法的第六条规定，立法应当从实际出发，科学合理地规定公民、法人和其他组织的权利与义务、国家机关的权力与责任。2015年修订立法法时，为落实党中央关于全面深化改革的部署，充分发挥立法对改革的引领、推动和保障作用，在原有规定的基础上增加了"适应经济社会发展和全面深化改革的要求"的内容。这次修改是《中华人民共和国立法法》自2000年颁布施行15年来的首次修改，标志着我国在科学立法上迈出了一大步。

党的十八大以来，习近平总书记在领导全面依法治国、建设法治中国的伟大实践中，创造性提出了一系列具有原创性、标志性的全面依法治国新理念新思想新战略，形成了习近平法治思想。深入贯彻习近平新时代中国特色社会主义思想特别是习近平法治思想，践行全过程人民民主重大理念，落实党中央重大决策部署，需要认真总结新时代立法工作实践经验，适应统筹推进"五位一体"总体布局、协调推进"四个全面"战略布局新形势新要求，对立法法作出修改完善，进一步健全立法体制机制，规范立法活动，为提高立法质量和效率、加快形成完备的法律规范体系、建设中国特色社会主义法治体系、在法治轨道上全面建设社会主义现代化国家提供有力制度支撑。因此，2022年，全国人大常委会将《中华人民共和国立法法》的修改作为"初次审议的法律案"列入2022年度立法工作计划。同年12月30日，十三届全国人大常委会第三十八次会议表决通过了全国人大常委会关于提请审议立法法修正草案的议案，决定将修正草案提请十四届全国人大一次会议审议。这是《中华人民共和国立法法》的第二次修改，与第一次修改时隔7年。此次修改，将习近平法治思想确立为立法的指导思想，将全过程人民民主作为立法的基本原则，并规定监察法规之外，在具体制度设计上应进一步贯彻落实科学立法原则，使我国的立法体制机制与相关制度更有利于促进立法的科学性，推动科学立法向前再迈一大步。

《中华人民共和国立法法》的两次修改，实现了"科学立法"的大跨步，对完善立法体制机制，健全立法制度，规范立法活动，推动形成和完善以宪法为核心的中国特色社会主义法律体系，推进全面依法治国，发挥了重要作用。

（三）新时代"科学立法"的重要实践——《中华人民共和国宪法》的第五次修订

党的十九大将"全面依法治国"提升为新时代坚持和发展中国特色社会主义的基本方略之一，而实现全面依法治国的基础是科学立法。《中华人民共和国宪法》是中华人民共和国的根本大法，是治国安邦的总章程，具有最高的法律效力。因此，宪法的修改关乎全面依法治国进程的推进，是党和国家政治生活中的一件大事。中华人民共和国成立后，曾分别于1954年9月20日、1975年1月17日、1978年3月5日和1982年12月4日通过了四部宪法。我国现行宪法是1982年宪法，这部宪法历经了1988年、1993年、1999年、2004年、2018年五次修订。《中华人民共和国宪法》的每一次修改都立足于中国改革开放和社会主义现代化建设的实践和需要，尊重和遵循了社会发展和宪法发展的客观规律，体现出科学立法的精神。2018年3月11日，在第十三届全国人民代表大会第一次会议上通过的《中华人民共和国宪法修正案》就是最好的例子。

一方面，此次宪法修改是在中国特色社会主义进入新时代的背景下开展起来的，党的十八大以来，以习近平同志为核心的党中央贯彻新发展理念，统筹推进"五位一体"总体布局、协调推进"四个全面"战略布局，推动党和国家事业取得历史性成就、发生历史性变革。党的十九大在深刻阐述党和国家事业发生历史性变革的基础上，更进一步作出一系列重大战略部署，提出新时代坚持和发展中国特色社会主义的一系列重大理论和实践问题。而此次宪法修改就是要及时地将这些重大理念、重要思想和新的制度纳入宪法，及时地将改革成果和重大部署制度化、法律化，这符合宪法体现时代精神、反映现实需求、与时俱进发展完善的内在要求，符合科学立法要尊重和体现所调整社会关系的客观规律的要求。

另一方面，此次宪法修改过程是科学民主程序的体现，符合宪法修改程序的规定。首先，在党中央领导下，成立宪法修改小组，同时党中央通过发出征求对修改宪法部分内容意见的通知和座谈会等形式，广泛征集各地区各部门各方面提出的修改意见2869条，书面材料180份，在此基础上形成中央修宪建议草案稿；其次，由党的十九届二中全会充分讨论，审议通过《中共中央关于修改宪法部分内容的建议》（以下简称《修宪建议》），并由中共中央向全国人大常委会提出《修宪建议》；再次，十二届全国人大常委会召开会议讨论中央修宪建议，并在此基础上拟订《中华人民共和国宪法修正案（草案）》，经会议审议和表决，决定将宪法修正案（草案）提请十三届全国人大一次会议审议；最后，十三届全国人大一次会议采用无记名投票方式，表决宪法修正案（草案），并以全体代表的三分之二以上赞成票通过。这一过程不仅体现了宪法修改程序的科学性，还充分发扬了民主，体现了科学立法与民主立法的有机结合。

二、严格执法

明朝著名政治家、改革家张居正曾说："天下之事，不难于立法，而难于法之必行。"2014年，党的十八届四中全会通过的《中共中央关于全面推进依法治国若干重大问题的决定》明确指出"法律的生命力在于实施，法律的权威也在于实施"，这与张居正所言有异曲同工之妙，都突出强调了执行法律、落实法律的重要性。法律价值的实现关键在于它能否被落实，以及如何被落实。如果有了法律却将其束之高阁或是实施不力，一味地做表面文章，那么再多、再实用的法律也只是一纸空文，只是一只没有牙齿、一戳就破的纸老虎，没有一丝丝应有的效力。面对应如何执行和落实法律这一问题，习近平总书记多次给出答案。在主持十八届中央政治局第四次集体学习时，习近平总书记指出，全面推进依法治国，必须坚持严格执法。在中央全面依法治国工作会议上，习近平总书记强调，要推进严格规范公正文明执法，提高司法公信力。在党的二十大报告中，习近平总书记论述依法行政时，再次强调要"全面推进规范公正文明执法"。由此可见，执行和落实法律的关键在于"严格"，换言之，执法严格才能将所立之法的效用发挥出来，才能实现全面依法治国的目标。

（一）严格执法的含义

在党的十八届四中全会第二次全体会议上，习近平总书记将"执法"与"严格执法"解读为"执法是把纸面上的法律变为现实生活中活的法律的关键环节，执法人员必须忠于法律、捍卫法律，严格执法、敢于担当"[①]。执法是指一切执行法律的活动，因为执法的主体为国家行政机关及其公职人员，所以我们也可以将执法理解为国家行政机关及其公职人员依照法定职权和程序，贯彻、执行法律的活动。而严格执法中的"严格"二字则是对执法人员如何执法提出了要求，指出执法人员在执法时应当具备的素养和态度。严格执法，从字面上理解就是"严格地让纸面上的法律变为现实中的法律"；具体而言，严格执法要求行政机关及其工作人员在执行法规或掌握标准时，不懈怠、不打折、不跑偏，做到严厉、公平、公正。其体现在两个方面：一是要求执法人员必须秉公执法，严肃执法，不徇私枉法、以权压法，执法过程中要保证不能有丝毫马虎，严格依法依规办事，真正做到以事实为依据，以法律为准绳，实现执法公平正义；二是要求执法人员必须尽职尽责，对违法行为敢于纠正且能够依法处罚，不搞态度执法、关系执法、人情执法，真正做到见违必纠、纠违必罚、处罚有据。总结起来就是执法人员在执法过程中要恪守住标准要严、程序要严这两大标准。

严格执法的关键在于政府依法行政。在首都各界纪念现行宪法公布施行30周年大会上，习近平总书记明确指出："国务院和地方各级人民政府作为国家权力机关的执行机关，作为国家行政机关，负有严格贯彻实施宪法和法律的重要职责，要规范政府行为，切实做到严格规范公正文明

[①]《习近平著作选读》第1卷，人民出版社2023年版，第307页。

执法。"①党的十八大以来,各级政府在党的领导下、在法治轨道上开展行政工作,努力加强法治政府的建设,推行依法行政,坚持严格执法。2017年,中央政治局常委会会议对甘肃祁连山国家级自然保护区生态环境破坏典型案例进行了深刻剖析,并对有关责任人作出严肃处理,此事件不仅对环保领域的违法违规行为形成了强大的震慑,更是令各级政府和广大执法人员引以为鉴,深切感受到推进严格执法必须动真格,必须以"钉钉子"的精神抓法律的实施,只有这样,才能树威信、起作用。

(二)严格执法——法律实施的"最后一公里"

在日常生活中,我们时常会感到许多问题的出现,正是有法不依、执法不严导致的。比如,我国许多城市都发布了禁烟令,禁止在餐馆、展览馆、体育馆等公共场所吸烟,违反者要被处以金额不等的罚款。但是在一些贴有"禁止吸烟"标识的餐馆里仍然存在"吞云吐雾"的现象,一时间这些贴在墙上的醒目标识仿佛成了摆设,没有起到应有的作用。为什么明明有法规规定禁止吸烟,但这些餐馆里的吸烟现象还是会屡屡发生?究其原因就是有法不依、执法不严、违法不究,吸烟的顾客和餐馆老板虽然知道有禁烟令,但是监管上的缺乏,让他们产生了侥幸心理,顾客不自觉,餐馆也没必要因为吸烟这件小事而得罪顾客,伤了和气、影响生意,这就让禁烟令形同虚设。近几年,3·15晚会曝光了"土坑"酸菜、变味的粉条、香精大米、梅菜扣肉里的"糟心肉"、神乎其神的听花酒等食品安全问题。这些问题的出现固然与生产者和经营者的利欲熏心密切相关,但执法者失于监管、执法不严也是其发生的重要原因。正是因为执法者没有按照食品安全法对食品行业加强监管,没有对违法企业、违法者进行严厉地

---

① 习近平:《在首都各界纪念现行宪法公布施行30周年大会上的讲话》,人民出版社2012年版,第9页。

惩处，才使有毒食品层出不穷、接连不断。由此可见，法律实施要靠严格执法来实现。没有这个法律实施的"最后一公里"，法治国家、法治政府、法治社会建设就会大打折扣，全面依法治国就无法实现。

全面依法治国是一条由立法、执法、司法、守法等环节相扣而成的"链条"，对于"链条"的完整性而言，每个环节都意义重大。近年来，随着中国特色社会主义法律体系的形成，执法问题越来越被重视起来。这是因为如果执法不严格，有法就会等同于无法，立法的意义就会大打折扣，法律的权威和尊严也会随之降低，这也将对司法和守法环节产生严重的不利影响。可以说，严格执法是对立法成果的最大尊重，也是最有效的普法方式。因此，全面推进依法治国，重点就在于保证法律得到严格实施，做到严格执法。只有严格执法，做到"法立，有犯而必施；令出，唯行而不返"[1]，法律才能发挥治国重器的作用，全社会才能形成对法律的尊崇和敬畏；只有严格执法，把"纸面上的法"真正落到实处，才能有效推进法治中国建设；只有严格执法，打通法律实施的"最后一公里"，全面依法治国才不会变成一句空话。

（三）严格执法——疫情防控的坚固盾牌

新冠疫情期间，各级政府全面履行疫情防控职能，加大行政执法力度，严厉打击涉及疫情的违法行为；坚持重典治乱，贯彻该严的要严、该重的要重、该快的要快的方针，依法惩处各类抗拒和破坏疫情防控措施、暴力伤医、非法交易野生动物、扰乱市场秩序和社会秩序等违法行为，绝不姑息；坚持做到有法必依、执法必严、违法必究，切实维护正常经济社会秩序，为疫情防控工作提供强有力的法治支撑。疫情防控期间，口罩的

---

[1]　[唐]王勃：《上刘右相书》。

需求量大幅增加，部分不法商家趁机哄抬口罩价格发国难财，他们低价进货高价售出，并且在短期内连续涨价，一个进价0.6元的口罩能一路涨到几十元以上。因口罩紧缺，更有甚者开始用不符合卫生标准的材料生产不符合标准的劣质口罩，即"假口罩"，然后利用微信朋友圈进行售卖，导致出现了医院、药店买不到口罩，朋友圈却口罩货源充足的局面。针对"天价口罩""假口罩"的现象，各地各级政府迅速出击，严格执法，依照《关于办理妨害预防、控制突发传染病疫情等灾害的刑事案件具体应用法律若干问题的解释》对这些不法商家和个人进行了严厉惩处，还疫情防控一片净土。例如，2020年1月31日，宁波市江北区消费者权益保护委员会接到消费者投诉，称庄桥、慈城等地的一家连锁药店销售的朝美牌医用防护口罩Y3-B型产品，单价为20元/只，售价偏高，要求退还差价并予以查处。经调查，该批口罩1月21日由该药店总公司从建德市某日化有限公司采购，共计6500个，进货价为4.7元/只，通过旗下11家门店同步销售。根据销售价为20元/只的事实，计算该店进销差价率实为325%，已超过其1月19日前销售同种商品的最后一次实际交易的进销差价率，涉嫌哄抬物价。因此，江北区市场监管局依法对该公司进行立案调查，并按照国家市场监督管理总局对涉及疫情防控的违法行为从重顶格处罚的指示，拟对该药店处以50万元的罚款。同一时间段，宁夏回族自治区银川市公安机关成功打掉了一个在疫情防控关键时期借机大肆贩卖销售假冒伪劣口罩等防护用品的家族犯罪团伙，将售卖假口罩的违法人员绳之以法，以涉嫌销售伪劣产品罪将他们依法刑事拘留。

可以说，我国疫情的有效控制离不开各级各地政府部门的严格执法，正是因为各级各地政府部门在疫情防控期间始终坚持依纪依法严肃惩处失职渎职者，始终坚守着依法打击违法活动的原则和信念，让严格执法成为疫情防控中的一块坚固盾牌，我国才能战"疫"有序有方、有力有效。

三、公正司法

党的十八大提出了"科学立法、严格执法、公正司法、全民守法"的法治建设新十六字方针，与"有法可依、有法必依、执法必严、违法必究"的旧十六字方针相比，新十六字方针将"司法"环节纳入全面推进依法治国的进程中，指明在中国特色社会主义法治建设的过程中，司法也是一个十分重要的环节。

（一）公正司法的含义

所谓司法，是指国家司法机关及其司法人员依照法定职权和法定程序，具体运用法律处理案件、调解纠纷、解决争议、惩罚犯罪的专门活动。公正司法是什么？习近平总书记在主持十八届中央政治局第四次集体学习时的讲话中指出："所谓公正司法，就是受到侵害的权利一定会得到保护和救济，违法犯罪活动一定要受到制裁和惩罚。如果人民群众通过司法程序不能保证自己的合法权利，那司法就没有公信力，人民群众也不会相信司法。法律本来应该具有定分止争的功能，司法审判本来应该具有终局性的作用，如果司法不公、人心不服，这些功能就难以实现。"[①]由此可见，公正司法就是司法机关及其司法人员在司法活动的过程和结果中坚持公平正义的原则，严格按照法律来保障人们的权利，制裁违法犯罪行为。在"公正司法"中，"公正"是司法的灵魂和生命，也是司法活动合理合法进行的充分必要条件，这就要求公正司法的主体——司法机关及其司法人员，始终以追求公正为宗旨，在司法活动的各环节都能做到客观中立，都能体现出司法的合法性与正义性。

[①] 中共中央文献研究室编：《习近平关于全面依法治国论述摘编》，中央文献出版社2015年版，第67页。

公正司法主要包含实体公正和程序公正两方面的基本内容，程序公正是实现公正司法的重要保障，强调的是司法过程要坚持正当平等原则，遵循正当的法律程序；实体公正是公正司法所要实现的根本目标，强调的是司法结果要体现公平正义精神。

（二）公正司法——维护社会公平正义的最后一道防线

党的二十大报告指出："公正司法是维护社会公平正义的最后一道防线。"这一重要论述深刻阐明了公正司法之于社会公平正义的底线作用。在法治的各环节中，司法决定具有终局性的作用，权利的最终救济、纠纷的最终解决是在司法环节。作为最后一道防线，公正司法对实现社会公平正义具有重要引领作用。实现司法公正，能够引领全社会形成公正观念，利于和谐社会的建设。司法不公，则会使社会公正受到质疑，对社会公正具有致命破坏作用。习近平总书记曾多次引用英国哲学家培根的话，"一次不公正的裁判，其恶果甚至超过十次犯罪。因为犯罪虽是无视法律——好比污染了水流，而不公正的审判则毁坏法律——好比污染了水源"。这句话深刻指出了冲破公正司法这道防线所带来的巨大危害。在现实生活中，执法司法中万分之一的失误，就是对当事人100%的伤害。人民群众每一次求告无门，每一次经历冤假错案，损害的都不仅仅是他们的合法权益，更是法治的尊严、社会的公平正义。可以说，公正司法事关人民切身利益，事关社会公平正义，事关全面推进依法治国。因此，必须坚守住维护社会公平正义的最后一道防线，加固维护社会和谐稳定的屏障。

维护社会公平正义的最后一道防线，要努力让人民群众在每一个司法案件中都能感受到公平正义。这要求：一是实现实体公正。司法机关及司法人员在处理案件的过程中要坚守公平与正义的原则，在案件审理的过程中要保持中立、不偏不倚，平等保护各方合法权益。在关注各方当事人权益的前提下，依照法律规定的标准，该接受的诉讼请求依法接受，该驳回的诉讼请求依法驳回；该保护的权益依法保护，该剥夺的权益依法剥夺，使诉讼当事人"胜败皆服"，确保每一个案件审判公正。二是实现程序公正。坚持尊重程序，落实好依法回避、证据裁判等原则，实现实体公正和程序公正相统一；坚持公开公正，以公开促公正，以透明保廉洁；以严格依法办事为基础，对刑事案件做到不枉不纵、宽严相济，对民事案件做到案结事了、定分止争，对行政案件做到政通人和、取信于民。

（三）公正司法——冤假错案的"纠正器"

习近平总书记曾指出，"一个错案的负面影响足以摧毁九十九个公正裁判积累起来的良好形象"[1]，的确，人民群众每经历一次冤假错案，都会对司法审判减少一分信心和期待，对司法权威降低一分尊重和敬畏。而冤假错案是迄今为止任何社会和司法制度都难以避免的现象，但是公正司法的推进，会让这样的案件越来越少，对冤假错案的及时发现、坚决纠正，更会让人民群众切实且直观感受到公平正义的存在。

如此说来，人民合法权益的维护离不开公正司法，冤假错案的纠正也离不开公正司法。而实现公正司法，归根结底要靠制度保障。党的十八大以来，党中央深化司法体制改革，加大司法改革力度，加快建设公正高效权威的社会主义司法制度，以完善的制度来保证司法公正的有效实现。党的十八届三中全会通过的《中共中央关于全面深化改革若干重大问题的决定》对改革司法制度作出了三方面的具体部署，指出要依法独立公正行使审判权检察权，健全司法权力运行机制，完善人权司法保障制度。党的十八届四中全会在此基础上进一步完善，针对地方党委、政府干涉司

---

[1] 中共中央文献研究室编：《习近平关于全面依法治国论述摘编》，中央文献出版社2015年版，第96页。

法的情况，明确规定要建立领导干部干预司法活动、插手具体案件处理的记录、通报和责任追究制度，以制度来保障人民法院、人民检察院依法独立公正行使审判权、检察权，切断领导干部"打招呼""批条子"的途径。为优化司法职权配置，全会提出要推动实行审判权和执行权相分离的体制改革试点，最高人民法院设立巡回法庭，探索设立跨行政区划的人民法院和人民检察院，建立与行政区划适当分离的司法管辖制度，为促进司法公正提供有效的制度保证。为防止或减少冤假错案的产生，维护好人民群众的合法权益和司法权威，决定实行办案质量终身负责制和错案责任倒查问责制。党的十八届四中全会还提出了实施法律职业准入制度，要把"能不能遵守法律、依法办事"作为法律职业准入的一项重要考核内容，以建立政治强、作风正、业务精的司法队伍，为实现公正司法提供人才保障。党的十八大以来，为保证司法公正，党和政府还在司法调解、司法听证、涉诉信访等司法活动中保障人民群众参与，强化人权司法保障，完善人民陪审员制度，构建开放、动态、透明、便民的阳光司法机制。同时，通过人大、政协、纪检监察部门，舆论舆情加强对司法活动的监督，完善检察机关行使监督权的法律制度，加强对刑事诉讼、民事诉讼、行政诉讼的法律监督，完善人民监督员制度。

得益于上述制度和措施的实施，我国在纠正冤错案件方面卓有成效。党的十八大以来，检察机关严格贯彻中共中央关于全面推进依法治国的指示，不断强化法律监督职能，促进公正司法的实现，对受理申诉或办案中发现的"张氏叔侄强奸杀人案""沈六斤故意杀人案""卢荣新强奸杀人案""李松故意杀人案"等重大冤错案件，及时提出抗诉或再审检察建议，人民法院均改判无罪。对人民法院再审的聂树斌案、呼格吉勒图案、王力军无证收购玉米案等案件，检察机关同步成立专案组，重新复核证据，明确提出纠正意见，共同纠错。这些典型冤案的重审与昭雪，说明了正义也许会迟到，但是从来不会缺席；彰显了司法机关及司法人员勇于担当、实事求是的精神和对错判不回避、不袒护的态度；显示出司法机关及司法人员对公平正义的不懈追求，以及肩扛公正天平、手持正义之剑的决心和担当。不仅如此，一件件冤假错案的平反和纠正，更是重塑了疑罪从无、证据裁判、非法证据排除、人权保障等司法理念，提升了司法公信力和司法权威，推进了法治中国的建设。

四、全民守法

党的十八大报告将全民守法与科学立法、严格执法、公正司法一并作为全面落实依法治国基本方略的重要步骤，将守法提升到与立法、执法、司法同等重要的高度。这充分说明，全民守法对于实现全面依法治国的重要意义，人人尊法学法守法用法，信仰法律，法治国家才会有深厚的精神文化基础，法治中国才能形神兼具、行稳致远。

（一）全民守法的含义

所谓守法，是指国家和社会组织或者个人自觉服从法律法规，坚持依法办事的行为及其过程。而全民守法，就是要求任何组织或者个人都必须在宪法和法律范围内活动，积极主动地将宪法和法律付诸实践；任何公民、社会组织和国家机关都要以宪法和法律为行为准则，自觉维护宪法和法律的权威和尊严，依照宪法和法律行使权利或权力、履行义务或职责。其中，全民守法的"全民"二字突出强调了守法主体的最普遍性和最广泛性，即守法主体包括执政党（首要的守法主体），国家机关（关键的守法主体），公民、企业事业单位、社会组织（最广泛的守法主体），在中国领域内的外国组织、外国人和无国籍人；"守"字则侧重强调了自觉性，要求人民发自内心地认同法律、信仰法律，自觉地遵守法律。

法律要发挥作用，需要全社会信仰法律。这是因为法律的权威源自人民发自内心的拥护和真诚的信仰，正如法国思想家卢梭曾说的"一切法律中最重要的法律，既不是刻在大理石上，也不是刻在铜表上，而是铭刻在公民的内心里"。试想一下，如果一个国家的大多数人不信仰法律，认为靠法律解决不了任何问题，那么他们就会采取上访、信访或是找门路、托关系等办法来解决问题，甚至会采取聚众闹事等极端行为，这样显然会与法治社会的建设愈行愈远。在中国，人民是法治建设的主体，是法治国家的主人，是依法治国的力量源泉。如果没有人民对法律的信仰和全社会的共同参与，依法治国就会失去动力和基础，中国在法治建设方面就会变得寸步难行。而实现全民守法，将法治观念植根于民心，形成人人尊法、学法、守法、用法、护法的新风尚，不仅是落实依法治国基本方略和加快建设社会主义法治国家的需要，更是推动宪法和法律全面实施、实现法治国家的重要方法。因此，习近平总书记多次强调"增强全民法治观念"。

（二）全民守法——法治社会的基础工程

2020年，在中央全面依法治国工作会议上的重要讲话中，习近平总书记指出，全民守法是法治社会的基础工程。坚持和实现全民守法，是一项长期且艰巨的战略任务，党的十八大以来，党中央为推进全民守法采取了一系列措施，通过领导干部带头守法、深入开展全民普法教育工作、建立全民守法的激励机制与惩戒机制等办法来增强全社会的法治观念，让法治成为全社会的一种信仰，镌刻在每个人的心里，夯实建设法治社会的基础。

首先，深入推进全民守法，需要领导干部这一"关键少数"发挥好带头作用，为社会树立榜样。领导干部是实现全面依法治国的重要组织者、领导者、推动者和践行者，领导干部对宪法和法律的态度，影响着人民大众对宪法和法律的态度；领导干部的守法意识和守法言行，是普通民众守法的风向标和活榜样，对于全民守法能否实现至关重要。正如古人云，民"以吏为师"。领导干部尊不尊法、学不学法、守不守法、用不用法，人民群众看在眼里、记在心上，并且会在自己的行动中效仿。领导干部尊法学法守法用法，老百姓就会去尊法学法守法用法。领导干部嘴上讲法、心里无法、表里不一，老百姓就不可能崇尚法律、遵守法律。因此，习近平总书记强调，要实现全民守法，必须抓住领导干部这一"关键少数"。一方面，通过开展学习教育，打牢依法办事的理论基础和知识基础，让各级领导干部不断增强法治意识，牢固树立法律红线不能触碰、法律底线不能逾越的观念，自觉践行带头遵守法律、带头依法办事的职责；另一方面，通过设置领导干部法治素养的"门槛"来加强管理、强化监督，把能不能守法、能不能依法办事作为考察干部的重要标准，一旦发现问题就严肃处理，不合格的就剔除出去，让领导干部当好全民守法的"领头雁"。

其次，为实现全民守法，党和政府坚持把全民普法和守法作为依法治国的长期基础性工作，广泛开展普法教育，增强全民法治观念。普法是实现"全民守法"的有效途径，当前我国正处于"八五"普法期间，在此期间，党和政府坚持法治教育从青少年抓起，把法治教育纳入国民教育体系和精神文明创建内容，由易到难、循序渐进地引导青少年从小掌握法律知识、树立法治意识、养成守法习惯；坚持创新普法方式，推进各式各样的法律宣传进社区、进乡村、进单位，利用互联网、新媒体等现代化渠道，采用群众喜闻乐见、易于接受的方式开展法治宣传教育，让人们能听得懂、易接受、愿参与，激发广大群众学法用法的热情，增进广大群众对法律知识的了解和认知，让守法观念内化于心、外化于行。在普法期间，党和政府还将普法资源向中西部地区倾斜，加大对中西部地区的普法力度，以解决普法不均衡的问题。

最后，党和政府健全了公民和组织守法信用记录，建立和完善了守法诚信褒奖机制和违法失信行为惩戒机制。根据诚信得分和守信失信记录，对诚实守信者给予奖励，如为诚实守信者优先解决问题，开通简化处理程序的"绿色通道"等；对重点领域严重失信的个人和组织则实施多部门、跨地区的联合惩戒，使公民和组织的失信违法行为无处藏身，对社会产生震慑作用。通过让守法者受益、违法者受罚这样赏罚分明、奖惩并举的机制来激励人民自觉守法，形成守法光荣、违法可耻的社会氛围，使尊法守法成为全体人民的共同追求和自觉行动，达成人人守法的目标。

（三）全民守法——培育社会新风的屏障

党和政府推行的一系列政策和措施让法治观念逐渐深入人心，让全社会的法律意识和法律素质提升到新的高度，全民守法的社会新风正在兴起。具体表现为：一是作为"关键少数"的领导干部依法用权、依法办事的意识和能力得到总体提高，领导干部运用法治思维和法治方式的能力已经成为法治建设的重要抓手。二是全社会法治理念和规则意识明显增强，如在遵守交通规则方面，从"中国式过马路"到"礼让斑马线"的变化，从酒驾盛行到"喝酒不开车，开车不喝酒"的转变，从漠视交通规则到自觉守法出行的变化。又如，新冠疫情期间，人民群众自觉遵纪守法，坚持不信谣、不传谣、不造谣，严格遵守疫情防控要求，不给疫情防控添堵，许多有过疫区暴露史的群众自觉实行"居家隔离"并且主动上报自身的情况，积极配合疫情防控工作的开展。三是随着法律的普及和公民法律意识的增强，在面对一些矛盾、纠纷时，广大公民普遍通过法律途径进行定纷止争，改善了"信访不信法、信官不信法"，以及遇事首先想到"找门路、托关系，解决问题靠暴力"的状况。

可以说，全民守法的推进日益改变着人们的观念和行为，在潜移默化

大国优势

中尊法、学法、守法、用法已成为人们普遍的价值观念和行为标准,全社会的法治理念明显增强,全民法治素养明显提高,呈现出一派自觉守法、办事依法、遇事找法、解决问题用法、化解矛盾靠法的和谐景象。

全面依法治国,作为国家治理领域的一场深刻革命,作为中国特色社会主义国家制度和国家治理体系的显著优势之一,是"四个自信"在我国法治建设方面的具体体现和高度概括,是坚持和发展中国特色社会主义的本质要求和重要保障,是推进国家治理体系和治理能力现代化的必然要求,是建设中国特色社会主义法治体系、建设社会主义法治国家、完善和发展中国特色社会主义制度的指路明灯。如今,我国在科学立法、严格执法、公正司法、全民守法四个方面取得了显著成果,有力证明了"坚持全面依法治国,建设社会主义法治国家,切实保障社会公平正义和人民权利"是中国特色社会主义国家制度和国家治理体系的显著优势。然而,党和政府仍要继续努力,深入推进全面依法治国,在已有的基础上不断取得新成果、新成就,让这一显著优势发挥更好、更大的作用。正所谓"中国特色社会主义实践向前推进一步,法治建设就要跟进一步"。全面依法治国是一项长久且持续的系统工程,因此,在推进全面依法治国的进程中,要坚持走中国特色社会主义法治道路,建设中国特色社会主义法治体系、建设社会主义法治国家,围绕保障和促进社会公平正义,坚持依法治国、依法执政、依法行政共同推进,坚持法治国家、法治政府、法治社会一体建设,全面推进科学立法、严格执法、公正司法、全民守法,全面推进国家各方面工作法治化。

第四章
坚持集中力量办大事

党的十九届四中全会中指出:"坚持全国一盘棋,调动各方面积极性,集中力量办大事的显著优势。"这一显著优势是以人类的最高价值追求为指向,并且建立在中国现实基础之上,深深地扎根于中国社会的土壤,是在我国历史传承、文化传统及经济社会发展的基础上"长期发展、渐进改进、内生性演化"的结果,是中国特色社会主义制度的独特优势。新中国成立70多年来,这个世界上最大的发展中国家,坚定地开拓着千百年来的梦想,通江达海,一个个世纪工程建成使用;规划版图,一个个发展高地跃然出世。前进道路上无论有多少艰难险阻,中国人都能变优势为胜势,这种成就事业的自信,来源于中国独有的制度优势——集中力量办大事。

一、总揽全局、协调各方

坚持全国一盘棋,调动各方面积极性,集中力量办大事的显著优势的一个重要表现就是要发挥党总揽全局、协调各方制度体系优势。历史和现实已经证明并将继续证明,能否发挥党总揽全局、协调各方的领导核心优势,成为我们能否应对挑战、抓住机遇,完成时代赋予的历史使命的关键。我们不难发现,当前世界上很多国家,发展到一定的阶段之后,就停滞不前了,甚至出现倒退的痕迹,进入"中等收入陷阱",很大的一个原因就是这些国家在物质生活丰盈后,就陷入了多党制的"内斗"中,各个

大国优势

政党彼此竞争、互相倾轧、轮流执政，并为其所代表的利益集团谋取最大的政治和经济利益，全然不顾大局，导致经济社会发展陷入混乱、举步维艰。之前，很多学者也在怀疑中国会陷入"中等收入陷阱"，但是很显然，中国今天的繁荣发展，使这种论调很快偃旗息鼓。我们之所以有自信和能力跳出"中等收入陷阱"，很重要的一个原因就是中国共产党总揽全局、协调各方的领导。

《中共中央关于制定国民经济和社会发展第十四个五年规划和二〇三五年远景目标的建议》指出，要坚持和完善党总揽全局、协调各方的领导制度体系，把党的领导落实到国家发展的各领域、各方面、各环节。党总揽全局、协调各方的领导核心作用的充分发挥，不仅关系党领导经济社会发展能力的提高，而且关系党的执政地位的巩固和增强。我们党从治国理政的战略高度，要求各级党委深刻认识发挥领导核心作用的重要性和紧迫性，不断提高领导发展的能力和水平，确保如期实现全面建成小康社会奋斗目标。

（一）关键时刻、紧要关头发挥党总揽全局、协调各方的重要作用

2021年7月1日，习近平总书记在庆祝中国共产党成立100周年大会上庄严宣告，我们在中华大地上全面建成了小康社会。全面建成小康社会，实现第一个百年奋斗目标，充分彰显了中国共产党领导和中国特色社会主义制度优势，激励着全党全国各族人民再接再厉，向实现第二个百年奋斗目标继续奋勇前进。在全面建成小康社会的历史进程中，我们更加深刻地认识到中国共产党具有无比坚强的领导力、组织力、执行力，是中国人民最可靠、最坚强的主心骨，党的领导是党和国家的根本所在、命脉所在，是全国各族人民的利益所系、命运所系。在迈向新征程的道路上，全

第四章 坚持集中力量办大事

面建成小康社会是我们党已经完成的前无古人的伟大事业。我们在全面建成小康社会的过程中，遇到了诸多矛盾叠加、风险隐患增多的严峻挑战。事在四方，要在中央。新冠疫情的暴发虽会阻碍我们全面建成小康社会的进程，但党中央的铁腕抗疫，又使人们对中国小康社会的实现信心倍增。这次疫情是新中国成立以来发生的传播速度最快、感染范围最广、防控难度最大的一次重大突发公共卫生事件。对于疫情防控来说，不仅仅是医药卫生问题，因为它波及范围广、不确定性多、社会风险大，更需要顶层部署、协调联动，各项工作都要提供支持，才能打赢这场疫情防控的总体战。

疫情期间，党中央组织29个省区市和新疆生产建设兵团、军队等，调派330多支医疗队、41600多名医护人员驰援，迅速开设火神山、雷神山等集中收治医院和方舱医院，千方百计增加床位供给，优先保障湖北特别是武汉需要的医用物资供应，并组织19个省份对口支援。可以说，举全国之力，汇聚优质资源、调集最精锐的力量，充分体现了我们党总揽全局、协调各方的能力。同时，党中央采取积极措施，支持医用防护服、口罩等疫情防控急需医疗物资的生产企业迅速复工达产、多种方式扩大产能和增加产量，对重要物资实行国家统一调度，建立交通运输"绿色通道"，多措并举保障重点地区医用物资和生活物资供应。同时，抓好农副产品生产、流通、供应组织工作，做好煤电油气等的供应，保障了全国生活必需品市场总体稳定。

党中央坚持全国一盘棋，调动各方面积极性，集全国之力抗击疫情。党中央在关键时刻、紧要关头总揽全局、协调各方抗击疫情，为我们全面建成小康社会取得胜利提供了重要保障。同时，抗击疫情的胜利更加坚定了中国人民全面建成小康社会的信心和决心。

（二）重要领域、关键环节发挥党总揽全局、协调各方的重要作用

中国是一个拥有56个民族、占地面积960多万平方千米的大国，如果没有一个坚强的领导核心，势必会成为一盘散沙、四分五裂。发挥党总揽全局、协调各方的作用，并不是说事无巨细，什么都管，而是要在重要领域"牵头"和"抓总"，在关键环节"一线指挥"，把方向、谋全局、提战略、制政策，在营造良好环境上下功夫。

国家重要行业和领域是指关系到国家安全和国计民生的行业和领域，主要包括交通运输行业、航空工业、通信行业、银行业、保险业、能源领域、粮食生产领域、基础教育领域、军工领域、航天领域、尖端技术领域等。

为什么在军工领域和基础教育领域必须发挥党的领导核心作用呢？

军工产业属于技术、资金、人才密集型的高风险产业，不是个人和组织能够完成或者承担的领域，国有军工企业承担极高的科研生产风险。军工企业的产品，不能用市场的供需关系来衡量，供需具有不均衡性，军工产品往往是部队下单，军队武器装备的列装与换装由国家政治因素主导，受装备制造整体水平影响。这就使军工产业市场是基本封闭的，国家根据政治安全和国防战略，来确定高精尖和前沿军品的生产制造及技术研发，这都要求在严格的保密状态下进行。而且，不同武器系统、不同代次的国防装备在制式标准上差异明显，无法实现军品整体互换使用，即使部件也不能普遍通用。军品市场的选择刚性及供求锁定效应，会给国有军工企业的科研投入带来巨大风险，同时在军队统一列装或换装时，军工企业若无法争取到供给订单，会直接导致企业陷入发展困境。因此，国有军工企业的特殊性质决定了必须发挥党在军工企业这一重要领域中总揽全局、协调

各方的作用才能保证军工企业的有序健康发展。同时,军工企业的重要地位,也决定了党必须在这一领域发挥总揽全局、协调各方的作用。军工企业虽然没有生产民生用品,却是影响国计民生的重要行业。国有军工企业为保障国防安全提供技术条件和物质基础。没有强大的军工企业,必定无法构建强大的国防,在现代化战争中也必然处于被动地位,在国际政治博弈中也必然会处处受制于人。一个国家、一个民族的安全权益、国际政治地位需要强大和稳固的国防工业支撑,不管是在战争时期还是在和平时期,世界各国政权建设都始终把军事现代化、国防现代化作为最重要的任务之一,都始终将国防工业作为保障国家安全的第一要务来抓。先不说个人和组织无法支撑军工企业庞大的生产、研发费用,即便可以,作为保障国家安全的关键行业,也不能由外力介入,必须由党和国家主导。

与军工企业一样,教育事业同样是国之大计、党之大计。习近平总书记在全国教育大会上旗帜鲜明地强调,坚持党对教育事业的全面领导。历史与实践证明,办好中国的教育,必须毫不动摇地坚持党的领导,只有坚持党对教育事业的全面领导,坚持社会主义办学方向,坚定中国特色社会主义教育之路,才能实现教育强国、民族复兴和人的全面发展。教育事业是功在当代、利在千秋的政德工程,在中国共产党的领导下,发挥集中力量办大事的优势,我国的基础教育、高等教育及职业教育事业都取得了举世瞩目的成就。截至2022年,我国基础教育财政性教育经费达到了3.2万亿元,比2015年增加1.3万亿元,年均增长7.7%。其中,学前教育增速最快,年均增幅达到14.8%。学前教育、义务教育、普通高中生均一般公共预算教育经费比2015年分别增长91%、33%、53%,生均投入水平大幅提高,有力地支持了基础教育快速发展。农村义务教育学校特别是贫困地区农村义务教育学校的办学条件显著改善,面貌焕然一新。而且,我国已经建成了世界上规模最大的高等教育体系,全国共有高等学校3013所。其中，普通本科学校有1239所，培养研究生的科研机构有234所。各种形式的高等教育在学总规模4655万人，全国普通、职业本专科共招1014.54万人。我国即将由高等教育大众化阶段迈入普及化阶段。因此，加强党的领导是教育发展的必然要求，也是做好教育工作的根本保证。

关键环节是指对事物发展起到决定性作用的环节。关键环节起到了"一子落而满盘活"的重要作用。目前，我们的经济体制改革进入了攻坚期，必须进一步深化关键环节的改革，才能持续推动经济社会的健康有序发展。推动经济发展的关键环节主要表现在政府职能转变中深化简政放权、放管结合、优化服务改革，打通"最后一公里"问题，坚决除烦苛之弊、施公平之策、开便利之门；财税体制改革中深入推进政府预决算公开，倒逼沉淀资金盘活，提高资金使用效率，每一笔钱都要花在明处、用出实效；金融体制改革中促进金融机构突出主业、下沉重心，增强服务实体经济能力，防止脱实向虚。稳妥推进金融监管体制改革，有序化解处置突出风险点，整顿规范金融秩序，筑牢金融风险"防火墙"；国企国资改革要以提高核心竞争力和资源配置效率为目标，形成有效制衡的公司法人治理结构、灵活高效的市场化经营机制。改善和加强国有资产监管，确保资产保值增值，切实守护好、发展好人民的共同财富；在激发非公有制经济活力过程中，深入落实支持非公有制经济发展的政策措施，切实增强非公有制经济体的活力；在社会体制改革中深化收入分配制度配套改革，深化医疗、医保、医药联动改革，深入推进教育、文化和事业单位等改革，把社会领域的巨大发展潜力充分释放出来；在生态文明体制改革中完善主体功能区制度和生态补偿机制，建立资源环境监测预警机制，开展健全国家自然资源资产管理体制试点，出台国家公园体制总体方案，为生态文明建设提供有力制度保障等，这些重要领域的关键环节，都必须发挥党的领导核心作用，才能取得突出成就，使改革顺利推进。

（三）在涉及全局的重大工作中发挥党总揽全局、协调各方的作用

涉及全局的重大工作主要指的是与全面深化改革、国家安全、网络安全、军民融合发展等相关的涉及党和国家工作全局的重要领域的工作。党中央历来高度重视加强对涉及全局重大工作的集中统一领导，在革命、建设、改革的不同历史时期，为军事斗争、经济建设、改革开放等重大工作都曾专门设立过决策议事协调机构，成为党加强集中统一领导、推动重大工作落实的一条成功经验。党的十八大以来，以习近平同志为核心的党中央进一步加强对涉及全局重大工作的集中统一领导，先后成立了中央全面深化改革领导小组、中央国家安全委员会、中央网络安全和信息化领导小组、中央军委深化国防和军队改革领导小组等。党中央的这些决策和议事协调机构，在推动党和国家事业取得历史性成就、发生历史性变革的进程中，发挥了十分重要和关键的作用，充分发挥了党总揽全局、协调各方的重大作用。

早在20世纪50年代，为加强党对国家事务的统筹领导，应对常规国家机构在处理庞杂的国家治理事务中表现出的能力不足问题，"领导小组"作为一种"亚正式制度"，在政权建设中得到大范围运用，成为国家政治制度的重要组成部分，其标志为1958年中共中央印发的《关于成立财经、政法、外事、科学、文教各小组的通知》（以下简称《通知》）。《通知》指出，这些中央小组由中央政治局和书记处领导，并向其汇报工作，首次正式提出设立党内工作小组对口领导各项工作，决定成立财经、政法、外事、科学、文教等6个小组。改革开放以后，党中央先后在对台工作、机构编制、社会治安综合治理、精神文明建设等领域成立领导小组或委员会，作为党中央决策议事协调机构。党的十八大以来，以习近平同志为核心的党中央

大国优势

明确提出，全面深化改革的总目标是完善和发展中国特色社会主义制度、推进国家治理体系和治理能力现代化。适应统筹推进"五位一体"总体布局、协调推进"四个全面"战略布局的需要，在党中央已设立的决策议事协调机构基础上，新成立了中央全面深化改革领导小组、中央国家安全委员会、中央网络安全和信息化领导小组、中央军民融合发展委员会等，进一步加强党的集中统一领导，推动这些重要领域工作取得重大进展，为党和国家事业取得历史性成就、发生历史性变革提供了有力保障。党的十九大以来，为了应对新时代新任务提出的新要求，以及党和国家机构设置和职能配置同统筹推进"五位一体"总体布局、协调推进"四个全面"战略布局的要求，同实现国家治理体系和治理能力现代化的要求还不完全适应的情况，党中央决策议事协调机构改为中央全面深化改革委员会、中央网络安全和信息化委员会、中央财经委员会、中央外事工作委员会，加上新组建的中央全面依法治国委员会、中央审计委员会和中央教育工作领导小组。这7个党中央决策议事协调机构在中央政治局和中央政治局常务委员会领导下开展工作，其中6个委员会主任由习近平总书记担任，副主任都由中共中央政治局常务委员会委员担任，全面加强了党对事关国家大局工作的领导，确保党的领导全覆盖，确保党的领导更加坚强有力。党的二十大报告指出，坚持党的集中统一领导是最高政治原则，系统完善党的领导制度体系，全党增强"四个意识"，自觉在思想上政治上行动上同党中央保持高度一致，不断提高政治判断力、政治领悟力、政治执行力，确保党中央权威和集中统一领导，确保党发挥总揽全局、协调各方的领导核心作用。

通过研究我国中央领导小组成立的历程，我们可以发现领导小组的成立是应时代和国家发展的需要而产生的，一般都是为了处理复杂和重大的综合性问题、解决改革过程中的重要战略问题、应对重大的突发性事件，综合来看都是为了处理事关国家发展全局工作而设立的,体现的是党和政府通过"领导小组"机制进行集中力量办大事的工作原则。

例如,在党的十八大以后,为了应对改革进入深水区后的各种重大问题,成立中共中央全面深化改革领导小组。由党和国家最高领导人主持深化改革、依法治国、财政经济、国家安全、信息化、外事、审计等高级别的"领导小组",承担事关国家改革、发展和安全的各项决策和任务。又如,2023年,受台风"杜苏芮"影响,华北、黄淮等地出现极端降雨过程,引发洪涝和地质灾害,造成北京、河北等地重大人员伤亡。习近平总书记立即作出指示:当前正值"七下八上"防汛关键期,各地区和有关部门务必高度重视、压实责任,强化监测预报预警,加强巡查值守,紧盯防汛重点部位,落实落细各项防汛措施,全力保障人民群众生命财产安全和社会大局稳定。中共中央政治局常务委员会召开会议,研究部署防汛抗洪救灾和灾后恢复重建工作。在以习近平同志为核心的党中央坚强领导下,各级党委和政府加强组织领导、严格落实责任,国家防总、各有关部门和单位履职尽责、通力协作,国家综合性消防救援队伍冲锋在前,武警部队紧急驰援,中央企业和社会力量勇挑重担,广大人民群众风雨同舟,共同构筑起防汛救灾、守护家园的坚固防线,防汛抗洪救灾斗争取得重大阶段性成果。

二、举国体制、善作善成

举国体制是指以国家利益作为最高目标,在全国范围内调动相关资源和力量,促进事情的办成。最初"举国体制"是出现在体育事业中的,就是国家负担经费来配置优秀的教练员和软硬件设施,集中选拔、培养、训练有天赋的优秀体育运动员参加奥运会等国际体育赛事,在比赛中与他国运动员竞争,争取优异比赛成绩、打破纪录、夺取金牌的体育体制。中国

大国优势

体育的"举国体制"是从苏联学过来的，这样做最大的好处就在于可以集中力量，使优秀的教练员都有统一的观念和训练计划。在这种制度下，运动员守纪律，训练刻苦，求胜欲望非常强烈，这在奥运比赛中是制胜的关键。与举国体制相对应的是市场体制，是指选拔和培养运动员的经费及其他费用由市场行为来筹集。但只有少数职业化程度高、商业化程度强的体育项目可以通过市场解决，大多数的体育项目，因商业性比赛根本没人看，靠市场体制是不可能解决经费问题的，最后还是要靠政府的支持。这一体制保证了我们可以充分利用一个国家的整体实力，集最有效的人力、财力和物力，最大限度地推动我国竞技体育事业的发展。这一体制也为中国这样一个体育基础薄弱、人口众多的发展中国家竞技体育的迅速崛起找到了一条最简便快捷，也最具有实效性的途径。满足了我国在政治、经济、外交等方面发展所需要的良好外部条件，实现了现代竞技体育所固有的政治功能，为扩大我国的国际影响力作出了重大贡献；推动了我国竞技体育的发展，使我国的竞技体育运动达到了很高的水平。2008年北京奥运会，中国体育代表团获得总奖牌数第二和金牌数第一的好成绩，谱写出奥运史上的新篇章。

但是，举国体制并不是仅仅局限在体育事业中，我们社会主义国家坚持集体主义的原则，也使我们在办国家大事的时候一直都坚持举国体制，党的二十大报告指出："完善党中央对科技工作统一领导的体制，健全新型举国体制，强化国家战略科技力量。"2023年，习近平总书记在主持中共中央政治局第二次集体学习指出，要加快科技自立自强步伐，健全新型举国体制，强化国家战略科技力量，优化配置创新资源，使我国在重要科技领域成为全球领跑者。回顾新中国的发展历程，在面对一些重大难题和挑战，特别是在一些看似不可能完成的任务面前，我国依靠社会主义制度的政治优势——举国体制，依靠万众一心和群策群力的民族力量，依靠敢于创新和善于创新的集体智慧，取得了一个又一个举世瞩目的成就，战胜了一个又一个前所未有的挑战。

（一）中国特色社会主义政治制度是举国体制的重要保证

我们知道，中国特色社会主义政治制度以其自身的优势为当代中国发展进步提供了可靠的制度保障。今天，为什么中国经济社会发展非常迅速？它不是偶然的，不是天上掉的馅饼，也不像有的学者说的，中国人聪明。他们讲了很多非制度性的原因，就是不承认中国经济最根本的发展动因来自制度保障，这个制度保障最重要的就是政治制度保障。改革开放40多年来，我们的政治制度能把中央和地方的积极性充分调动出来，不断加强改善宏观调控，既发挥好中央的积极性，使经济社会发展又好又快，又能发挥好地方的积极性。所以在"两个积极性"的推动下，我们的经济社会发展应该说是比较迅速的。

众所周知，新中国是在一穷二白的基础上成立的，1952年国内生产总值（GDP）只有679亿元，2010年突破40万亿元，超过日本，成为世界第二大经济体。党的十八大以来，我国综合国力持续提升，2016—2018年经济总量连续跨越了70万亿元、80万亿元和90万亿元的大关，占世界经济比重接近16%。2023年全年国内生产总值1260582亿元，按不变价格计算，比上年增长5.2%。分季度看，一季度国内生产总值同比增长4.5%，二季度增长6.3%，三季度增长4.9%，四季度增长5.2%，呈现前低、中高、后稳的态势，向好趋势进一步巩固。中国经济2023年对世界经济增长的贡献率超过30%，是世界经济增长的最大引擎。在预计全球贸易有所下降的情况下，我国出口实现了小幅增长，占全球市场的份额保持稳定；美国虽然也在发展，但相对于中国，速度十分缓慢，其经济总量占世界经济总量的比重已经从第二次世界大战之后的50%降至目前的20%，中美之间的差距明显缩小。现在在美国，无论是打开电视还是翻开报纸，关于中国的新闻铺天盖地。其原因在于现在的中国在国际舞台上的地位举足轻重，中国的一言一行都受到世界的瞩目。40多年来，中美差距缩小得这么快，一定是有制度原因的，其中最重要的就是政治制度，因为我们可以利用我国政治制度的优势集中力量办大事，而且我们的确办了很多发展方面的大事。我们实现了13个发展国民经济的"五年计（规）划"建设，实现了包括156项重点工程在内的国家工业化奠基工程建设，实现了"经济特区—沿海开放城市—沿海经济开放区—沿江和内陆开放城市—沿边开放城市"这样一个由南到北、由东到西的宽领域、多层次、有重点、点线面结合的全方面对外开放新格局，对外开放城市已遍布全国所有省区，真正进入了改革开放新时代。经历了西部大开发、振兴东北老工业基地、长江经济带高质量发展、粤港澳大湾区经济发展和京津冀协同发展，见证了北斗组网、神舟飞天、中国高铁、港珠澳大桥等重大工程项目建设等，这都发挥了举国体制的政治优势。

（二）举国体制在新中国70多年的历程中发挥了举足轻重的作用

举国体制简单来讲就是举全国之力办关系国计民生的大事，举全国之力有赖于举国体制的承载和运作。中国特色社会主义举国体制，追根溯源，起源于中国共产党的领导，在领导革命时期，面对强大的敌人，必须集全国之力，"统一战线"便是最有力的证明。新中国成立以后转入建设领域，在工业、农业、交通运输及基础性建设中曾经推行"重点项目""大会战"等方式，以举全国之力办大事。由此，形成广义上的举凡国家经济建设、军事、外交，以及应对公共灾害事务的举国体制。改革开放以来应对各种风险和挑战，包括应对洪水、冰冻及传染病蔓延等的重大灾害，已检验了在新的历史条件下举国体制的成熟性和优越性。

1.发挥举国体制优势，大力建设基础设施

改革开放40多年以来，我们先后建成了三峡工程、青藏铁路、京沪高铁、京广高铁、沪昆高铁、西气东输、西电东送、南水北调，以及世界上最大的电信网络等举世瞩目的伟大工程。这些基础设施建设确实需要动员全国的力量，也只有动员全国的力量才能这么快办成这么多基础设施方面的大事，而且办得质量非常高。

以中国铁路事业为例，截至2023年底，全国铁路营业里程达到15.9万千米，其中高铁营业里程4.5万千米。地方政府和社会资本投资铁路蓬勃发展，地方铁路营业里程达到2.4万千米。2023年全年国家铁路完成货物发送量39.1亿吨，再创历史新高。全年国家铁路完成运输总收入9641亿元，同比增长39%，利润总额创历史最好水平。中国铁路建设始于清朝末年。在清政府修建铁路时期（1876—1911年），中国修建铁路约9400千米。其中，帝国主义直接修建经营的约占41%；帝国主义通过贷款控制的约占39%；中国国有铁路，包括自力更生修建的京张铁路和商办铁路及赎回的京汉、广三等铁路，仅占20%左右，可以说中国没有铁路的运营权。进入民国之后，在国衰民穷、连年战争的情况下，中国铁路状况一直未得到改变。在南京国民党政府修建铁路时期（1928—1948年），中国大陆共修建铁路约1.3万千米，中国铁路状况基本没有得到改善。

新中国成立后，由于受连年战争的破坏，之前的很多铁路不能运营，所以中央政府就组织抢修铁路，共抢修恢复了8278千米铁路；到1949年底，全国铁路营业里程共达2.1810万千米，客货换算周转量314.01亿吨公里。1952年7月1日，新中国第一条铁路——成渝铁路成功通车。从1953年开始，国家进入有计划发展国民经济的时期。到1980年，铁路经过了5个"五年计划"的建设，取得了辉煌的成绩。到1980年底，铁路营业里程达4.9940万千米，全国铁路网骨架基本形成，客货换算周转量达7087亿吨千米。

1978年12月18日至22日，党的十一届三中全会召开，揭开了党和国家历史的新篇章，是中华人民共和国成立以来我党历史上具有深远意义的伟大转折，国民经济也进入新的发展时期。1982年9月1日至11日，中国共产党第十二次全国代表大会在北京召开。会议确定了党为全面开创社会主义现代化建设新局面而奋斗的纲领，提出到20世纪末，工农业生产总值要翻两番的目标，指出"铁路运输已成为制约国民经济发展的一个重要原因"，并提出"北战大秦，南攻衡广，中取华东"的铁路大动脉建设战略。2003年，铁道部设计出了"推动中国铁路跨越式发展"的总战略，提出在"十一五"期间，全国铁路营业里程达到9.1万千米，快速客运网总规模达到2万千米以上的远景规划；提出在引进国外高速列车先进技术后，为落实《国家中长期科学和技术发展规划纲要（2006—2020年）》的要求，通过高速铁路核心技术体系的自主创新满足中国铁路发展需要的新战略目标。2004年1月7日，国务院常务会议讨论并原则通过了《国家中长期科学和技术发展规划纲要（2006—2020年）》，明确了中国铁路网中长期建设目标：到2020年，全国铁路营业里程达到10万千米，主要繁忙干线实现客货分线，复线率和电气化率分别达到50%，运输能力满足国民经济和社会发展需要，主要技术装备达到或接近国际先进水平。2008年8月1日，中国第一条具有自主知识产权、国际一流水平的高速铁路——京津城际铁路正式通车。2009年12月9日，武广高铁试运行成功，于12月26日正式运营。最高运营速度达到394千米/小时，武汉到广州3小时便可到达。此后，随着秦沈客运专线、京津城际铁路、石太客运专线、武广客运专线、郑西客运专线、沪宁城际铁路、沪杭城际铁路的开通，大量速度250千米/小时、300千米/小时、350千米/小时的动车组已经上线运行，标志着中国铁路既有线提速水平已跻身世界先进行列。

2012年11月8日，党的十八大在北京召开。这次大会，是党在全面建成小康社会的关键时期和深化改革开放、加快转变经济发展方式的攻坚时期召开的一次十分重要的会议。这为中国铁路建设由"中国制造"向"中国创造"的转变指明了方向。同年12月1日，世界上第一条地处高寒地区的高铁——哈大高铁正式通车运营。921千米的哈大高铁，将东北三省主要城市连为一线，从哈尔滨到大连，冬季只需4小时40分钟。高寒地区冬季时速200千米的"中国速度"，吸引了全世界高度关注的目光。2014年11月25日，装载"中国创造"牵引电传动系统和网络控制系统的中国北车CRH5A型动车组进入"5000公里正线试验"的最后阶段。这是国内首列实现牵引电传动系统和网络控制系统完全自主创新的高速动车组，标志着中国高铁列车核心技术正实现由"国产化"向"自主化"的转变，中国高铁列车实现由"中国制造"向"中国创造"的跨越，将大力提升中国高铁列车的核心创造能力，夯实中国高铁走出去的底气。

2018年是贯彻落实党的十九大精神的开局之年，是决胜全面建成小康社会、实现"十三五"规划承上启下的关键一年，也是"交通强国、铁路先行"的起步年。这一年，铁路部门下调28条城际铁路部分动车组列车票价，折扣达到20%，列车票价向市场化机制迈进了一大步。国家市场监督管理总局网站公示披露，"中国国家铁路集团有限公司"企业名称已获核准；2019年6月18日，中国国家铁路集团有限公司正式挂牌成立。这是中国铁路实现从传统运输生产型企业向现代运输经营型企业转型发展迈出的重要一步。新中国成立以来，中国铁路事业的腾飞，彰显了我国举国体制的巨大优势，是我国基础设施建设的重要制度保障。2023年，我国铁路运输服务品质全面跃升，建成世界规模最大的铁路互联网售票系统，复兴号开行实现31个省份全覆盖。科技创新能力持续增强，总体技术水平迈入世界先进行列。

2. 发挥举国体制优势，大力发展核心科技

改革开放40多年来，尤其是近二十年以来，我们先后完成了包括神舟飞船11次飞天、神舟十一号与天宫二号交互对接在内的载人航天工程；峰值计算速度每秒达到5.49亿亿次、持续计算速度每秒3.39亿亿次的超级计算机天河二号等科技项目；成功发射世界首颗量子科学实验卫星"墨子号"；人类历史上首次月背软着陆的嫦娥四号任务取得圆满成功；北斗卫星导航系统开始提供全球服务，目前，北斗的全球定位精度可达10米，亚太地区定位精度5米，测速精度为每秒0.2米，授时精度方面达到20纳秒；全球最长的跨海大桥——港珠澳大桥开通，这条连接香港、珠海和澳门的跨海交通走廊长达55千米，将桥梁、岛屿与隧道连成一体，这是全球最长的跨海通道，从前期设计到最终竣工，一共用了14年时间；国产航母完成第三次海试，这意味着北京已经掌握了制造中型及大型航母的技术；等等。这些高科技的成就是我国发挥社会主义举国体制的制度优势，集全国之力干出来的，正如习近平总书记在中国科学院第十七次院士大会、中国工程院第十二次院士大会上的讲话中指出的："在推进科技体制改革的过程中，我们要注意一个问题，就是我国社会主义制度能够集中力量办大事是我们成就事业的重要法宝。我国很多重大科技成果都是依靠这个法宝搞出来的，千万不能丢了！要让市场在资源配置中起决定性作用，同时要更好发挥政府作用，加强统筹协调，大力开展协同创新，集中力量办大事，抓重大、抓尖端、抓基本，形成推进自主创新的强大合力。"[①] 所以，高科技发展方面，一定要发挥社会主义制度优势，特别是社会主义政治制度能

---

① 习近平：《在中国科学院第十七次院士大会、中国工程院第十二次院士大会上的讲话》，人民出版社2014年版，第16—17页。

第四章　坚持集中力量办大事

够集中力量办大事的优势。

我国航天事业的蓬勃发展是我国集中力量办大事，发挥社会主义举国体制的典范。我国的航天事业始于1956年春，时任国务院总理周恩来同志主持制定了《1956—1967年科学技术发展远景规划纲要（草案）》，根据这个规划开始了包括组建中国第一个火箭研究设计机构在内的一系列筹备工作。经过十多年的艰苦奋斗，到1970年4月，我国使用长征一号运载火箭成功地将我国第一颗人造地球卫星东方红一号送上太空。自此拉开了我们探索外太空的序幕。1975年长征二号运载火箭成功地发射了中国的第一颗返回式人造卫星；1981年用风暴一号运载火箭将三颗科学卫星送入预定轨道；1984年长征三号运载火箭首次发射试验通信卫星成功；1988年长征四号将风云一号气象卫星送入太阳同步轨道；1990年长征三号成功发射亚洲一号通信卫星，从而使中国的运载火箭进入了国际航天商业发射市场；1999年神舟一号载人试验飞船发射和回收的成功，标志着中国已拥有进行载人航天技术的能力。随着中国具备了返回式卫星、气象卫星、资源卫星、通信卫星等各种应用卫星的研制和发射能力，中国航天事业进入到飞速发展阶段。2000年，我国发射了两颗北斗导航试验卫星，建成了北斗卫星导航试验系统。从2004年起，启动了北斗卫星导航系统建设，首次开始批量研制生产卫星和运载火箭，密集组网发射，到2012年底，已形成区域覆盖能力，正式向亚太大部分地区提供运行服务，并且即将实现建成独立自主、开放兼容、技术先进、稳定可靠的全球卫星导航系统，届时要完成约30颗北斗导航卫星的发射和组网任务。载人航天事业，是中国航天事业的又一个腾飞，2003年10月15日9时整，神舟五号载人飞船在中国酒泉卫星发射中心发射升空；9时9分50秒，神舟五号准确进入预定轨道；2003年10月16日6时28分返回，这是中国首次进行载人航天飞行。航天员杨利伟成为中国首位进入太空的人。随后，神舟六号、神舟七号、神舟八号、神舟九号、神舟十号等相继载人成功，并实现出舱活动，到2023年10月26日，神舟十七号载人飞船发射升空，这次任务是载人航天工程立项实施以来的第30次飞行任务，是第12次载人飞行任务。我国的太空站建设也在稳步推进，2011年9月29日天宫一号发射成功，中国有了第一个目标飞行器和空间实验室，它由实验舱和资源舱构成。2016年9月15日22时04分12秒天宫二号空间实验室在酒泉卫星发射中心发射成功。天宫二号空间实验室是继天宫一号后，中国自主研发的第二个空间实验室。2024年嫦娥六号探测器由长征五号遥八运载火箭在中国文昌航天发射场成功发射，准确进入地月转移轨道，发射任务取得圆满成功，标志着中国探月工程迈出了新的一步。

中国航天事业始于国民经济非常薄弱的年代，当时中国的百姓吃饭穿衣问题还没有解决，科学技术储备严重不足，人才资源十分匮乏，但是我们党远见卓识，将中国的优秀知识分子和热血青年从四面八方聚集到我国当时战略性的导弹和航天系统，他们当年在连基本的生存条件都一度无法满足的情况下，不为名利，以爱国牺牲和奉献的精神，完成了中国航天事业艰难的起步。同时，由于很长一段时间的资源限制，我国用于航天事业的投资始终极其不足；由于基础工业和技术储备的限制，中国不具备在航天所有领域齐头并进，全面赶超世界先进水平的实力。在这种前提下，中国的航天事业采用了集中优势力量、重点突破、有所为、有所不为的先进管理方法，相继实现了一系列关键性重点突破，从而带动了全局。然后在不同的时期选择新的重点突破方向，继续扩大航天事业对中国的国家战略力量和现代化全局事业的影响，发挥带动作用。因此，集中优势力量，发挥举国体制的制度优势，是我国航天事业取得胜利的不二法宝。

3. 发挥举国体制优势，举办重大国际活动

我国集中力量办了很多重大国际活动方面的大事。近十年来，我们先后成功举办了2008年北京奥运会、2010年上海世博会、2010年广州亚运会、2014年APEC北京峰会、2016年G20杭州峰会、2017年第一届"一带一路"国际合作高峰论坛，以及2018年的博鳌亚洲论坛、上合峰会、中非合作论坛、首届中国国际进口博览会，2019年的第二届"一带一路"国际合作高峰论坛、第二届中国进口博览会、北京世界园艺博览会，等等。这么多重大国际活动都是靠集中力量办大事的优势办成的，都向世界展示着中华民族辉煌灿烂的成就。2022年中国国际大数据产业博览会，2023年第三届"一带一路"国际合作高峰论坛、博鳌亚洲论坛年会，深入分析了当今世界面临的主要问题所在，增进了国际社会团结合作的共识。

2023年第三届"一带一路"国际合作高峰论坛对中国而言，无疑又是一个重大的历史机遇。作为"一带一路"倡议的发起者和推动者，中国作为世界第二大经济体和负责任大国的形象，在此次论坛上再次得到了充分展现。此次高峰论坛的举办，标志着中国正在以前所未有的决心和行动，引领和推动国际合作向着更高水平、更深层次发展。中国通过"一带一路"倡议，积极搭建起与世界各国沟通交流的桥梁，推动构建开放型世界经济，实现共同繁荣。在第三届"一带一路"国际合作高峰论坛上，中国将继续代表发展中国家发声，坚持共商共建共享的原则，与"一带一路"共建国家共同探索互利共赢的合作模式。通过加强政策沟通、设施联通、贸易畅通、资金融通、民心相通，推动"一带一路"建设取得更多实质性成果。

此次高峰论坛向世界展示了中国作为负责任大国的形象，彰显了中国推动构建人类命运共同体的决心和行动。十年来，共建"一带一路"从中国倡议走向国际实践，从理念转化为行动，从愿景转变为现实，从谋篇布局的"大写意"到精耕细作的"工笔画"，取得举世瞩目的成就，成为深受欢迎的国际公共产品和国际合作平台。通过举办"一带一路"国际合作高峰论坛，中国将进一步巩固与"一带一路"共建国家的友好关系，推动"一带一路"建设取得更加丰硕的成果，为构建开放型世界经济、推动构建人类命运共同体作出新的更大贡献。

4.发挥举国体制优势，应对重大灾害

近二十年来，我们先后战胜了非典、汶川大地震、甘肃舟曲特大泥石流、青海玉树地震、云南鲁甸地震，还有2020年席卷全球的新冠疫情、2023年第5号台风"杜苏芮"带来的洪涝等各种灾害。中国特色政治制度的优势在于越是危难时刻、紧要关头越能使全民拧成一股绳，全国形成一盘棋，携手抵御风险，克服困难。全世界没有任何一个政治制度能像中国这样，一旦出现了应急方面的大事，就能迅速形成力量，把事情妥善地解决好。

在2023年京津冀暴雨的严峻考验中，我国的举国体制优势再次得到了充分展现。面对这场突如其来的自然灾害，我国能够迅速、有效地应对，取得显著成效，这背后正是得益于发挥了举国体制的优势，集中力量办大事。在京津冀暴雨的防御和救援工作中，中国共产党的领导再次发挥了总揽全局、协调各方的核心作用。党中央高度重视，迅速作出决策部署，各级党委和政府坚决贯彻落实，形成了上下一心、齐抓共管的强大合力。这种高效的决策和执行机制，确保了防汛救灾工作有序进行，最大限度地减少了灾害损失。同时，基层党组织和广大党员在防汛救灾中发挥了战斗堡垒作用和先锋模范作用。他们挺身而出，冲锋在前，用实际行动践行了共产党员的初心和使命。在社区、村镇等基层一线，党员们积极组织群众开展自救互救，协助政府做好防汛救灾工作，确保了人民群众的生命财产安全。

此外，我国的举国体制优势体现在能够迅速调动和整合各方资源，形成强大的防汛救灾力量。在京津冀暴雨期间，国家有关部门迅速启动应急响应机制，调集武警、消防等救援力量，以及医疗、物资等保障力量，全力投入到防汛救灾工作中。同时，社会各界也积极行动起来，捐款捐物、志愿服务等行动不断涌现，形成了全民参与、共同抗灾的良好氛围。正是这种举国体制的优势，使我国在京津冀暴雨中能够迅速应对、有效救援，保障了人民群众的生命财产安全。这也再次证明了我国制度的优越性和有效性，彰显了中国特色社会主义制度的强大生命力和巨大优越性。

5. 发挥举国体制优势，集中力量办民生大事

最重要的民生大事，就是百姓能过上富裕的生活，摆脱贫困。党的十八大以来，我们党把脱贫攻坚摆在了治国理政的重要位置，精准扶贫是我们打赢脱贫攻坚战的主要战略。《中共中央 国务院关于打赢脱贫攻坚战的决定》《"十四五"脱贫攻坚专项规划》《关于打赢脱贫攻坚战三年行动的指导意见》一系列关于脱贫攻坚的决策部署，把脱贫攻坚纳入国家整体发展规划。"十三五"时期，彻底消除绝对贫困，不仅在中华民族发展史上具有重要里程碑意义，更是中国人民对人类文明和全球反贫困事业的重大贡献。2013—2020年，全国农村贫困人口累计减少9899万人，年均减贫1237万人，贫困发生率年均下降1.3个百分点。改革开放以来，按照世界银行每人每天1.9美元的国际贫困标准，我国减贫人口占同期全球减贫人口70%以上。我国减贫速度明显快于全球，贫困发生率也大大低于全球平均水平。党的十八大以来，贫困人口从2012年底的9899万人降至2019年底的551万人，累计减贫9348万人，年均减贫1335万人，七年累计减贫幅度达到94.4%，农村贫困发生率也从2012年末的10.2%降至2019年末的0.6%。到2020年底，中国如期完成新时代脱贫攻坚目标任务，现行标准下9899万农村贫困人口全部脱贫，832个贫困县全部摘帽，12.8万个贫困村全部出列，区域性整体贫困得到解决，完成了消除绝对贫困的艰巨任务。

打赢脱贫攻坚战、全面建成小康社会后，"十四五"期间，要进一步

大国优势

巩固拓展脱贫攻坚成果，接续推动脱贫攻坚成果同乡村振兴有效衔接，加快推进脱贫地区乡村产业、人才、文化、生态、组织等全面振兴，为全面建设社会主义现代化国家开好局、起好步奠定坚实基础。"十四五"规划纲要明确了未来五年经济社会发展的主要目标任务。其中，全面推进高质量发展与绿色转型成为"十四五"期间的重要任务。各级党委和政府将把全面推进高质量发展与绿色转型作为头等大事和第一民生工程来抓，出台一系列专项政策和举措，为实现经济社会发展目标任务提供有力保障。加快构建新发展格局。以国内大循环为主体、国内国际双循环相互促进的新发展格局，是"十四五"期间我国经济发展的重要方向。我国将深化供给侧结构性改革，优化需求侧管理，推动形成强大国内市场，提高经济发展的质量和效益。

第五章

铸牢中华民族共同体意识

党的十九届四中全会集中概括了中国特色社会主义制度和国家治理体系的十三个方面的显著优势，其中第五个显著优势是：坚持各民族一律平等，铸牢中华民族共同体意识，实现共同团结奋斗、共同繁荣发展的显著优势。这一显著优势和其他十二个优势一道，成为我们坚定"四个自信"的基本依据。这充分表明，我们党在解决民族问题上始终保持着政治定力和理论清醒。

一、坚持和完善民族区域自治制度

我国是有五千多年悠久历史传统的统一的多民族国家。民族区域自治制度并不是中国历史上既有制度的延续，而是从现实国情出发构建起来的一项全新的制度，制度创新的意义明确而突出。民族区域自治制度，既是我国的一项基本政治制度，也是我国国家治理体系的重要组成部分，是中国共产党人把马克思主义民族理论同我国的民族具体实际相结合的一项伟大创造，有其自身的显著优势与特征。当前，我国正处在接近实现中华民族伟大复兴的关键时刻，世界正经历百年未有之大变局，全党和全国各族人民需要团结一致，充分认识民族区域自治制度优势何来、优势何在、优势何用，从而更加坚定对民族区域自治的制度自信，坚定走中国特色解决民族问题的道路。新时代适应国家治理体系和治理能力现代化的发展，必须不断健全和完善民族区域自治制度。

（一）我国民族区域自治制度的实践探索

建党初期，由于对国家的历史和现状，特别是对我国各民族的情况缺乏了解，我们党解决国内民族问题的思路，较多地受到共产国际特别是苏联模式的影响。后来随着对民族地区的深入接触和了解，我们党探索提出在统一的国家内实行民族区域自治的主张，逐渐找到解决我国民族问题、维护国家长治久安的根本之策。

1. 民族区域自治制度的构建时期

中国共产党自成立之日起，就接受了苏联在民族问题上的主要观点，对于民族问题提出的基本政策主张是"民族自决自治"和联邦制。[①]1931年《中华苏维埃共和国宪法大纲》规定，各民族可以在中华苏维埃共和国之中成立自治区域。根据《中华苏维埃共和国宪法大纲》的这一规定，在后来的长征途中，我们党曾帮助少数民族建立了豫海回民自治政府等。抗日战争时期，党建立了若干有少数民族参加的抗日民主政权和民族自治政权，实行一定区域内的民族自治。1941年5月，中共陕甘宁边区中央局颁布的《陕甘宁边区施政纲领》对边区的政治、经济、文化、教育、法律、知识分子等方面的政策作出具体规定，其中第十七条："依据民族平等原则，实行蒙、回民族与汉族在政治经济文化上的平等权利，建立蒙、回民族的自治区。尊重蒙、回民族的宗教信仰与风俗习惯。"1945年4月23日，中国共产党第七次全国代表大会在延安杨家岭中央大礼堂开幕。毛泽东同志在会上作了《论联合政府》的政治报告，在少数民族问题部分提出："共产党人必须积极地帮助各少数民族的广大人民群众为实现这个政策而奋

[①] 参见中共中央统战部编：《民族问题文献汇编》，中共中央党校出版社1991年版。

第五章　铸牢中华民族共同体意识

斗；必须帮助各少数民族的广大人民群众，包括一切联系群众的领袖人物在内，争取他们在政治上、经济上、文化上的解放和发展，并成立维护群众利益的少数民族自己的军队。他们的言语、文字、风俗、习惯和宗教信仰，应被尊重。"①

在新民主主义革命即将取得全国胜利之时，按照现代国家制度来组织新的国家政权成为当务之急。为了在国家制度设置中构建起应对民族问题的具体制度，毛泽东同志委托李维汉去广泛征求意见，中国共产党彻底放弃了民族自决、民族自治共和国和联邦制的主张，主要原因是基于我国与苏联国情的不同：一是两国的人口分布不同。苏联少数民族大约占全国总人口的47%，主体俄罗斯民族大约占53%，少数民族和主体民族人口相差很少。而我国当时少数民族人口仅占全国总人口的6%，并且呈现大分散小聚居的分布状态。二是国家归属问题。1919年俄国十月革命胜利后，俄罗斯许多少数民族实际上已经分离为不同的国家，后来很多少数民族经过内战后都成立了各自的苏维埃国家，通过联邦制的形式把各苏维埃国家联合起来，成为当时实现苏联完全统一的必然选择。我们党基于民族自决、联邦制和民族区域自治的长期探索和反思，特别是抗日战争胜利前夕，在领导内蒙古自治运动的过程中认识到，民族自决、联邦制不适合统一的多民族国家的中国，用联邦制解决民族问题存在被大国操纵和利用、可能会导致国家分裂的巨大危险。1947年4月23日，内蒙古人民代表会议在王爷庙（现乌兰浩特市）召开。同年5月1日，选举产生以乌兰夫为主席的内蒙古自治政府，标志着中国共产党领导的我国第一个省级少数民族自治区诞生，这成为我们党用民族区域自治政策解决民族问题的一个典型范例。在历史的紧要关头，党的第一代中央领导集体最终选择了民族区域自治②和

---

① 《毛泽东选集》第3卷，人民出版社1991年版，第1084页。
② 参见中共中央统战部编：《民族问题文献汇编》，中共中央党校出版社1991年版。

建立一个统一的多民族国家的人民共和国的方案。《中国人民政治协商会议共同纲领》规定:"各少数民族聚居的地区,应实行民族的区域自治,按照民族聚居的人口多少和区域大小,分别建立各种民族自治机关。"于是,民族区域自治在成为中国共产党处理国内民族问题的基本政策[①]的同时,也成为中华人民共和国的一项基本政治制度,同时具有政党政策和国家制度的性质。1949年10月,中央民族事务委员会成立,负责主管全国的民族宗教事务,李维汉兼任主任委员,乌兰夫、刘格平、赛福鼎·艾则孜担任副主任委员。1950年3月,第一次全国统战工作会议讨论了民族工作问题,要求必须采取有效办法,逐步消除历史上造成的民族间的仇恨、隔阂、猜忌、歧视和不信任的心理,尤其着重反对汉民族中的大民族主义倾向,同时在少数民族中反对狭隘民族主义倾向。同年6月,中央发出《关于慎重处理少数民族问题的指示》,对应慎重对待的民族地区社会改革问题作了规定,即关于各地少数民族内部的社会改革,特别是有关少数民族的宗教信仰、风俗习惯,以及土地制度、租息制度、婚姻制度的改革等,必须从缓提出,在得到各中央局和中央的批准前,各级党委不得在少数民族人民中提出这些改革和发布有关这些改革的决议和口号,不得在报上进行有关这些改革的宣传。1951年2月,政务院通过《关于民族事务的几项规定》,要求"中央人民政府各委、部、会、院、署、行"都要特别注意"建立有关民族事务的业务",各地则必须"认真地推行民族区域自治及民族民主联合政府的政策和制度",并随时向中央报告推行经验。考虑到民族工作的重要性,再次强调"其必须事前请示者应向政务院请示"。这显示出党和国家领导人与中央政府自新中国成立伊始就把民族工作视为事关国家长治久安的全域性重要事项。同年5月16日,政务院为保障民族平等加强民族团结,颁布了《关于处理带有歧视或侮辱少数民族性质的称谓、

[①] 参见中共中央统战部编:《民族问题文献汇编》,中共中央党校出版社1991年版。

第五章　铸牢中华民族共同体意识

地名、碑碣、匾联的指示》，这被视为新中国关于民族事务的第一个法律文件。1952年，中央人民政府颁发《中华人民共和国民族区域自治实施纲要》，对民族区域自治的有关制度和重大政策作出规定，进一步细化了民族区域自治制度的具体内容，如自治区设置的条件、自治机关的组成、自治地方处理民族关系的具体规定、自治区相应职责等内容，加快了民族自治地方建立的步伐。同年，《各级人民政府民族事务委员会试行组织通则》等民族政策文件的落实，为民族区域自治在民族区域的实行和保障少数民族权益方面发挥了促进作用。

1954年《中华人民共和国宪法》规定，我国的民族区域自治，是在党的领导下，在少数民族人口聚居的地方实行区域自治的制度。民族自治地方根据宪法、民族区域自治法等的规定设立自治机关，行使自治权。1955年10月新疆维吾尔自治区成立。1957年7月20日，中央民族事务委员会和全国人大民族委员会在青岛召开了被称为"具有里程碑意义"的全国民族工作座谈会。在这个会议上，国务院总理周恩来发表了《关于我国民族政策的几个问题》的重要讲话，对民族区域自治制度作出了明确的政策阐释，标志着民族区域自治制度构建的完成和定型。

2. 民族区域自治制度的曲折发展

1957年反右斗争扩大化以后，党的中心工作逐渐转向了阶级斗争。在此背景下，在民族问题上出现了"民族问题的实质是阶级问题"的论断[1]，包括民族区域自治在内的全部民族工作都被纳入阶级斗争中来审视和评判。民族政策被扭曲甚至抽离，进而对民族区域自治制度造成了严重影响。

由于民族工作指导思想上滋长了"左"的错误，在少数民族地区开展了反对资产阶级右派和地方民族主义的运动，错误地打击了一批干部，民

---

[1] 参见黄光学主编：《当代中国的民族工作》（上），当代中国出版社1993年版。

族区域自治制度建设受到干扰。在"大跃进"期间,由于忽视民族自治权利,有的民族自治地方曾经被取消或合并。在各民族自治地方,民族因素在实践中被谈得少、做得更少,区域因素则受到各种政策的强化,从而导致民族区域自治朝着有名无实的方面演变。"文化大革命"期间,民族区域自治制度遭到全面破坏,在造反派"权力斗争"的冲击下,绝大多数民族自治机关陷入瘫痪。当时反革命集团攻击民族区域自治是"人为地制造独立王国",未经法律程序便擅自撤销云南省的德宏、西双版纳、怒江、迪庆4个自治州;又借口战争需要,把内蒙古自治区的西三盟和东三盟划归临近东北各省。全国所有的民族自治地方都建立了"革命委员会",民族自治地方的大批民族干部靠边。1975年修改的《中华人民共和国宪法》取消了民族自治地方的各项自治权,使民族区域自治失去了法律的保障。

这一时期民族区域自治工作虽然受到严重的干扰破坏,但并没有完全停止。1958年3月,广西壮族自治区成立。同年10月,宁夏回族自治区成立。1965年9月,西藏自治区成立。此后在广东省、贵州省和云南省等地还建立了10个民族自治县。

3.民族区域自治制度的恢复发展

党的十一届三中全会以来,党领导人民拨乱反正,重新确定民族区域自治是解决中国民族问题的基本政策,思想解放和改革开放释放出来的巨大活力,为民族区域自治制度的发展创造了新的条件和可能,民族区域自治制度进入了一个新的发展阶段。1980年邓小平同志强调指出:要使少数民族聚居的地方真正实行民族区域自治。

1981年党的十一届六中全会通过的《关于建国以来党的若干历史问题的决议》指出:"必须坚持实行民族区域自治,加强民族区域自治的法制建设,保障各少数民族地区根据本地实际情况贯彻执行党和国家政策的自主权。"1981年,邓小平同志在听取新疆维吾尔自治区党委负责同志汇报

第五章 铸牢中华民族共同体意识

时强调:"要把我国实行的民族区域自治制度用法律形式规定下来,要从法律上解决这个问题,要有民族区域自治法。"1982年修订的《中华人民共和国宪法》恢复了关于民族区域自治制度的相关规定,并与时俱进地作出了新的更完善的规定。在此基础上,六届全国人大二次会议于1984年5月31日审议通过《中华人民共和国民族区域自治法》,对民族区域自治制度进行了法制重塑,为民族区域自治制度提供了坚实的法制保障,也为民族区域自治的实践注入了强大动力。它的颁布、实施,标志着中国民族区域自治工作已经有法可依,初步形成了有中国特色的民族自治法律体系。党的十五大报告明确将民族区域自治制度与人民代表大会制度、中国共产党领导的多党合作和政治协商制度一道,确立为我国必须长期坚持的政治制度。邓小平同志提出落实民族区域自治制度,关键是帮助自治地方发展经济、改善民生,"实行民族区域自治,不把经济搞好,那个自治就是空的。少数民族是想在区域自治里面得到些好处,一系列的经济问题不解决,就会出乱子"[①]。只有解决好区域内的经济社会发展问题,给少数民族带来实实在在的利益,民族区域自治制度的意义才能充分彰显。民族区域自治中的区域性问题或区域属性就这样在实践中被凸显出来。

2001年2月,新修订的《中华人民共和国民族区域自治法》进一步以法律的形式明确了民族区域自治制度在国家政治体制中的重要地位和作用。2005年中央民族工作会议强调,民族区域自治,作为党解决我国民族问题的一条基本经验不容置疑,作为我国的一项基本政治制度不容动摇,作为我国社会主义的一大政治优势不容削弱。2005年5月,《国务院实施〈中华人民共和国民族区域自治法〉若干规定》颁布,进一步推动建立和完善以宪法为核心、以民族区域自治法为主干的民族法律法规体系。于

[①] 国家民委政策研究室编:《中国共产党主要领导人论民族问题》,民族出版社1994年版,第57页。

是，民族区域自治制度得到了较快的发展，并形成了一个大发展时期。随着民族区域自治制度功能的有序释放，制度的优势得到充分发挥。

4.民族区域自治制度的调整时期

民族区域自治制度实施了70多年，截至2024年，我国共有155个民族自治地方，其中有自治区共5个，即内蒙古自治区、广西壮族自治区、西藏自治区、宁夏回族自治区、新疆维吾尔自治区；自治州共30个，分布在吉林、湖北、湖南、四川、贵州、云南、甘肃、青海、新疆9个省级行政区；自治县（旗）共120个，分布在河北、内蒙古、辽宁、吉林、黑龙江、浙江、湖北、湖南、广东、广西、海南、重庆、四川、贵州、云南、甘肃、青海、新疆18个省级行政区，民族自治地方面积达到全国国土总面积的64%。当民族区域自治制度的功能和制度实施中的不足充分显露之时，正值中国经济总量上升到世界第二位的重要历史节点，世界出现了百年未有之大变局。在此历史交汇点，国家的治理与发展都需要新的谋划。党的十八大以后，随着中华民族伟大复兴的中国梦的提出，特别是在2014年中央民族工作会议上，习近平总书记从中华民族共同体的角度论述民族工作以后，民族区域自治被纳入国家治理和发展的总体框架中加以审视。进入新时代以来，面对社会上关于民族区域自治制度的模糊认识，习近平总书记旗帜鲜明地指出民族区域自治是党的民族政策的源头，取消民族区域自治制度这种说法可以休矣，并从国家决策层提出了坚持和完善民族区域自治制度要做到统一和自治、民族因素和区域因素"两个结合"。特别是针对国内外敌对势力搞民族分裂的"祸心"，习近平总书记强调，我国所有民族自治地方都是党领导下的地方，都是中华人民共和国的地方，都是全国各族人民共同拥有的地方，戴民族区域自治"帽子"的民族要担负起维护国家统一、民族团结的更大责任。如果没有国家团结统一，就谈不上民族区域自治；如果只讲民族因素不讲区域因素，就会走到错误的方向上去。国家的统一和民族的区域自治，以及自治地方内实施区域自治的民族与区域的经济发展和各个民族的关系，是民族区域自治制度构建和实践中存在的基本关系。这些将民族区域自治纳入国家治理总体考虑基础上提出的重要论断，为坚持和发展民族区域自治制度指明了方向，也提供了根本遵循，我国少数民族、民族地区、民族关系的面貌实现了翻天覆地的变化。

2019年10月，党的十九届四中全会将"坚持和完善民族区域自治制度"，作为坚持和完善人民当家作主制度体系、发展社会主义民主政治的重要内容，进一步作出了明确部署。近年来，党中央隆重举办五个自治区逢十周年大型庆祝活动，充分展现了各族群众建设伟大祖国、建设美丽家乡的辉煌成就，展现了民族区域自治制度的优越性和光明未来。

（二）实行民族区域自治制度的优势与特征

民族区域自治制度的显著优势由理论、历史文化、社会制度和领导力量等因素汇聚而成，在与中国传统的民族地区治理体制、苏联民主共和国联邦制及当今世界其他国家解决民族问题的方案相比较中显现。通过建立民族区域自治制度来规范各民族关系中的问题和诉求，是在深刻认识中国现实国情和总结实践经验基础上作出的一个重大选择，是一项十分重要且不可或缺的制度安排。民族区域自治制度所发挥的国家整合作用，是其他任何一项制度都无法取代的，展现出维护国家统一和民族团结的重要优势。

我国民族区域自治制度的优势由多方面因素聚合而成。一是理论因素。民族区域自治制度的理论基础是马克思主义民族理论。马克思主义关于民族理论的观点认为，民族问题是社会总问题的一部分，无产阶级在消除了阶级压迫、民族压迫后，就要实现民族平等和各民族共同繁荣、共同进步。二是历史文化因素。中华民族是在几千年共同开拓祖国辽阔疆域、共同书写祖国悠久历史、共同创造中华灿烂文化、共同培育伟大民族精神的历史过程中形成的。"一体多元"是先人们留给我们的丰厚遗产,也是我国发展的巨大优势。三是社会制度因素。社会主义制度的优越性是民族区域自治制度优势得以显现和发挥的前提。社会主义制度从根本上消除了民族不平等和民族压迫的基础。我国社会主义制度具有能够集中力量办大事的优势,通过全国一盘棋规划,可以有效调动全国资源支持和帮助民族地区实现跨越式发展。四是领导力量因素。民族区域自治制度是在中国共产党的领导下建立起来的,得到了广大少数民族干部群众的广泛支持和拥护。

1.民族区域自治制度是国家一体性的制度设计

民族区域自治制度的一体性主要是通过国家的高度统一性体现出来的,高度统一于一个中央政治体系之中。作为一个疆域规模巨大、民族群体众多的大国,高度的统一是国家存续的基本条件。这样的统一又是通过一个中央集权的政权体系实现的。中央集权的政权体制,是国家大疆域上保持统一和发展的重要条件。从秦汉时期开始,我国就是单一制国家,地方政府的权力均来自中央政府的授权。因此,在我国的语境中讨论民族区域自治,绝对不能撇开中央与地方的关系孤立讨论民族区域自治问题。

1951年12月,时任中央统战部部长李维汉在阐述中国共产党关于中华人民共和国民族问题的基本理论时指出:"民族的区域自治,是中华人民共和国领土之内的,在中央人民政府统一领导下的,遵循着中国人民政治协商会议共同纲领总道路前进的,以少数民族聚居区为基础的区域自治(不应以少数民族所占当地人口的一定比例为基础;这种看法是错误的,违反共同纲领)。"[①] 1952年8月9日,《中华人民共和国民族区域自

---

① 《李维汉选集》,人民出版社1987年版,第249页。

治实施纲要》第二条规定："各民族自治区统为中华人民共和国领土的不可分离的一部分。各民族自治区的自治机关统为中央人民政府统一领导下的一级地方政权，并受上级人民政府的领导。"1954年，《中华人民共和国宪法》正式将民族区域自治制度确立为我国的一项基本政治制度，这是我国在协调国家一体性与民族多元性二者关系时的一种制度考量，这一制度不仅充分尊重了各少数民族群体的权利和利益，而且实现了国家一体性与民族多元性的协调与统一。自治机关行使的自治权并不是实行区域自治的民族的自有权利，而是国家授予的特殊权利，并且是附着于地方国家机关权力的依附性权利。国家属性要求其必须保证国家权力与国家利益的高度统一，使其在整个国家范围内实现权力和政令统一，任何民族区域自治机关，都必须维护国家权力和国家利益的高度统一。民族地区行使的自治权，不是脱离统一的自治权，而是服务和服从于统一的自治权。

2.民族区域自治制度是民族多元性的制度设计

民族区域自治的多元性，不仅包括了我国的民族构成多元，而且包括民族区域自治的级别和类型的多元，现阶段包括自治区、自治州和自治县（旗）三个不同级别。民族区域自治区域既是国家的一级行政单位，又是少数民族的自治地方。民族区域自治机关既享有一级行政单位所享有的权力，又享有法律规定的若干自治权。这一制度的多元属性要求在民族地区以国家宪法和法律的手段合理保护各少数民族权利和利益，这也是民族区域自治制度的宗旨和功能所在。在制度设计和实施的初期，"各民族按照民族区域自治的原则当家作主，有管理自己内部事务的权利"的性质得到凸显和强调。现行的国家宪法和法律明确规定了各民族平等享有国家宪法和法律所规定的各项权利与义务，同时对少数民族权益予以特殊照顾和保护。这使民族区域自治范围内各个民族都能行使民族区域自治的权利，使少数民族公民的基本政治、经济文化、社会和生态等权利都得到了可靠的制度保障。

但在制度建立起来并进入实际运行的阶段，民族自治地方的区域经济发展和区域内各民族关系问题逐步地凸显出来，成为直接影响民族区域自治制度实际效果的根本问题，并被纳入制度安排的考虑中。1957年，周恩来同志在对民族区域自治进行全面阐释时指出，"这种民族区域自治，是民族自治与区域自治的正确结合，是政治因素与经济因素的正确结合"，这充分考虑了民族区域自治中的区域因素。要照顾民族自治地方的特殊性，充分发挥各民族区域自治地方的积极性。依法保障民族自治地方广泛的自治权，对于解决我国的民族问题、改变民族地区落后面貌、与全国一道步入中国式现代化具有特殊重要意义。所以，依法推动民族自治权的贯彻执行，成为发展与完善民族区域自治制度的关键。在法律许可的范围内，民族地区自治机关应最大限度地行使自治权，促进本地区经济发展，保证社会稳定，加强民族团结，实现共同繁荣发展，将民族区域自治制度的优势最大化。

3. 民族区域自治制度根本出发点是实现国家的统一和民族团结

全世界约3000多个民族或类似群体，分属于近200个国家和地区，民族问题是所有多民族国家都要面对的重大事务。不少国家在处理民族问题时仍处于徘徊之中。"二战"以后，世界上因民族问题导致的国家分裂和民族冲突时有发生，甚至有的国家现在仍然处于动乱或战火中。对比当今世界各国民族政策，民族区域自治制度是解决民族问题的成熟制度设计，具有独特优势。把国家统一和民族团结放在第一位、落实到各方面和全过程，民族区域自治才能不断发展完善。没有国家的统一，就谈不上实行民族区域自治，没有统一的中央政权领导，民族区域自治政权就丧失了合法性。

党和国家在设计民族区域自治格局包括确定各民族自治地方的类型、

层级、区划乃至名称的过程中，都充分考虑了维护国家统一和民族团结的需要。我国的民族区域自治是由国家设立的，是在国家行政区域内实施的。自治权是一种国家授权。各个不同民族的经济、政治、文化、社会和生态诉求都必须纳入国家整体发展战略中，民族的聚居区在国家统一的行政区划基础上确定，自治机关为中央政府领导下的一级地方政权，接受上级人民政府的领导。这样在保障国家权力的前提下，充分保障民族地区的自治权，有效提升了国内各民族政治整合的水平，巩固了国家政权的政治基础，实现了国家政权的高度统一。任何不利于、有损于国家统一的自治，都是对民族区域自治基本精神的损害，都是对民族区域自治基本制度的违背，坚决禁止一切破坏民族团结和制造民族分裂的行为。长期以来，党和国家带领全国各族干部群众，坚决防范和依法打击"三股势力"的渗透破坏活动，着力消除历史上遗留的民族隔阂、民族歧视、民族压迫现象和痕迹，坚决反对一切不利于民族团结的言行，从而有力地维护了国家统一和民族团结。

民族区域自治制度体现了历史元素与现实元素的统一、政治元素与经济元素的统一、国家元素与地方元素的统一。习近平总书记在阐述坚持和完善民族区域自治制度的重要性和必要性时明确提出："民族区域自治是党的民族政策的源头，我们的民族政策都是由此而来、依此而存。这个源头变了，根基就动摇了，在民族理论、民族政策、民族关系等问题上就会产生多米诺效应。"[①] 早在1952年，《关于中华人民共和国民族区域自治实施纲要的报告》就提出确立和推进民族区域自治制度是为了彻底改变历史上长期的民族压迫所遗留下来的民族间的仇视隔阂，为了保障民族平等权利的实行，为了使各民族将来能够共同走向大同境域，为了消除狭隘民族主义，为了更有效更迅速地发展各少数民族聚居区的政治、经济、文化事

---

① 谢春涛主编：《中国共产党如何改变中国》，人民出版社2019年版，第35页。

业。新中国成立后，民族地区经济社会发展水平不断跃升，各族人民生活水平和质量不断提高。党的十八大以来，在中国共产党的领导下，我国民族团结进步事业取得一个又一个历史性成就，现行标准下民族八省区农村贫困人口全部实现脱贫，民族八省区地区生产总值从2012年的5.1万亿元增至2020年的10.4万亿元，困扰少数民族和民族地区千百年来的绝对贫困和区域性整体贫困问题历史性地得到解决。

做好新时代的民族工作，有利于凝聚共识，形成强大的民族合力；有利于促进民族团结，实现民族交往交流交融；有利于精准推进民族发展，实现民族共同繁荣。实践充分证明，民族区域自治制度符合我国国情，有力地维护了国家统一、领土完整的主权原则，有效地保障了民族平等、共同发展的权利，民族地区实现跨越式发展。

（三）健全完善民族区域自治制度的路径

在实现中华民族伟大复兴的中国梦过程中，只有更好地健全完善民族区域自治制度，保证国家统一层面普遍性与民族多元层面特殊性的良性互动，才能真正实现各民族平等、团结、互助、和谐，提升民族区域自治制度的整合功能，促使中华民族走向繁荣富强。坚持和完善民族区域自治制度，就要进一步研究如何把制度优势转化为民族地区治理的效能。要充分认识到民族区域自治制度的显著优势，增强中国特色解决民族问题的道路自信、理论自信、制度自信、文化自信，自觉在思想上政治上行动上同以习近平同志为核心的党中央保持高度一致，全面贯彻党的民族理论和方针政策，把党的全面领导贯穿到民族工作的全过程和各方面。

1. 坚持党对民族工作的全面领导

加强党对一切工作的领导是夺取新时代伟大胜利的根本前提。新时代解决好民族问题、维护好广大民族地区人民的根本利益必然要将党的作用和影响贯穿于民族工作始终。2019年,习近平总书记在全国民族团结进步表彰大会上的讲话中指出:"只有中国共产党才能实现中华民族的大团结,只有中国特色社会主义才能凝聚各民族、发展各民族、繁荣各民族。"2021年中央民族工作会议提出"十二个必须",其中之一是强调"必须坚持党对民族工作的领导。中国共产党领导是做好民族工作的根本保证,是维护中华民族大团结的根本保证"。有了中国共产党的集中统一领导,我国的民族关系才会更加稳固,各民族也将更加团结,民族地区的发展才会有明确的方向、强大的后盾。习近平总书记强调,坚持党对民族工作的全面领导重点在于加强民族地区基层党组织建设,不断提升基层党组织在领导与处理民族建设和发展事业方面的能力。在横向上要不断拓展基层党组织的覆盖范围,将党的影响延伸到民族地区的各行各业。在纵向上要不断建立健全党组织的组织体系和运行机制,不断加强对民族地区干部的培养,锻造一支"维护党的集中统一领导态度特别坚决、明辨大是大非立场特别清醒、铸牢中华民族共同体意识行动特别坚定、热爱各族群众感情特别真挚的民族地区干部队伍",敢于斗争,善于斗争。同时,要将民族地区基层党组织锻造成为"富裕一方、团结一方、安定一方的坚强战斗堡垒,使每一名党员都成为维护团结稳定、促进共同富裕的一面旗帜"。让党的旗帜在民族地区每个角落高高飘扬,为民族地区改革发展稳定提供强有力的政治保证。

2.注重做好"两个结合"工作

统一多民族是我国的基本国情,多民族是我国的一大特色、发展的一大有利因素。习近平总书记在2014年召开的中央民族工作会议上的讲话,以中华民族思想论述民族工作,强调了中华民族的整体性及各民族在中华民族大家庭中的地位,并对坚持和发展民族区域自治提出了坚持统一和自治相结合、坚持民族因素和区域因素相结合的要求。这"两个结合"是基于民族区域自治的基本关系和基本准则而提出的,是民族区域自治制度实践经验的总结,是坚持和完善民族区域自治制度的重要保证。

必须坚持统一和自治相结合。坚持统一和自治相结合,就是要把国家的整体利益和各民族的具体利益结合起来,使各民族在祖国大家庭里,既和睦相处、和衷共济、和谐发展,又各得其所、各尽其能、各展所长。建立和捍卫一体多元的人民民主国家,既是整个国家的最高利益,也是中华民族的最高利益,离开了这个最高利益,也就谈不上民族区域自治,更谈不上少数民族的特殊利益。我国各民族经济社会发展水平和文化形态有明显的差异,因此,在确保国家法律和政令畅通的前提下,依法保障少数民族地方行使自治权,依据民族自治地方的规律和特点解决好自己的问题是完全必要的。面对新形势和新情况,民族区域自治必须在实践中不断创新和发展,但民族区域自治的任何创新都不能影响和冲击到国家领土主权的统一和制度的统一,也不能有损和冲击到国家的政权和行政架构。民族区域自治制度有利于把中华民族的整体利益与各少数民族的具体利益统一起来,既确保了国家的统一和人民的团结,又确保了各少数民族在整个中华民族大家庭中当家作主的权利。

必须坚持民族因素和区域因素相结合。我国民族分布特点呈现出大杂居、小聚居、交错杂居的格局,且有扩大和蔓延的趋势;我国幅员辽阔,区域差异显著,在自然资源、地理区位、民族文化、经济发展等方面均具有其独特性,加之其自身所带的历史特殊性和政治敏感性,使地处边疆的民族地区拥有地域性和民族性双重特征,于是有了"边疆民族地区"这一独特概念。各自治区、州、县和乡都是中华人民共和国管辖的地方,都是中央统一领导的地方政权,以某个民族的名称命名地方,是要求被命名的民族担当其维护国家统一和人民团结的更大责任。所以,民族区域自治不是某一单一民族自治,民族区域自治地方,并不是某一个单一民族独有的地方。不能将自治民族的利益置于区域发展和其他民族的利益之上、只重视实行区域自治民族的权益而忽略其他民族的权益。在民族自治地方，不存在特殊民族，各民族同样享有平等的政治地位和法律地位，共同建设中国特色社会主义事业。但对于少数民族和民族地区的特殊问题，仍应保留专项扶持政策。

3. 推进民族区域自治地方发展经济和改善民生

发展是党执政兴国的第一要务，也是解决民族地区各种问题的总钥匙。2014年召开的第四次中央民族工作会议提出落实民族区域自治制度，核心是帮助自治地方发展经济、改善民生。2021年第五次中央民族工作会议进一步强调民族地区要立足资源禀赋、发展条件、比较优势等实际，找准把握新发展阶段、贯彻新发展理念、融入新发展格局、实现高质量发展、促进共同富裕的切入点和发力点。

由于历史和现实等方面的原因，我国民族地区无论是经济发展水平还是民生水平仍然比较落后，与内地，尤其是东部沿海地区还存在较大的差距。近些年，虽然民族地区综合经济实力显著增强，但自我发展能力仍然薄弱，基本公共服务均等化水平仍然较低，发展面临的生态制约还很明显。如果上述情况长期得不到改变，很容易造成少数民族群众心理失衡乃至民族关系、地区关系失衡，激化民族矛盾，影响到少数民族对国家的认同。推进社会主义现代化强国建设，民族地区是短板，是重点，更是难点。因此，落实民族区域自治制度要牢牢把握帮助民族区域自治地方发展经济、改善民生这一中心任务，将党中央的系列战略部署与各民族地区的实际相结合，根据民族地区现有的条件科学谋划和制定民族地区发展规划，在打牢基础、发挥资源优势、突破体制机制障碍上下功夫，释放政策动力和激发内生潜力。要充分发挥中央、发达地区和民族自治地方三个积极性，在对民族地区加大支持力度和优化对口支援的基础上，完善体制机制和扶持政策，增强民族地区自我发展能力。要抓住建设"一带一路"的新机遇，提高开放水平，千方百计地加快民族地区发展，不断缩小民族地区与发达地区之间的差距，推动各民族共同走向社会主义现代化。

4.推进民族事务治理法治化

2014年10月，党的十八届四中全会通过的《中共中央关于全面推进依法治国若干重大问题的决定》中关于"增强全民法治观念，推进法治社会建设"一章明确提出："高举民族大团结旗帜，依法妥善处置涉及民族、宗教等因素的社会问题，促进民族关系、宗教关系和谐。"民族工作是党和国家全局工作的一部分，要坚持中国特色解决民族问题的正确道路，就必须坚持依法治国，用法治来保障民族团结。党的十九届四中全会提出"保证民族自治地方依法行使自治权，保障少数民族合法权益"的明确指引，要按照民族区域自治法的有关规定，抓紧制定配套的法律法规、具体措施和办法，制定修订自治条例和单行条例，逐步建立比较完备的具有中国特色的民族法律法规，建立健全民族区域自治法贯彻执行情况的监督检查机制。2021年中央民族工作会议提出必须坚持和完善民族区域自治制度，确保党中央政令畅通，确保国家法律法规有效实施。

在民族工作问题上，要坚决破除各种阻碍民族地区有效治理的因素，用法治思维、法治观念、法治方式来统筹谋划和推进民族工作。民族地区的党政干部需要深刻转变工作作风，坚决打击影响民族地区安定团结的行为，要依法保障各族群众合法权益，依法妥善处理涉民族因素的事件，引导全民尊法、学法、守法、用法。同时，要在民族地区树立起对法律的信仰，推动各族人民依法办事。要通过适当的途径，向区域内群众做好普法宣传工作，积极弘扬宪法精神和社会主义法治理念，使群众了解基本法律知识，提升其基本法律素养，进而树立法治观念，能运用法治方式来维护自身正当合法权益。

回顾过去，民族区域自治硕果累累；展望未来，民族区域自治前景广阔。我们要始终坚定不移走中国特色解决民族问题的正确道路，坚持好、完善好、落实好民族区域自治制度，坚持各民族一律平等，坚持各民族共同团结奋斗、共同繁荣发展，为实现第二个百年奋斗目标和中华民族伟大复兴的中国梦作出新的更大的贡献。

二、铸牢中华民族共同体意识

中华民族共同体是具有国家形式的政治共同体，是对近代历史上共同抵御外敌入侵的命运共同体的认同，是在经济、社会、生活、文化等方面交流交融的观念认同，是中国特色社会主义建设发展的需要，是维护国家统一和促进民族团结的思想基础，是增强中华文化认同的需要。新时代要从加强顶层设计、增强国家战略的高度不断铸牢中华民族共同体意识。

（一）中华民族共同体意识的由来

中华民族共同体意识的提出是中华民族多元一体格局理论的进一步发展，它符合中华民族千年历史演进的客观规律，揭示了新时代民族工作的新思想，彰显了我国团结凝聚各族人民、共同实现中华民族伟大复兴的信心、决心。

1.中华民族共同体概念

"中华民族"的理论概念是1902年由梁启超提出来的，但"中华民族"作为一个自在的民族实体却在历史的长河中存在已久。这一民族实体在不断发展过程中凝聚出了独特的民族意识，也就是中华民族共同体意识。

20世纪80年代，以费孝通为代表的中国知识分子在研究了中国历史发展与社会现实之后，提出了"中华民族多元一体社会格局理论"。"多元"是指中华民族的起源是多元的，在今天，中华民族大家庭内各民族在语言文字、风俗习惯、宗教信仰等方面具有多样性。"一体"是指在长期的历史发展过程中，各民族及其先民共同开发了祖国的锦绣河山、广袤疆域，共同创造了悠久的中国历史、灿烂的中华文化，在这一过程中形成了"你中有我、我中有你、谁也离不开谁"的统一而不可分割的整体。在中华民族多元一体的格局中，一体包含多元，多元组成一体；一体离不开多元，多元也离不开一体；一体是主线和方向，多元是要素和动力。中华民族是一个命运共同体，各民族只有把自己的命运同中华民族的命运紧紧连结在一起，才有前途和希望。

中华民族是一个共同繁荣发展的经济共同体，是一个由各民族共同缔造的统一多民族的政治共同体，是一个由各民族共建共享共有精神家园的文化共同体，是一个富含民族精神和时代精神的价值共同体。中华民族共同体概念具有深刻的内涵与外延。

在内涵上，中华民族共同体包含了民族认同和国家认同的双重内涵。中华民族是古往今来生活在中华大地上的所有民族，在当代是指全体拥有中国国籍的中国公民共同体。不仅包括56个已认定民族，还包括"未识别民族"、加入中国国籍的外裔中国人；不仅包括大陆范围的中国公民，也包括港澳台、侨居国外的中国人。因而，中华民族应该是包括今天56个民族在内的、生活在中华大地上所有民族及其海外华侨的统称。中华民族共同体认同是对"全体中国人享有中国公民权利、履行中国公民义务"的认同。

在外延上，中华民族共同体的核心是中华文化共同体。文化是民族的重要特征，民族是文化的重要载体。中华文化是各民族文化的集大成，各民族都对中华文明作出了自己的贡献。把汉族文化等同于中华文化，忽略民族文化的贡献是错误的；把民族文化外化于中华文化，对中华文化和中华文明缺乏认同，也同样是错误的。中华文化包括从各民族传统文化中凝练出的价值共识，这是中华文化的内核，其中，以爱国主义为核心的团结统一、爱好和平、勤劳勇敢、自强不息等中华民族精神在当代凝练出的社会主义核心价值观，成为引领、统摄多元文化发展的重要精神纽带；还包括丰富多彩的地域和表层文化形式的交融与共享，诸如各地区、各民族节庆、婚俗、礼仪文化习俗等的交融与共享。

中华民族共同体意识是中国境内各民族多元一体形成的共同体意识；是在解决香港、澳门遗留问题及台湾问题上共有的民族意识，是中华民族相互认同的血缘、地缘与精神基础；是全世界华人以中华民族共同体意识为基础，解决好中华民族与世界其他民族发展的人类命运共同体问题。

2.中华民族共同体意识形成的历史渊源

中华民族共同体意识作为中华民族共同体的"自觉意识"是中国历史上历代王朝积淀的各民族融合的成果，是近代以来中华民族在共同面对外敌入侵的漫长而艰苦的伟大斗争过程中形成的。

从秦始皇统一中国开始，各民族的统一融合在不断发展延续，到近代，在反帝反封建的斗争中才由原来的自发逐渐转变为自觉，在鸦片战争后的一百多年中，救亡图存的共同历史命运、大一统的政治理念和多元一体的中华文化，使中华民族从自在阶段走向自觉阶段，拥有全新的意义，成为中国各民族的根本归属。1895年，甲午战争的失败使中国人的民族意识和国家意识开始觉醒，革命派和维新派先后登上历史舞台。受欧美和东邻日本民族理论和民族建国的影响，他们把中国传统文化的"中华"词语与西方近代的"民族"概念结合在一起，形成"中华民族"概念。无论是北洋政府还是南京国民政府，都以强化对全体民众的中华民族认同来淡化各民族之间的矛盾及边疆民族对中央政府的离心力，以达到铸牢中央政府执政之基和凝聚人心的目的。民族危亡背景下，中国各民族、海内外中华

大国优势

儿女们团结一致共同抗争、共御外侮，中华民族开始凝结成一个休戚与共的命运共同体。1949年，"中华人民共和国的成立，标志着中国民族国家构建的基本完成"[①]，也标志着中华民族共同体意识初步形成。费孝通先生指出："中华民族作为一个自觉的民族实体，是近百年来中国和西方列强对抗中出现的，但作为一个自在的民族实体则是几千年的历史过程所形成的。"[②]

进入21世纪以来，我们党在实现中华民族伟大复兴的中国特色社会主义实践中发展了中华民族共同体意识。党的十八大以来，党中央先后于2014年召开第二次中央新疆工作座谈会、第四次中央民族工作会议；2015年召开中央第六次西藏工作座谈会、中央统战工作会议，2019年全国民族团结进步表彰大会，2021年第五次中央民族工作会议等，在这些会议及其他一些重要场合中，习近平总书记发表了关于民族工作系列重要讲话。

早在2014年5月、9月，习近平总书记就在第二次中央新疆工作座谈会、中央民族工作会议上分别提出"牢固树立中华民族共同体意识""积极培养中华民族共同体意识"，并从历史渊源的角度论述了亲密的民族关系，再次强调了我国是统一的多民族国家的基本国情，正确认识这一基本国情是我们继续深化民族工作的重要前提，也是我们增进民族团结，在实现中华民族伟大复兴征程中凝聚力量的基本依据。2015年9月30日，习近平总书记在会见基层民族团结优秀代表时强调"中华民族一家亲，同心共筑中国梦"，反映了全体中华儿女的共同心愿，是全国各族人民的共同目标。2017年，党的十九大报告指出："深化民族团结进步教育，铸牢中华民族

[①] 周平：《多民族国家的族际政治整合》，中央编译出版社2012年版，第29页。
[②] 费孝通主编：《中华民族多元一体格局（修订本）》，中央民族大学出版社2003年版，第4页。

第五章　铸牢中华民族共同体意识

共同体意识，加强各民族交往交流交融，促进各民族像石榴籽一样紧紧抱在一起。"党的十九大正式将"铸牢中华民族共同体意识"写入党章，这是党的十八大以来民族理论的新发展，成为新时代党和国家进一步深入开展民族工作的方向，体现了党和国家对民族问题的高度重视，是党和国家在新时代解决中国民族问题的崭新治理方略。2019年9月，习近平总书记在全国民族团结进步表彰大会上明确强调，"以铸牢中华民族共同体意识为主线做好各项工作"，并开创性提出"四个共同"的中华民族历史观。2021年，习近平总书记首次提出铸牢中华民族共同体意识是新时代党的民族工作的"纲"。2023年6月，习近平总书记在内蒙古考察时首次提出"铸牢中华民族共同体意识是新时代党的民族工作的主线，也是民族地区各项工作的主线"这一重大原创性论断，强调民族地区的经济建设、政治建设、文化建设、社会建设、生态文明建设和党的建设等都要紧紧围绕、毫不偏离这条主线。2023年10月，习近平总书记在主持二十届中央政治局第九次集体学习时深刻指出，把铸牢中华民族共同体意识作为新时代党的民族工作和民族地区各项工作的主线，是我们党坚持"两个结合"、着眼"两个大局"，深刻总结国内外民族工作经验教训，深刻洞察中华民族共同体发展趋势，取得的重大理论和实践成果。2024年4月，习近平总书记首次提出在台湾问题上，两岸同胞要坚定"铸牢中华民族共同体意识"。

铸牢中华民族共同体意识，就是要引导各族人民牢固树立休戚与共、荣辱与共、生死与共、命运与共的共同体理念，促进各民族在中华民族大家庭中像石榴籽一样紧紧抱在一起，共同建设伟大祖国，共同创造美好生活。习近平总书记提出的马克思主义民族理论的重大原创性论断，已经成为新时代中国特色社会主义理论建设的一个核心概念，成为习近平新时代中国特色社会主义思想的重要组成部分，对加强各民族的交往交流交融、坚定中国特色社会主义文化自信、维护国家统一、实现中华民族伟大复兴具有重要意义。

（二）铸牢中华民族共同体意识具有重大意义

中华民族共同体意识的提出，既是对民族事业发展的规律性把握，也完全合乎中国特色社会主义建设的当前需求与根本目的。

1. 新时代铸牢中华民族共同体意识有利于维护国家统一和社会安定

国家的统一是各族人民的共同利益所在，任何民族任何个人都不能脱离国家而单独存在，全面建设社会主义现代化国家是全体中国人民共同的奋斗目标，是我国各民族的共同事业，需要各族人民共同努力。

费正清在《中国的世界秩序：一种初步的设想》中指出，中国的世界（天下）从未丧失其大一统的意义和文化的完整性。尽管中国历史上曾有过不同民族政权并存的情况，但是各民族的统治者均有一个共同的历史传统，即统一的意识。从历史上看，中华民族五千多年的历史就是民族的交汇史，各民族不断交流最终形成由多元到一体、由分散到集中的历史，其中，统一始终占主导地位。进入新时代，仍然存在一些不利于维护国家统一的现象，西方敌对势力一直对我国进行渗透，企图破坏、分裂中国，因此，我们更要凸显中华民族共同体意识的力量，同一切企图破坏中国完整统一的行为作斗争，在实践中深刻感知各族人民是荣辱与共的利益共同体，增强维护民族团结的责任感。

铸牢中华民族共同体意识的一个重要内容就是认同。由于历史的原因，国家统一中的香港、澳门与台湾问题十分特殊。我国领导人智慧地设计了"一国两制"，让香港和澳门重回祖国怀抱。香港特别行政区、澳门特别行政区政府除依法施政、积极作为，团结带领香港、澳门各界人士齐心协力谋发展、促和谐，保障和改善民生，有序推进民主，维护社会稳定，履行维护国家主权、安全、发展利益的宪制责任外，更要通过文化与教育的途径，以中华民族共同体意识的培植为基础，形成公民的国家意识、中华民族共同体意识，并通过教育在青少年中形成以传承中华民族优秀文化为荣、以国家认同与民族认同为荣的认同教育。解决台湾问题、实现祖国完全统一，是党矢志不渝的历史任务，是全体中华儿女的共同愿望，是实现中华民族伟大复兴的必然要求。中华民族5000多年的漫长历史，记载着历代先民迁居台湾、繁衍生息，记载着两岸同胞共御外侮、光复台湾。中华民族一路走来，书写了海峡两岸不可分割的历史，镌刻着两岸同胞血脉相连的史实。两岸同胞有共同的血脉、共同的文化、共同的历史，更重要的是我们对民族有共同的责任、对未来有共同的期盼。我们要从中华民族整体利益和长远发展来把握两岸关系大局，坚定守护中华民族共同家园，坚定共创中华民族绵长福祉，坚定铸牢中华民族共同体意识，坚定实现中华民族伟大复兴。

2. 铸牢中华民族共同体意识有利于促进民族团结

2024年6月，习近平总书记在宁夏考察时强调，民族团结非常重要，我们56个民族要像石榴籽一样紧紧抱在一起。56个民族凝聚在一起就是中华民族共同体，中华民族是一个大家庭。我们共同奋斗，一起推进中国式现代化，实现中华民族伟大复兴。铸牢中华民族共同体意识就是要培养各族人民更强的整体意识，进而在行动上表现为自觉维护国家利益，自觉同破坏国家统一和民族团结的行为进行斗争。

党中央提出铸牢中华民族共同体意识，强化全体社会成员的归属感，培养共同体精神，增强在社会主义事业建设中的责任感，扩大社会建设的力量，增进各民族的情感联系，能将各族人民紧密团结在一起，积聚力量，为建设社会主义壮大力量。我们辽阔的疆域是各民族共同开拓的，我们悠久的历史是各民族共同书写的，我们灿烂的文化是各民族共同创造的，我们伟大的精神是各民族共同培育的。有了中华民族共同体意识的指引，各族人民越来越自觉成为中华民族的一分子，民族荣誉感和自豪感才能得到提升。

随着经济社会发展，我国发展不平衡不充分的问题日益突出。我国城市和农村之间，东、中、西部地区之间，少数民族聚居区和非少数民族聚居区之间的差距仍然较大，各城乡、各区域、各民族聚居区享受到的教育资源、工作环境、社会保障、医疗卫生服务、居住条件、精神文化生活也不尽相同。长此以往，落后地区的各族群众会产生失望心理。当失望心理达到极致时，往往会被敌对势力、分裂主义利用，这不仅不利于各民族间的友好往来，还破坏了各民族的交往融合。新时代铸牢中华民族共同体意识，不仅强化了各族群众对中华民族共同体的认同，还激起了各族群众团结进取、携手互助的决心。从这一层面而言，新时代铸牢中华民族共同体意识有利于加强各民族的交往交流交融。

此外，我国少数民族人口主要分布于祖国边疆，这些地区是中外政治、经济和文化交流的重要国际通道。我国还有30多个跨境民族，他们与邻国相同的民族有着一定程度的亲属往来和友好交往。边疆民族为祖国边疆的开发、发展睦邻友好关系、巩固国家边疆安全作出了不可磨灭的重要贡献。中国各民族亲如一家，每一个民族的命运都与国家的命运紧密相连。在中国特色社会主义新时代，中华民族作为一个命运共同体，更多地体现在当代中国的改革和发展中，各民族共同维护民族团结和国家统一，共享改革发展成果，与社会主义祖国同呼吸共命运。

3. 铸牢中华民族共同体意识有利于增强文化生命力

"铸牢中华民族共同体意识，建设中华民族共有精神家园"是习近平文化思想的重要内容。2023年10月27日，习近平总书记在主持二十届中共中央政治局第九次集体学习时突出强调，要着眼建设中华民族现代文

第五章　铸牢中华民族共同体意识

明，不断构筑中华民族共有精神家园。

文化认同是最深层次的认同，是民族团结之根、民族和睦之魂。铸牢中华民族共同体意识，离不开习近平文化思想的指引。坚定中国特色社会主义道路自信、理论自信、制度自信，说到底是要坚定文化自信。中华文化是在长期历史演变中逐渐形成的，是中华民族集体智慧的结晶，是各民族文化的集大成者。从语言文字到传统习俗，都具有各民族自己的特色，形成了丰富多彩的中华文化。中华文化是全体中华儿女几千年思想的历史沉淀，是集体智慧的结晶，是联系各族人民情感的纽带，这是中华民族共同体的认同纽带。认同源于了解，了解基于交流。文化交流能加强彼此的联系，了解彼此的文化，有利于培养对其他民族和文化的认同，增强各自文化和中华文化的生命力。

铸牢中华民族共同体意识，是弘扬中华文化的有效途径。一部中国史，就是一部各民族交融汇聚成多元一体中华民族的历史，就是各民族共同缔造、发展、巩固统一的伟大祖国的历史。中华文化之所以精彩纷呈、博大精深，在于它兼收并蓄的包容性。铸牢中华民族共同体意识，内在要求中华儿女认同共享的中华文化，同时各民族要相互尊重和欣赏彼此的文化。铸牢中华民族共同体意识，能增强各族人民的文化共识，既能批判继承传统文化，也为传统文化注入新的时代意义，使传统文化更符合现代社会发展的需要和要求；有助于消除文化认同的困惑，坚定文化自信；有助于发挥文化的反作用，带动经济的发展，尤其是一些少数民族所处环境特殊，文化的经济效益更明显。而要营造出这样的社会局面，必须树立高度的中华民族共同体意识，才能积极传播与践行中华民族"和而不同"的优秀文化，才有助于各民族彼此尊重不同民族的历史文化传统、包容差异，进而促进各民族文化互鉴，各民族文化竞相开放，呈现百花齐放的局面，实现各民族文化的繁荣发展。

4. 铸牢中华民族共同体意识有助于实现中华民族伟大复兴

实现中华民族伟大复兴是近代以来中华民族最伟大的梦想，任何民族都要以实现民族复兴为己任，凝心聚力，建言献策，并做出实际行动，这就需要发挥共同体意识的导向作用，将全体社会成员团结起来，为共同的目标努力。实现中国梦必须走中国道路，必须弘扬中国精神，必须凝聚中国力量。

中国境内的各民族成员，因为历史、社会和个人等原因，走出国门，形成了遍布世界范围的华人华侨。随着交通运输的不断发展，海外华人华侨数量越来越多。这些华人华侨对中华民族的认同超越了民族、政治的限制，大家均认同自己是中华民族的一员。中华民族伟大复兴的事业与华人华侨的命运息息相关，他们与中国社会的发展同呼吸、共命运。团结一切可以团结的人，尤其是团结以中华民族共同体为命运共同体的所有华人华侨，是实现中华民族伟大复兴的重要保障。海外华人华侨是中华民族通向世界各国的友好使者，他们承担着在世界各国弘扬中华优秀文化的责任与使命，同样，他们将世界各国的优秀文化带回中国，进一步发展和完善中华民族的优秀文化。中华民族共同体意识同样延伸至这些海外赤子的观念与行为，形成一个世界范围的中华民族共同体。中华民族共同体与世界其他民族共同体共同构成人类命运共同体，中国人民愿同世界各国人民一道，推动人类命运共同体建设，共同创造人类的美好未来。

（三）铸牢中华民族共同体意识的路径

铸牢中华民族共同体意识需要加强国家战略布局。国家各部门各行业各领域要在完善民族区域自治政策、港澳台政策、对外政策等方面实施国家战略，从整体上布局中华民族共同体意识的实施计划。在民族政策、宗教政策、教育政策、文化政策、港澳台政策、人才政策、引智政策等方面

第五章　铸牢中华民族共同体意识

充分考虑中华民族共同体意识的国家战略计划，将中华传统文化的继承与宣传、民族团结进步教育的推进与发展、国家统一大业的逐步实施与完成、中华民族共同体与人类命运共同体的互动合作与双赢紧密结合起来，才能达成国家宏观战略收益的最大化，才能将中华民族共同体意识真正融入中华民族伟大复兴的事业。

1. 不断增进中华民族认同感，建设中华民族共有精神家园

中华民族是一个将地缘、血缘与精神融为一体的命运共同体。铸牢中华民族共同体意识首先要解决的是对国家的认同。党的十八大以来，习近平总书记多次强调，加强中华民族大团结，长远和根本的是增强文化认同，建设各民族共有精神家园，积极培养中华民族共同体意识。要建立完善铸牢中华民族共同体意识理论研究体系和宣传教育体系，健全全员化、常态化宣传教育机制，推动各民族树立正确的"五观"，树立"四个与共"的共同体理念，让"三个离不开""五个认同"在各族人民心中深深扎根。要坚持用中华文化浸润民族团结，大力弘扬中华民族伟大精神，传播推广更多各民族共享的中华文化符号和中华文化形象，推动各民族人心归聚、精神相依。加强中华民族历史观教育，客观看待、科学评价各民族及其历史人物对中华民族的贡献，引导各族干部群众准确认识中华文明的起源和历史脉络，准确认识中华民族和中华文明的多元一体，不断增强对中华民族的认同感、归属感、自豪感。全面推广普及国家通用语言文字，坚定不移推行使用国家统编教材，尊重和保障少数民族语言文字学习和使用。培育和践行社会主义核心价值观，深入实施中华优秀传统文化传承发展工程、红色基因传承工程，开展中华优秀传统文化进基层活动，使各民族人心归聚、精神相依。

要以中华民族共同体意识的认同为出发点，将中华民族共同体的范围扩大到港澳台地区，进而扩大到世界各地的华人华侨，形成一个天下华人华侨一家亲的完整链条。全面准确贯彻"一国两制"、"港人治港"、"澳人治澳"、高度自治的方针，将香港、澳门的文化教育政策纳入中华民族优秀文化传承与青少年爱国主义教育相结合的国家认同教育体系。要凝聚两岸同胞的中华民族共同体意识，巩固两岸民众对中华民族成员身份的认同，累积最终解决国家统一大业问题的民意基础。要充分认识到海外侨胞在中华民族伟大复兴中的重要作用，充分发挥华人华侨与各国、各行、各业密切关系，加强海外合作，为中国经济社会发展、科学文化教育事业的繁荣提供国际视野与先进经验，并将中华民族的优秀文化与先进经验传播到世界各地，有形有感有效铸牢中华民族共同体意识，聚焦形成国家战略能力，推进祖国统一和中华民族伟大复兴的事业。

2. 推动经济高质量发展，为铸牢中华民族共同体意识打好经济基础

马克思主义认为，经济基础决定上层建筑。中华民族共同体意识作为思想上层建筑的组成部分由经济基础决定，中华民族共同体意识的培育与铸牢，必须建立在强大的综合国力上。民族地区经济发展不平衡，是各种极端事件死灰复燃和许多现实问题此起彼伏的重要原因，解决这些问题的关键就是推动发展、改善民生，为广大边疆民族地区百姓创造幸福生活。习近平总书记强调"发展是解决民族地区各种问题的总钥匙"。因此，新时代铸牢中华民族共同体意识必须大力推动经济发展。

进入新时代，我国社会主要矛盾已经发生变化，对此，要解决社会主要矛盾必须推动经济高质量发展，必须充分重视发展不平衡不充分的问题。我国边疆民族地区具有丰富多样的资源、纵横交错的水系、独具特色的文化，将这些资源、水系、文化等优势充分地转化为经济潜能，能极大地弥补民族地区自然条件差、发展起点低的先天短板，能极大地促进民族地区的经济发展。2014年，习近平总书记在第四次中央民族工作会议上指出，建设"一带一路"对民族地区特别是边疆地区是个大利好，要加快

第五章 铸牢中华民族共同体意识

边疆开放开发步伐，拓展支撑国家发展的新空间。随着"一带一路"倡议的实施，边疆民族地区从对外开放的末端变成了对外开放的前沿，新时代的民族地区建设遇到了千载难逢的契机，完全可以依托国家战略和全国资源，实现跨越式发展和历史性突破。要本着一切工作从长计议的原则，坚持可持续发展的战略决策，推动民族地区高质量跨越式发展。

3. 致力深化民族团结进步教育，铸牢中华民族共同体认同的舆论基础

深化民族团结进步教育是我国进入新时代正确处理各民族之间的关系、促进各民族共同繁荣发展及推动社会整体共同迈进小康社会的必然要求，民族团结进步教育自身也是我国统一的多民族国家国情教育的重要组成部分，是新时代构建中华民族共同体必不可少的社会意识形态支撑部分。铸牢中华民族共同体意识，目的是为新时代全面建设社会主义现代化国家凝聚磅礴力量。习近平总书记强调，民族团结是我国各族人民的生命线。做好民族工作，最关键的是搞好民族团结，最管用的是争取人心。人心是最大的政治，人心在我，各族人民就能众志成城。民族团结说到底是人与人的团结。"无论是过去、现在还是将来，民族大团结都是我们进行社会主义建设必不可少的保证。"要高举民族大团结的旗帜，坚持绵绵用力，久久为功，把加强民族团结作为战略性、基础性、长远性的工作来做。坚持以国内民族团结带动祖国统一，以祖国统一促进民族认同，最终实现中华民族的伟大复兴。

要促进各民族广泛交往交流交融。2024年4月，习近平总书记在新时代推动西部大开发座谈会上强调，要"全面准确贯彻党的民族政策，加快建设互嵌式社会结构和社区环境，促进各族群众交往交流交融"。要培育各民族社会成员你中有我，我中有你，谁也离不开谁的命运共同体意识，牢固树立汉族离不开少数民族、少数民族离不开汉族、各少数民族之间也相互离不开的思想观念，促进各民族互相尊重、互相学习、互相合作、互相帮助。要统筹城乡建设布局规划和公共服务资源配置，深化互嵌式社会结构和社区环境建设，创造更加完善的各族群众共居共学、共建共享、共事共乐和迁徙流动的社会条件，开展形式多样的群众性交流活动，促进各民族在理想、信念、情感、文化上的团结统一。深入持久开展民族团结进步创建，深化主题内涵，创新方式载体，扩大社会参与，推动创建工作全面提质增效。加强和改进城市民族工作，让少数民族群众更好融入城市。

4. 坚持"十二个必须"，不断提升民族事务治理体系和治理能力现代化水平

我们党关于加强和改进民族工作的重要思想，是党的民族工作理论和实践的智慧结晶，是新时代党的民族工作的根本遵循，全党必须完整、准确、全面把握和贯彻。2021年第五次中央民族工作会议提出，一是必须从中华民族伟大复兴战略高度把握新时代党的民族工作的历史方位，以实现中华民族伟大复兴为出发点和落脚点，统筹谋划和推进新时代党的民族工作。二是必须把推动各民族为全面建设社会主义现代化国家共同奋斗作为新时代党的民族工作的重要任务，促进各民族紧跟时代步伐，共同团结奋斗、共同繁荣发展。三是必须以铸牢中华民族共同体意识为新时代党的民族工作的主线，推动各民族坚定对伟大祖国、中华民族、中华文化、中国共产党、中国特色社会主义的高度认同，不断推进中华民族共同体建设。四是必须坚持正确的中华民族历史观，增强对中华民族的认同感和自豪感。五是必须坚持各民族一律平等，保证各民族共同当家作主、参与国家事务管理，保障各族群众合法权益。六是必须高举中华民族大团结旗帜，促进各民族在中华民族大家庭中像石榴籽一样紧紧抱在一起。七是必须坚持和完善民族区域自治制度，确保党中央政令畅通，确保国家法律法规实施，支持各民族发展经济、改善民生，实现共同发展、共同富裕。八是必

第五章　铸牢中华民族共同体意识

须构筑中华民族共有精神家园，使各民族人心归聚、精神相依，形成人心凝聚、团结奋进的强大精神纽带。九是必须促进各民族广泛交往交流交融，促进各民族在理想、信念、情感、文化上的团结统一，守望相助、手足情深。十是必须坚持依法治理民族事务，推进民族事务治理体系和治理能力现代化。十一是必须坚决维护国家主权、安全、发展利益，教育引导各民族继承和发扬爱国主义传统，自觉维护祖国统一、国家安全、社会稳定。十二是必须坚持党对民族工作的领导，提升解决民族问题、做好民族工作的能力和水平。

要推动具体政策举措和实现形式与时俱进，更好做到统一和自治相结合、民族因素和区域因素相结合。持续深入开展纠偏正向，全面整改思想认识、文化宣传、政策法规、干部队伍、社会事业、执法司法、地标建筑等方面存在的突出问题，坚决纠治突出和强化民族差异性、忽视和弱化中华民族共同性的问题和做法。按照坚持正确的、调整过时的原则，稳慎调整完善民族领域有关法规政策，突出区域化和精准性，更多针对特定地区、特殊问题、特别事项制定实施差别化区域支持政策，着力减少同一地区不同民族间的公共服务政策差异，切实保障民族平等团结、体现社会公平正义。坚持依法妥善处理涉民族因素的事件，依法打击各类违法犯罪行为，高度警惕一切影响民族团结的苗头性问题，积极稳慎处理涉民族因素的意识形态问题，旗帜鲜明反对历史虚无主义、极端民族主义、宗教极端主义、大汉族主义和地方民族主义，严厉打击挑拨民族关系、煽动民族歧视和仇恨、破坏民族团结的言行，决不让任何破坏民族团结、制造民族分裂的企图得逞。

中国特色社会主义进入新时代，全国各族人民迈上了以中国式现代化全面推进强国建设、民族复兴伟业的新征程，党的民族工作面临新的形势和任务，呈现出新的阶段性特征，铸牢中华民族共同体意识正在从单项

大国优势

突破迈向系统推进。必须持续深入学习领悟习近平总书记关于加强和改进民族工作的重要思想，将铸牢中华民族共同体意识摆在"五位一体"总体布局和"四个全面"战略布局中统筹谋划，不折不扣地贯彻落实党中央关于民族工作的决策部署，按照增进共同性的方向加强和改进民族工作，推进新时代党的民族工作高质量发展，推进各民族共同团结奋斗、共同繁荣发展。

第六章
坚持基本经济制度

党的十九届四中全会系统总结了我国国家制度和国家治理体系的显著优势，明确指出，公有制为主体、多种所有制经济共同发展，按劳分配为主体、多种分配方式并存，社会主义市场经济体制等社会主义基本经济制度，既体现了社会主义制度优越性，又同我国社会主义初级阶段社会生产力发展水平相适应，是党和人民的伟大创造。同时强调，要坚持和完善社会主义基本经济制度，推动经济高质量发展。新时代推动经济高质量发展，建设现代化经济体系，实现强国目标，必须坚持和完善社会主义基本经济制度。习近平总书记在党的二十大报告中强调指出，构建高水平社会主义市场经济体制。坚持和完善社会主义基本经济制度，毫不动摇巩固和发展公有制经济，毫不动摇鼓励、支持、引导非公有制经济发展，充分发挥市场在资源配置中的决定性作用，更好发挥政府作用。要深入学习领会、全面准确理解、认真贯彻落实党中央关于社会主义基本经济制度的重要概括和重大决策部署，更好发挥社会主义制度优越性、不断解放和发展社会生产力、推动经济高质量发展。

一、坚持公有制为主体、多种所有制经济共同发展

我国的基本经济制度符合生产关系一定要适应生产力发展的内在规律，是由我国社会主义性质和初级阶段的基本国情决定的，是充满生机和

活力的经济制度体系。以公有制为主体、多种所有制经济共同发展的基本经济制度，是中国特色社会主义制度的重要支柱，也是社会主义市场经济体制的根基。深刻领会和认真贯彻党中央关于构建高水平社会主义市场经济体制的精神要求及决策部署，切实把以公有制为主体、多种所有制经济共同发展这一基本经济制度坚持好、完善好，毫不动摇巩固和发展公有制经济，毫不动摇鼓励、支持、引导非公有制经济发展，推动经济社会持续健康发展，为全面建设社会主义现代化国家、全面推进中华民族伟大复兴奠定坚实的经济基础。

（一）坚持公有制为主体、多种所有制经济共同发展的历史脉络

坚持公有制为主体、多种所有制经济共同发展是中国共产党人坚持与发展马克思主义关于社会主义所有制理论的重大创新性发展。生产资料所有制是生产关系的基础，不同的生产资料所有制形式决定人们在社会生产中所处的地位及相互之间关系的不同。我们党对社会主义初级阶段所有制结构的认识，是改革开放以来随着实践的探索而不断深化的。改革开放40多年来，我们党全部理论和实践的主题是坚持和发展中国特色社会主义。"中国特色社会主义基本经济制度"是改革开放后，我们党把社会主义与市场经济相结合的独立探索，是建设中国特色社会主义的经济制度成果。但从我们党坚持把马克思主义基本原理同中国具体实际相结合的角度来看，对社会主义中国所有制结构的探索早在新中国成立之初就已经开始了。

新中国成立后，以毛泽东同志为核心的党的第一代中央领导集体，就把对经济制度的规划与设定作为新民主主义社会向社会主义社会过渡的重要衡量标准。1952年下半年至1956年，新中国仅用了4年时间，就完成了对农业、手工业和资本主义工商业的社会主义改造，把生产资料私有制转

第六章　坚持基本经济制度

变为社会主义公有制,不仅使新中国从新民主主义社会跨入了社会主义社会,而且在我国初步建立了社会主义的基本制度,为中国特色社会主义所有制结构的建立奠定了重要制度基础。虽然当时我国建立社会主义所有制结构的主要参考国家还是社会主义苏联,但对此毛泽东同志还特别强调指出,不要生搬硬套苏联的一切,要切实把马克思主义基本原理同我国社会主义建设的具体实践密切结合,要独立探索在我国如何建设社会主义的道路。这些独立探索的思考为未来建设有中国特色的社会主义经济制度奠定了重要思想基础。

改革开放拉开了党独立探索建设社会主义市场经济的帷幕。党的十一届三中全会上我们党决定把全党工作重点转到经济建设上来,更加紧了我们对建设具有中国特色的社会主义经济制度的探索步伐。"中国特色社会主义"这一概念的明确提出是在改革开放后。在党的第十二次全国代表大会上,邓小平同志首次提出"建设有中国特色的社会主义"。1984年10月,党的十二届三中全会作出关于经济体制改革的决定,邓小平同志对此评价指出:"我说我的印象是写出了一个政治经济学的初稿,是马克思主义基本原理和中国社会主义实践相结合的政治经济学,我是这么个评价。"[1]从开启改革开放的历史新篇章到党的十四大的召开,我们党提出了要发展有计划的商品经济,在强调以公有制为主体的同时,指出要积极运用其他经济成分作为公有制的补充,支持多种经济成分共同发展。非公有制经济由此也逐步走进建设中国特色社会主义基本经济制度的历史舞台。在1992年春的南方谈话中,邓小平同志在谈到建设一套较为成熟、较为定型的中国特色社会主义制度的期待时说道,我们恐怕再有三十年的时间,才能完成这一目标。这一论断鲜明地指出,社会主义中国所有制结构的建立、完善与发展是一个历史的过程。1997年,党的十五大将"公有制为主体、多种所

---

[1] 《邓小平文选》第3卷,人民出版社1993年版,第83页。

有制经济共同发展"明确为社会主义初级阶段的基本经济制度,实现了所有制理论的重大创新。这一基本经济制度的确立,一方面,基于我们国家是社会主义国家,必须坚持公有制经济;另一方面,基于我国处于社会主义初级阶段,需要发展多种所有制经济以激发经济各要素,确保实现经济快速发展的活力供给。随着我国社会主义市场经济的进一步发展及改革开放的进一步深化,为进一步解放和发展生产力,党的十六大在强调要坚持和完善这一基本经济制度的同时,提出了两个"毫不动摇"、一个"统一",即"必须毫不动摇地巩固和发展公有制经济;必须毫不动摇地鼓励、支持和引导非公有制经济发展;坚持公有制为主体,促进非公有制经济发展,统一于社会主义现代化建设的进程中,不能把这两者对立起来"[1]。党的十九大把"两个毫不动摇"写入新时代坚持和发展中国特色社会主义的基本方略,作为党和国家一项大政方针进一步确定下来。中国特色社会主义进入新时代,我们党对社会主义所有制结构的把握和理解进一步深化,在党的十九届四中全会上,把按劳分配为主体,多种分配方式并存,社会主义市场经济体制上升为基本经济制度。并且这次会议通过的《中共中央关于坚持和完善中国特色社会主义制度 推进国家治理体系和治理能力现代化若干重大问题的决定》提出要探索公有制多种实现形式,推进国有经济布局优化和结构调整,发展混合所有制经济,增强国有经济竞争力、创新力、控制力、影响力、抗风险能力;营造各种所有制主体依法平等使用资源要素、公开公平公正参与竞争、同等受到法律保护的市场环境。这一重大论断,对于我国坚持与发展社会主义市场经济、满足人民群众物质文化需求及巩固党的执政之基具有重大意义。

---

[1] 中共中央文献研究室编:《十六大以来重要文献选编》上,中央文献出版社2005年版,第19页。

第六章　坚持基本经济制度

（二）坚持公有制为主体、多种所有制经济共同发展的重大意义

坚持公有制为主体、多种所有制经济共同发展是对社会主义建设规律的遵循。坚持公有制为主体、多种所有制经济共同发展是科学社会主义思想在中国的具体实践。科学社会主义理论是马克思、恩格斯在批判资本主义社会的基础上产生的。马克思认为，生产力与生产关系的基本矛盾是人类社会存在和发展的基本矛盾。正是在这一基本矛盾运动的支配下，人类社会不断实现从低级社会形态向高级社会形态的发展。而当社会发展至资本主义阶段时，这一基本矛盾则体现为生产的社会化与生产资料的资本主义私人占有之间的矛盾。在资本主义社会形态下，生产资料和劳动产品都归资本家私人占有，而从事直接生产劳动的无产阶级一无所有，只能依靠出卖自身的劳动力才能获得基本的生存资料。资本主义，一方面，极大地刺激和激发了资本家进行资本主义生产和物质产品的创造，在资本主义社会所创造的物质财富甚至比过去一切时代所创造的物质财富总和还要多，但物质财富只掌握在占人口极少数的资本家手中；另一方面，这一基本矛盾孕育着阻碍资本主义发展并促使其走向灭亡的因素。马克思在起草《国际工人协会成立宣言》中指出："工人阶级的广大群众到处都在深深地下降，下降的程度至少同那些站在他们头上的阶级沿着社会阶梯上升的程度一样。""都不可避免地要加深社会对比和加强社会对抗。"[1]在对资本主义全面批判的基础上，马克思、恩格斯指出要超越资本主义私有制，发展社会主义公有制。马克思、恩格斯在《共产党宣言》里公开申明："共产党人可以把自己的理论概括为一句话：消灭私有制。"[2]消灭私有制，这是生

---

[1] 《马克思恩格斯选集》第2卷，人民出版社1995年版，第603页。
[2] 《马克思恩格斯选集》第1卷，人民出版社1995年版，第286页。

产力发展的必然规律。《资本论》透彻地阐明:"生产资料的集中和劳动的社会化,达到了同它们的资本主义外壳不能相容的地步。这个外壳就要炸毁了。资本主义私有制的丧钟就要响了。剥夺者就要被剥夺了。"[①]作为对资本主义私有制超越性发展的社会主义,必定要坚持公有制,实现对生产资料的共同占有。

坚持公有制为主体、多种所有制经济共同发展与中国所处社会主义初级阶段相适应。社会主义初级阶段,是指我国在生产力落后、商品经济不发达条件下建设社会主义必然要经历的社会发展阶段。党的十三大报告指出,"我国从五十年代生产资料私有制的社会主义改造基本完成,到社会主义现代化的基本实现,至少需要上百年时间,都属于社会主义初级阶段"[②]。这表明社会主义初级阶段的主要任务就是解放与发展生产力,实现社会主义现代化强国建设。虽然历经改革开放40余年的快速发展,特别是党的十八大以来所取得的历史性成就和发生的历史性变革,中国特色社会主义进入新时代,中华民族迎来了从站起来、富起来到强起来的伟大飞跃。以习近平同志为核心的党中央立足于当前中国特色社会主义发展的历史长河,在党的十九大报告中再次重申,我国仍处于并将长期处于社会主义初级阶段的基本国情没有变。这意味着虽然我国生产力发展有了历史性的提升,但从整个建设与发展中国特色社会主义的进程及马克思主义关于科学社会主义的预期来看,我国生产力水平依旧处于中等水平。这就要求我们要牢牢立足社会主义初级阶段这个最大实际,坚持把发展生产力、推动经济建设快速发展作为党和国家的核心工作来抓,坚持公有制为主体、多种所有制经济共同发展能够充分发挥多种所有制的优势,积极调动一切

[①] 《马克思恩格斯选集》第2卷,人民出版社1995年版,第269页。
[②] 中共中央文献研究室编:《十三大以来重要文献选编》上,人民出版社1991年版,第12页。

第六章 坚持基本经济制度

有利于发展社会生产力的因素,激发各社会主体的积极性、主动性和创造性,解放和发展社会生产力。

坚持公有制为主体、多种所有制经济共同发展是实现最广大人民群众根本利益的重要保证。历史唯物主义指出,人民群众是历史的主体,是一切实践活动的承担者和参与者,是社会物质财富和精神财富的创造者和社会变革的决定力量。中国共产党作为马克思主义执政党,实现最广大人民群众的根本利益是党的本质要求,也是党的传统优势。因此,自党成立之日起,就把实现人民愿望、满足人民需求写在了党的旗帜上。并且在党全国执政的70余年里,始终把实现好、维护好、发展好最广大人民群众根本利益作为发展的根本目的。坚持公有制为主体、多种所有制经济共同发展之所以是实现最广大人民群众根本利益的重要保证,主要是基于以下两个方面:一是由经济基础与上层建筑的辩证统一关系所决定的。经济基础决定上层建筑,只有使人民群众在经济上保持独立自主的地位,并且在社会经济生活中占据统治地位,才能确保人民群众始终成为国家和社会的真正主人。我国发展公有制经济,就是要避免落入资本主义生产资料私人占有的陷阱,避免使人民群众成为资本的奴隶。如果没有社会主义公有制,或是社会主义公有制发展不充分,人民民主专政的国家政治制度也将失去其存在的经济根基。因此,我们要毫不动摇巩固和发展公有制经济,保持公有制经济的主体地位,如此,才能保证社会主义方向。要探索公有制多种实现形式,推进国有经济布局优化和结构调整。国有企业属于全民所有,国有资产是全体人民的共同财富,是保障人民共同利益的重要方式,要深化国有企业改革,坚定不移把国有企业做强做优做大。二是以公有制为主体、多种所有制经济共同发展,能最大限度地促进生产力的解放与发展。生产力的水平直接影响人民群众的生产生活水平,关乎人民群众根本利益的实现。邓小平同志指出,社会主义的本质就是解放生产力,发展生产力，消灭剥削，消除两极分化，最终达到共同富裕。必须结合我国现阶段生产力发展不平衡、不充分的特点允许多种所有制形式存在以激发社会生产要素活力和潜力。这就是习近平总书记所指出的："我们要通过深化改革，让一切劳动、知识、技术、管理、资本等要素的活力竞相迸发，让一切创造社会财富的源泉充分涌流。"[①]坚持"两个毫不动摇"，就是要坚持充分调动各种生产要素的积极性，就是要让社会财富的源泉充分涌流，不断满足人民群众日益增长的美好生活需要，实现最广大人民群众的根本利益。

二、坚持按劳分配为主体、多种分配方式并存

收入分配问题始终是马克思主义政治经济学的重要命题，也是我国独立探索建设社会主义基本经济制度的重要问题。收入分配的原则和形式主要是由生产资料所有制形式和人们在生产中的地位及其相互关系所决定的。新中国成立后，我们党团结带领全国各族人民进行社会主义三大改造运动，完成了把生产资料私有制转变为社会主义公有制的任务，为我国的社会主义工业化开辟了道路，从此进入社会主义初级阶段。由此，我们党和国家也开始逐步探索在社会主义公有制基础上建立和形成与之相匹配的收入分配制度。改革开放以来，收入分配制度随着市场经济体制的改革不断深化和发展，实现了基本分配制度的发展和完善，以及收入分配原则的调整和优化。党的十一届三中全会以来，以公有制为主体、多种所有制经济共同发展的基本经济制度逐步确立。所有制结构的变革要求分配制度也要与之相适应，从而推动了以按劳分配为主体、多种分配方式并存的基本分配制度的逐步确立。我国实行"按劳分配为主体、多种分配方式并存"

---

① 中共中央文献研究室编：《十八大以来重要文献选编》上，中央文献出版社2014年版，第549—550页。

的基本分配制度有着深刻的理论基础和实践基础,在新时代条件下,更要充分发挥分配制度在促进经济社会发展与实现公平正义中的重要作用,为实现"第二个一百年"奋斗目标奠定坚实的经济基础和社会基础。

(一)按劳分配为主体、多种分配方式并存的理论渊源

马克思主义按劳分配思想是我国按劳分配为主体、多种分配方式并存的分配制度的理论来源。在马克思主义哲学对人的本质的探讨中指出,劳动是人类的本质活动,劳动既把人同动物区别开,即使人类超越自然界而成为独特的种类存在,又把人与人类社会同自然界紧密地联系在一起,即只有通过劳动,通过改造世界的活动,人才能占有自己的本质。同时马克思在批判资本主义私有制和雇佣劳动时,认为劳动只能是人的自愿自觉的活动,是一种享受而不是一种被迫,因此,要"各尽所能、按劳分配"。同时马克思还认为,要对社会成员生活资料实行"等量劳动时间领取等量报酬",就是要实行按劳分配原则。而关于"按劳分配"这一概念的理解,马克思则指出:"每一个生产者,在作了各项扣除以后,从社会领回的,正好是他给予社会的。他给予社会的,就是他个人的劳动量。例如,社会劳动日是由全部个人劳动小时构成的;各个生产者的个人劳动时间就是社会劳动日中他所提供的部分,就是社会劳动日中他的一份。他从社会领得一张凭证,证明他提供了多少劳动(扣除他为公共基金而进行的劳动),他根据这张凭证从社会储存中领得一份耗费同等劳动量的消费资料。他以一种形式给予社会的劳动量,又以另一种形式领回来。"[1]马克思所说的"领回",就鲜明地指出了在分配过程中只能按照劳动这一标准作为获得报酬和酬劳的唯一衡量标准。按劳分配思想是在批判资本主义私有制,为消灭

---

[1] 《马克思恩格斯选集》第3卷,人民出版社1995年版,第304页。

私有制建立社会主义公有制而作出的在分配方式上的努力和尝试，因而，在这种分配制度下必须是社会共同占有制对私有制的彻底消灭。在《哥达纲领批判》中，马克思把未来新社会划分为"共产主义社会第一阶段"和"共产主义社会高级阶段"，并指出，在共产主义社会第一阶段即社会主义社会，实行按劳分配原则。而到了共产主义社会的高级阶段，生产力高度地发展了，所有的产品充分涌流，实行的则是按需分配原则。

生产决定分配，生产方式决定分配方式，所有制关系是分配制度的根本前提和基础。正如马克思所指出的："庸俗的社会主义仿效资产阶级经济学家（一部分民主派又仿效庸俗社会主义）把分配看成并解释成一种不依赖于生产方式的东西，从而把社会主义描写为主要围绕着分配兜圈子。"[1]随着对资本主义经济制度的深入分析和批判，马克思、恩格斯发现了社会的生产与再生产是由生产、分配、交换和消费四个环节构成的有机整体这一重大判断。"分配关系和分配方式只是表现为生产要素的背面。个人以雇佣劳动的形式参与生产，就以工资形式参与产品、生产成果的分配。分配的结构完全决定于生产的结构。分配本身是生产的产物，不仅就对象说是如此，而且就形式说也是如此。就对象说，能分配的只是生产的成果，就形式说，参与生产的一定方式决定分配的特殊形式，决定参与分配的形式。"[2]马克思认为，选择什么样的分配制度是由这个历史阶段的社会中占主导地位的生产方式决定的。同时，在马克思主义政治经济学中，对生产资料所有制的理解是其本身就是一种特殊的分配方式，这主要表现在两个方面，一是社会成员生产工具的分配，二是社会成员在各类生产间的分配。这种分配内在于生产过程中，并且对生产结构具有决定性作用，因此，"产品的分配显然只是这种分配的结果"。由此可以清晰地看出，所

---

[1]《马克思恩格斯选集》第3卷，人民出版社1995年版，第306页。
[2]《马克思恩格斯选集》第2卷，人民出版社1995年版，第13页。

有制决定生产结构，进而决定分配结构。"多种分配方式并存"就是随着社会所有制的结构变化而作出的分配制度的相应匹配。

因此，从理论上说，马克思主义哲学、政治经济学和科学社会主义等思想中所内含的马克思主义的按劳分配基本原理，以及所有制关系与分配制度关系理论，为我国选择按劳分配为主体、多种分配方式并存的分配制度提供了理论支持和思想借鉴，为中国特色社会主义基本经济制度廓清现实分配关系、化解分配矛盾、解决分配问题提供了重要方法论指导。从以上对马克思主义政治经济学中关于所有制与分配制之间的关系，可以总结出我国选择"坚持按劳分配为主体、多种分配方式并存的分配制度"的深刻理论逻辑：在资本主义社会中，资本主义生产方式的基本矛盾是生产资料私有制与社会化大生产之间的根本对立，要从根本上克服这种矛盾、实现无产阶级解放和全人类的解放，必须彻底消灭私有制，实行社会共同占有的制度，因此，在分配制度上也要实现对资本主义制度下"按资分配"的历史性超越，以期在分配制度上也达到否定一切剥削的目的。

（二）改革开放以来我国收入分配制度改革的历史探索

改革开放以来，为打破受计划经济体制的影响而实行单一"按劳分配"的收入分配制度对经济社会发展的制约和束缚，建立与以公有制为主体、多种所有制经济并存的混合所有制结构相匹配的分配制度，我们党坚持发展中国特色社会主义市场经济的方向，对分配制度与分配原则不断改革和创新，逐步形成了以按劳分配为主体，多种分配方式并存的分配制度。

改革开放初期至1987年党的十三大，我国经济体制处于转型阶段，随着经济体制改革的不断推进，为了适应所有制结构的变化，相应地，在分配制度上，也要与之相匹配。党的十一届三中全会以来，我国逐步确立了以公有制为主体、多种所有制经济共同发展的基本经济制度。并且随着我国计划经济体制向市场经济体制的转变及多元所有制结构的形成,在分配领域也出现了多种分配方式。这段时期是我国分配制度实现重大突破,重新确立按劳分配原则的历史阶段。尤其是收入分配改革要破除改革开放之前的平均主义分配方式,这就是在党的十三大报告中指出的:"当前分配中的主要倾向,仍然是吃大锅饭,搞平均主义,互相攀比,必须继续在思想上和实际工作中加以克服。凡是有条件的,都应当在严格质量管理和定额管理的前提下,积极推行计件工资制和定额工资制。"[①]因此,党的十三大明确指出我国所处的社会主义初级阶段的历史条件和现实状况,并指出:"社会主义初级阶段的分配方式不可能是单一的。我们必须坚持的原则是,以按劳分配为主体,其他分配方式为补充。"[②]对于非劳动收入,"只要是合法的,就应当允许"。

党的十四大至党的十六大,是我国对探索同社会主义市场经济体制相适应的分配制度的重大突破性阶段。为了彻底解决计划经济与市场经济的争论,破除对市场经济姓资姓社的片面的认识思维方式,1992年10月,党的十四大明确提出,我国经济体制改革的目标是建立社会主义市场经济体制,计划和市场只是发展经济的手段,而不是衡量社会性质的标准。此后,我国社会主义现代化建设和经济体制改革进入了一个新的阶段,也标志着我国建立同社会主义市场经济体制相适应的分配制度进入到一个新阶段和时期。1993年11月召开的党的十四届三中全会通过了《中共中央关于建立社会主义市场经济体制若干问题的决定》,修改了原来的其他分配方式为补充的提法,第一次提出了"坚持以按劳分配为主体、多种分配方式并存的制度",还首次提出了效率优先、兼顾公平的原则。1997年9月召开

---

① 中共中央文献研究室编:《十三大以来重要文献选编》上,人民出版社1991年版,第33页。
② 中共中央文献研究室编:《十三大以来重要文献选编》上,人民出版社1991年版,第32页。

第六章 坚持基本经济制度

的党的十五大，确立以公有制为主体、多种所有制经济共同发展是我国社会主义初级阶段的基本经济制度。为了更好激励多种所有制经济成分的发展，我们更加需要在继续坚持按劳分配为主体、多种分配形式并存的制度的同时，开拓和发现新的与当前所有制结构相适应的分配方式。在这次大会上提出"允许和鼓励资本、技术等生产要素参与收益分配"，创造性地把生产要素引入到社会主义市场经济条件下的收入分配之中。

党的十六大至党的十八大，随着社会主义市场经济体制改革的深入推进以及日趋完善，所有制结构发生了重大变化，非公有制经济快速发展，劳动、技术、管理和资本等参与分配的生产要素扮演着越来越重要的角色，对收入分配制度如何适应这些新形势的变化提出了更高的要求。这一阶段是我国分配制度的不断完善时期。2002年党的十六大提出"确立劳动、资本、技术和管理等生产要素按贡献参与分配的原则，完善按劳分配为主体、多种分配方式并存的分配制度"这一重大论述，既肯定了非劳动要素在经济发展与社会财富的创造中所处的重要地位，同时指出了解决劳动要素与非劳动要素要如何参与分配的问题，就是以贡献的大小来参与收入分配。同时，这一阶段经济领域的收入分配差距不断扩大，如何合理调整国民收入分配格局，实现共同富裕，也亟须收入分配制度提升收入分配调节的力度，以缩小收入分配差距，实现社会公平。党的十七大明确提出："合理的收入分配制度是社会公平的重要体现。"同时提出"初次分配和再分配都要处理好效率和公平的关系"，强调了"再分配要更加注重公平"，提出了"逐步提高居民收入在国民收入分配中的比重，提高劳动报酬在初次分配中的比重"等重大论断。在这些分配制度和决策的指导下，我国收入分配差距的问题得到不断解决，社会主义分配制度的效率性和公平性得以彰显。

党的十八大以来，中国特色社会主义进入新时代，随着全面深化改革不断推进，收入分配制度的改革也不断得以深化推进，按要素分配的体制机制不断完善。实现发展成果由人民共享，必须深化收入分配制度改革。党的十八大报告指出："努力实现居民收入增长和经济发展同步、劳动报酬增长和劳动生产率提高同步，提高居民收入在国民收入分配中的比重，提高劳动报酬在初次分配中的比重。"并且进一步提出，既要完善劳动、资本、技术、管理等要素按贡献参与分配的初次分配机制，又要不断健全再分配调节机制，尤其是税收、社会保障、转移支付等主要手段。2013年2月，国务院批转了国家发展改革委、财政部、人力资源和社会保障部制定的《关于深化收入分配制度改革的若干意见》，对收入分配改革的总体目标、路径和政策举措等作出了重要部署。此后，收入分配制度尤其是再分配调节机制得以不断完善和发展，发展成果由人民共享的分配初衷也得以不断实现。党的十九届四中全会明确了按劳分配为主体、多种分配方式并存的分配制度是中国特色社会主义制度和治理体系显著优势的重要方面，并就再分配调节机制的劳动、资本、技术和管理等要素又增加了土地、知识、数据等要素，并由市场评价贡献、按贡献决定报酬，既有利于促进效率与公平、公平与正义的有机统一，又有助于使人民群众共享改革发展成果的目标落实。党的二十大报告指出："完善分配制度。分配制度是促进共同富裕的基础性制度。坚持按劳分配为主体、多种分配方式并存，构建初次分配、再分配、第三次分配协调配套的制度体系。努力提高居民收入在国民收入分配中的比重，提高劳动报酬在初次分配中的比重。坚持多劳多得，鼓励勤劳致富，促进机会公平，增加低收入者收入，扩大中等收入群体。完善按要素分配政策制度，探索多种渠道增加中低收入群众要素收入，多渠道增加城乡居民财产性收入。加大税收、社会保障、转移支付等的调节力度。完善个人所得税制度，规范收入分配秩序，规范财富积累机制，保护合法收入，调节过高收入，取缔非法收入。引导、支持有意愿有能力的企业、社会组织和个人积极参与公益慈善事业。"这不仅对我国的分配制度作了全面说明,也为在全面建设社会主义现代化国家的新征程上实现共同富裕指明了方向,提供了遵循。在新时代新征程上,我们要深入贯彻落实党中央关于完善分配制度的决策部署和要求,扎实推动共同富裕,不断实现发展为了人民、发展依靠人民、发展成果由人民共享,让现代化建设成果更多、更公平地惠及全体人民。

(三)新时代坚持按劳分配为主体、多种分配方式并存

党的十八大以来,我们将"按劳分配为主体、多种分配方式并存"的分配制度上升至基本经济制度的高度,是在马克思主义理论基础上对社会主义基本经济制度的深化发展,凸显了中国特色社会主义生产关系与分配关系的辩证统一,为我国实现全面建成小康社会、走共同富裕的发展道路提供了坚实的分配制度保障。新时代坚持按劳分配为主体、多种分配方式并存,要有针对性地完善相关制度和政策,坚持和完善社会主义分配制度。

第一,坚持多劳多得,着重保护劳动所得,提高劳动报酬在初次分配中的比重。初次分配的公平与否关键是要看劳动报酬占比的高低。通过提高劳动报酬在初次分配中的比重,减少初次分配不公现象发生的比率,从而调动劳动者多劳多得的积极性。但多劳多得的前提是劳动是有效的,是能够为经济社会发展带来实质效益的。第二,健全劳动、资本、土地、知识、技术、管理、数据等生产要素由市场评价贡献、按贡献决定报酬的机制。随着全球化时代的深入发展及新科技革命带来的重大技术、文化等创新,当代经济发展的一个重要特征,是知识、技术、管理等生产要素在生产中的贡献明显提升,因此,我们的分配制度也要体现这个变化趋势。技术可以参与分配,但技术要能带来价值,被市场认可。要更好实现知识、

技术、管理等要素在收入分配中的价值，就要坚持以知识价值为导向的收入分配政策，充分尊重科研、技术、管理人才。并且，数据首次作为生产要素出现在党的文件中，反映了当前经济发展的数字化时代转型新特征、新趋势，掌握数据科技、拥有数据信息对促进经济发展、提升生产效率具有越来越重要的作用。第三，健全以税收、社会保障、转移支付等为主要手段的再分配调节机制，强化税收调节，完善直接税制度，并逐步提高其比重。再分配是在初次分配基础上，通过税收、财政转移支付、社会保障等方式对部分国民收入进行重新分配，这一过程主要是通过政府调节机制来完成。首先，在逐步提高直接税比重的情况下，应从个人所得税、财产税、消费税等重要税种入手，完善相关制度设计，促进建立起"低中收入者低税负、高收入者高税负"的局面。其次，改革完善转移支付制度，强化一般性转移支付的调节功能。最后，逐步推进不同保障制度的整合，建立更加公平更可持续的社会保障体系。第四，完善相关制度和政策，合理调节城乡、区域、不同群体间分配关系。重视发挥第三次分配作用，发展慈善等社会公益事业。较之于初次分配更关注效率、再分配更关注公平来促进整体公平正义，第三次分配则对社会成员的思想道德素质、精神文化素养提出了更高的要求，是在道德、文化、习惯等影响下，社会力量自愿通过民间捐赠、慈善事业、志愿行动等方式济困扶弱的行为，是对再分配的有益补充。随着我国经济发展和社会文明程度提高，全社会慈善意识与公益意识不断增强，第三次分配在收入分配中扮演着越来越重要的作用。我们要在加强慈善队伍、慈善组织建设的同时，建立健全相关法规制度，建立内外监督的有效机制，同时要明确政府在第三次分配中的角色和定位，形成适合巩固和完善中国特色社会主义基本经济制度、顺应时代发展要求的第三次分配模式。第五，鼓励勤劳致富，保护合法收入，增加低收入者收入，扩大中等收入群体，调节过高收入，清理规范隐性收入，取缔非法收入。我们不仅要通过鼓励勤劳致富,增加低收入者收入,扩大中等收入群体,逐步形成橄榄型收入分配格局,推动经济高质量发展、维护社会和谐稳定;还要构建良好的分配秩序,将分配制度建立在法治的轨道之上,鼓励勤劳致富,保护合法收入,坚决遏制以权力、垄断和不正当竞争行为获取收入,使全体社会成员在公平竞争和要素贡献的基础上创造美好生活。

三、充分发挥市场在资源配置中的决定性作用,更好发挥政府作用

在全面深化改革的时代背景下,经济体制改革的核心问题仍然是处理好政府和市场关系。党的十八大提出"使市场在资源配置中起决定性作用和更好发挥政府作用"这一重大命题。党的十八届三中全会再次明确提出,经济体制改革是全面深化改革的重点,核心问题是处理好政府和市场的关系,使市场在资源配置中起决定性作用,更好发挥政府作用。党的二十大报告将"两个毫不动摇"列为构建高水平社会主义市场经济体制的重要内容,强调"充分发挥市场在资源配置中的决定性作用",提出要"促进民营经济发展壮大"。这一重大判断的提出,充分彰显了我们党运用马克思主义密切与中国实际相结合的理论自觉和理论自信,是马克思主义中国化的一个新成果,也是我们党对中国特色社会主义建设规律认识的一个新突破,标志着社会主义市场经济发展进入到一个新的发展阶段。

(一)充分发挥市场在资源配置中的决定性作用,更好发挥政府作用是我国建设与发展社会主义市场经济的理论和实践探索的新突破

改革开放40多年来,我们对政府和市场关系如何在社会主义市场经济

下进行定位进行了不断地实践探索和理论思考。可以说，我们对政府和市场关系的认识是一个在不断深化的动态过程。1992年，党的十四大确立了建立社会主义市场经济体制的经济体制改革的目标，并指出要使市场在国家宏观调控下对资源配置起基础性作用。这是我们党继解决市场经济姓资姓社问题之后，对市场作用的重大理论判断和理论突破，对于我国进行社会主义市场经济体制改革、促进我国经济社会发展、积极融入世界市场经济体系具有极为重要的作用。党的十五大提出"使市场在国家宏观调控下对资源配置起基础性作用"，党的十六大提出"在更大程度上发挥市场在资源配置中的基础性作用"，党的十七大提出"从制度上更好发挥市场在资源配置中的基础性作用"，党的十八大提出"更大程度更广范围发挥市场在资源配置中的基础性作用"。党的十八届三中全会综合各方面的意见及实现发展的实际需要，经过反复讨论和研究，确定应该把市场在资源配置中的"基础性作用"修改为"决定性作用"，同时要更好地发挥政府的作用。党的十九届四中全会从中国特色社会主义制度显著优势的角度，再次重申了这一论断。党的二十大报告将"两个毫不动摇"列为构建高水平社会主义市场经济体制的重要内容。这说明我们对中国特色社会主义建设规律的把握越来越成熟，对中国特色社会主义市场经济的认识也越来越成熟和深化。

（二）准确定位和把握使市场在资源配置中起决定性作用，更好发挥政府作用，必须正确认识市场作用和政府作用

党的十八届三中全会将市场在资源配置中起基础性作用改为决定性作用，虽然只有几字之差，但其实质性内涵要义却发生了巨大变化。"决定性作用"是在"基础性作用"的基础上对市场作用的全新定位，是适应我国当前经济发展需要的必然选择。对二者关系的理解，必须用辩证统一的

第六章　坚持基本经济制度

观点来看待，市场和政府统一于社会主义市场经济中，两者之间是相互补益、相互支持、相互促进的，不能把两者割裂开来、对立起来。市场在资源配置中起决定性作用，绝不是取代或是替代政府的作用，更好发挥政府作用，也不是要取代或是否定市场在资源配置中的决定性作用。对于发挥市场在资源配置中的决定性作用，是从总体上来讲的，而不是盲目地追求市场、放开市场，而是要合理地、有序地、有条件地发挥其决定性作用。有些行业和领域只能是政府起关键的决定性作用。例如国防军事建设、战略性能源资源管理，只能由政府来掌控，但可以利用市场机制去完成。同时要完善市场机制，打破行业垄断、进入壁垒、地方保护，增强企业对市场需求变化的反应和调整能力，提高企业资源要素配置效率和竞争力；推动资源配置依据市场规则、市场价格、市场竞争实现效益最大化和效率最优化，让发展活力竞相迸发、社会财富充分涌流。对于更好发挥政府作用，第一位的是要明确，发挥政府作用不是简单下达行政命令，要在尊重市场规律的基础上，用改革激发市场活力，用政策引导市场预期，用规划明确投资方向，用法治规范市场行为。正如习近平总书记指出的："更好发挥政府作用，不是要更多发挥政府作用，而是要在保证市场发挥决定性作用的前提下，管好那些市场管不了或管不好的事情。"[1]因此，当前，我们要全面部署健全宏观调控体系、全面正确履行政府职能、优化政府组织结构，使政府保持宏观经济稳定，加强和优化公共服务，保障公平竞争，加强市场监管，维护市场秩序，推动可持续发展，促进共同富裕，弥补市场失灵等职责和作用充分发挥。综上可知，这一重大论断主要就是讲，我们既要遵循市场规律、善用市场机制解决问题，又要让政府勇担责任、干好自己该干的事。因此，我们要积极推进市场经济体制改革，不断解放和

---

[1] 中共中央宣传部编：《习近平总书记系列重要讲话读本》（2016年版），学习出版社、人民出版社2016年版，第150页。

大国优势

发掘市场在促进经济发展方面的内在优势，更好、更有效地发挥好政府这只"看得见"的手的宏观调控作用和功能，努力形成市场作用与政府作用有机统一、相互补充、相互协调、相互促进的格局，推动经济社会持续健康发展。

（三）使市场在资源配置中起决定性作用和更好发挥政府作用对推进供给侧结构性改革，建设现代化经济体系，推动我国经济实现高质量发展具有重大意义

这一论断中市场和政府的辩证统一关系，是经济结构调整的有效调节手段，也是建设社会主义现代化经济体系的内在要求。因为，社会主义市场经济条件下既可以发挥政府的作用，又可以规避市场经济的资本逐利、劳动异化等矛盾和问题，还可以充分发挥市场激励社会主体、协调资源配置、激发经济活力等作用，避免绝对政府体制下的高度集中计划的出现。当前我国经济发展也进入了新时代，其基本特征就是我国经济已由高速增长阶段转向高质量发展阶段。中国经济面临一系列新的突出矛盾，其中最根本的是经济结构的问题和矛盾。对这一矛盾的解决，我们的重点已经不能再单纯地依靠需求侧、依靠政府来调节生产和消费，而应转换到供给侧，积极创造适应新需求的有效供给，持续深化供给侧结构性改革，推动经济实现更高质量、更有效率、更加公平、更可持续发展。而要推进供给侧结构性改革，必须依靠资源配置方式的优化调整，更多地发挥好企业和个人的作用，同时矫正要素配置扭曲，使要素实现最优配置。从而使供给侧结构性改革从经济运行的源头入手，更好地实现经济结构的转型升级，以建设现代化经济体系，推动我国经济实现高质量发展。

第七章
坚持共同理想信念，增强文化自信

制度优势是一个国家的最大优势，制度竞争是国家间最根本的竞争。中国特色社会主义制度和国家治理体系具有深厚的历史底蕴，具有多方面的显著优势。"坚持共同的理想信念、价值理念、道德观念，弘扬中华优秀传统文化、革命文化、社会主义先进文化，促进全体人民在思想上精神上紧紧团结在一起的显著优势"是党的十九届四中全会审议通过的《中共中央关于坚持和完善中国特色社会主义制度 推进国家治理体系和治理能力现代化若干重大问题的决定》中指出的我国国家制度和国家治理体系具有的13个显著优势之一。党的二十大报告强调指出，"中华优秀传统文化源远流长、博大精深，是中华文明的智慧结晶"，"我们必须坚定历史自信、文化自信，坚持古为今用、推陈出新，把马克思主义思想精髓同中华优秀传统文化精华贯通起来、同人民群众日用而不觉的共同价值观念融通起来，不断赋予科学理论鲜明的中国特色，不断夯实马克思主义中国化时代化的历史基础和群众基础，让马克思主义在中国牢牢扎根"。文化是一个民族的血脉。博大精深的中华文化包含着中华民族最根本的精神基因，是中华民族独特的精神标识，是我国最深厚的文化软实力。我国的国家制度和国家治理体系植根于中华民族五千多年文明沃土，传承着一代又一代仁人志士关于"修身""齐家""治国""平天下"的理想信念、价值理念和道德观念，并在长期社会主义建设实践探索中经由中国共产党人不断发扬与升华，把马克思主义同继承和发扬中华优秀传统文化相结合，不断增强我们的文化自觉与文化自信，巩固全体人民团结奋斗的共同思想基础，并把这一思想文化根基凝练为中国特色社会主义制度的显著优势。

一、坚持共同的理想信念、价值理念、道德观念

理想信念、价值理念、道德观念是属于意识形态上层建筑的部分，是我们进行社会活动、参与社会实践的重要精神支撑和价值指导。坚持共同的理想信念、价值理念、道德观念既是我们的制度优势，是充分发挥我国国家制度和治理体系的思想引领、价值引导和道德规范的重要抓手，又是中国共产党团结带领全国各族人民实现中华民族伟大复兴中国梦的共同思想基础。

（一）坚持共同的理想信念，使之成为人们心中的灯塔

崇高的理想，坚定的信念，永远是中国共产党人的政治灵魂。无论是历史启示还是现实的需要，一个民族，一个国家，要想实现共同奋进的前进目标，要想实现社会发展的进步，必须有坚定的共同理想信念作支撑。2013年3月17日，在第十二届全国人民代表大会第一次会议上的讲话中，习近平总书记强调指出："中华民族具有5000多年连绵不断的文明历史，创造了博大精深的中华文化，为人类文明进步作出了不可磨灭的贡献。经过几千年的沧桑岁月，把我国56个民族、13亿多人紧紧凝聚在一起的，是我们共同经历的非凡奋斗，是我们共同创造的美好家园，是我们共同培育的民族精神，而贯穿其中的、更重要的是我们共同坚守的理想信念。"[1]理想信念是中华五千年文明生生不息的根本力量和精神支撑。新时代新征

---

[1]《习近平谈治国理政》，外文出版社2014年版，第39页。

第七章　坚持共同理想信念，增强文化自信

程，全面建设社会主义现代化国家，必须坚持中国特色社会主义文化发展道路，增强文化自信，高度重视理想信念，坚持共同的理想信念，使之成为人们心中的灯塔，照亮人们前进的道路。

理想信念是马克思主义的内在要求。从马克思、恩格斯创立马克思主义伊始，把为实现全人类解放作为革命的奋斗目标开始，到中国共产党成立，把领导中国人民争取国家独立、民族解放作为自己的奋斗目标，直至建设与发展中国特色社会主义的历史过程中始终把共产主义作为共产党人的远大理想，把中国特色社会主义作为中国人民的共同理想，可以清晰地看出，共同的理想信念始终是共产党人的精神支柱和政治灵魂，既关系党的前途命运，更关乎国家和全体人民的前途命运。党的十八届六中全会又把坚定理想信念作为首要任务写在《关于新形势下党内政治生活的若干准则》上。并且在党的十八大之后，习近平总书记在许多场合谈到坚定理想信念，强调一个国家，一个民族，要同心同德迈向前进，必须有共同的理想信念作支撑，指出只有坚定共产主义远大理想和中国特色社会主义共同理想，才能明确方向、奋勇前进。我们可以有充分的理由和自信，解答共产党人为什么对理想信念如此重视，并坚持不懈、孜孜以求。

马克思主义是中国共产党人坚定理想信念的理论基础。19世纪中叶，马克思、恩格斯面对强大的资本主义世界及无产阶级备受剥削与奴役的现实状况，一面积极投身于革命实践活动，为无产阶级争取更多的利益和权益，并深入调查研究资本主义经济社会发展的状况；一面积极吸收人类优秀文化传统，特别是批判地吸收德国古典哲学、英国古典政治经济学和法国空想社会主义的有益成果，在实践和理论的双重努力下，创立了马克思主义，从此揭开了无产阶级与资产阶级对立的现实面纱，成为无产阶级争取解放乃至全人类获得解放的重要思想旗帜。马克思、恩格斯在《共产党宣言》中明确指出了"两个必然"的革命论断，为各国无产阶级投身于社

会革命、实现自身解放和人类解放指出了光明前景。1917年俄国十月社会主义革命的胜利,极大地鼓舞和启发了李大钊,他成为中国最早接受马克思主义的人,也是在中国传播马克思主义的第一人。马克思主义在中国的传播为中国共产党的成立奠定了理论和思想基础。中国共产党从成立之日起,就坚决地把马克思主义写在自己的旗帜上,把实现共产主义作为共产党员的理想信念,并始终坚定不移。这种理想信念的基点则是马克思主义本身的科学性,以及其本身的内涵和目标。马克思主义始终以维护人民群众的利益为出发点,坚持以实现无产阶级解放和全人类的解放,以及人的自由全面发展为奋斗目标。这种科学的思想武器,必然是无产阶级和广大人民群众认识世界、改造世界的思想指导,其崇高的奋斗目标也必然成为最广大人民群众共同的理想信念。

共同的理想信念是在党领导的革命、建设和改革实践中不断得以验证的。尤其是在为争取民族解放和国家独立的革命战争时期,理想信念是支撑无数人民群众投身革命的坚定信仰支撑。也正是因为以毛泽东、周恩来等同志为代表的无产阶级革命家坚定理想信念,使中国共产党在面临国民党围追堵截及外国资本主义侵略时能够不畏艰险、敢于牺牲、勇于奋战,最终建立了独立自主的新中国。在长征时期,彼时敌我力量悬殊,许多革命领导人都对前进方向失去了信心,有的因理想信念的动摇而产生了错误的路线判断,有的甚至叛变了革命。但正是由于毛泽东、周恩来、朱德等为代表的领导同志坚定心中的信仰和信念,相信革命群众,并把这种理想信念传达给每一位革命战士,才能凝铸起万水千山只等闲的豪情壮志、"雄关漫道真如铁,而今迈步从头越"的革命意志和革命理想高于天的革命精神,途经14个省,翻越18座大山,跨过24条大河,走过荒草地,翻过雪山,用顽强意志征服了人类生存极限,最终实现了胜利会师,挽救了党、挽救了红军、挽救了中国革命。习近平总书记在纪念红军长征胜利

第七章　坚持共同理想信念，增强文化自信

80周年大会上的讲话中深刻指出："长征胜利启示我们：心中有信仰，脚下有力量；没有牢不可破的理想信念，没有崇高理想信念的有力支撑，要取得长征胜利是不可想象的。"[①]值得庆幸的是，这种对理想信念的坚持与坚定被中国共产党人继承下来了，并且在新时代不断彰显其独特的魅力与优势。

要把坚定理想信念，坚守共产党员精神追求，始终作为共产党人安身立命的根本。理想信念是共产党人精神上的"钙"，没有理想信念，或者是理想信念不坚定，精神上就会"缺钙"，就会得"软骨病"，就会失去共产党员应有的骨气，也就经不起任何诱惑，就会造成政治上变质、经济上贪婪、思想上堕落、生活上奢华。因此，新的历史时期，我们面临的艰巨任务和历史使命是决不允许我们共产党人出现理想信念缺失、精神"缺钙"现象的。对此，习近平总书记指出："坚定理想信念，坚守共产党人精神追求，始终是共产党人安身立命的根本。对马克思主义的信仰，对社会主义和共产主义的信念，是共产党人的政治灵魂，是共产党人经受住任何考验的精神支柱。"[②]这为我们新时代坚定理想信念指明了方向、奠定了思想理论基础。因此，要加强马克思主义对干部的思想武装，要积极学习马克思主义理论，就是要按照习近平总书记的重要指示要求，以马克思主义为理论根基，以实现共产主义为最高理想，以中国特色社会主义为共同理想，把理想信念融入党和国家的各项事业之中。邓小平同志说："过去我们党无论怎样弱小，无论遇到什么困难，一直有强大的战斗力，因为我们有马克思主义和共产主义的信念。有了共同的理想，也就有了铁的纪律。无论过去、现在和将来，这都是我们的真正优势。"[③]因此，党员、干部只

[①] 《习近平谈治国理政》第2卷，外文出版社2017年版，第49页。
[②] 《习近平谈治国理政》第1卷，外文出版社2018年版，第15页。
[③] 中共中央文献研究室编：《十七大以来重要文献选编》下，中央文献出版社2013年版，第1020页。

有做共产主义远大理想和中国特色社会主义共同理想的坚定信仰者和忠实实践者，才能不负党和人民的期望，为实现第二个百年奋斗目标、实现中华民族伟大复兴的中国梦不断贡献自己的力量。

（二）坚持共同的价值理念，用社会主义核心价值观凝心聚力

共同的价值理念就是国家和社会基于一定的社会环境、时代背景、文化传统等形成的对事物或事件所持有的共同的或是普遍的认知、态度、理念及追求等。价值理念的形成有深厚的历史渊源和现实基础，尤其是时代发展的变化对其影响更为显现而深刻。综合中国的具体国情而言，共同的价值理念就是社会主义核心价值观，这一方面源于中华民族独特的历史文化传统，另一方面源于当前中国所处的历史地位及中国特色社会主义所处的时代背景。社会主义核心价值观是社会主义核心价值体系的内核，也是当代中国精神的集中体现，凝结着全体人民共同的价值追求。习近平总书记强调，我国是一个有着13亿多人口、56个民族的大国，确立反映全国各族人民共同认同的价值观"最大公约数"，使全体人民同心同德、团结奋进，关乎国家前途命运，关乎人民幸福安康。因此，当前，我们坚持共同的价值理念，就是要用社会主义核心价值观的凝心聚力和价值引领作用，使之融入党和国家各项事业的发展中，转化为人们的情感认同和行为习惯。

社会主义核心价值观是社会主义核心价值体系最深层的精神内核，其形成是对社会主义核心价值体系的进一步凝练与发展，集中表述了现阶段全国人民共同认同的价值观内容，具有强大的感召力、凝聚力和引导力。2006年10月，党的十六届六中全会第一次明确提出了"建设社会主义核心价值体系"的重大命题和战略任务，明确提出了社会主义核心价值体系的内容，并指出社会主义核心价值观是社会主义核心价值体系的内核。

第七章　坚持共同理想信念，增强文化自信

2011年10月，党的十七届六中全会强调，社会主义核心价值体系是"兴国之魂"，建设社会主义核心价值体系是推动文化大发展大繁荣的根本任务，并进一步指出，提炼和概括出简明扼要、便于传播践行的社会主义核心价值观，对于建设社会主义核心价值体系具有重要意义。2012年11月，党的十八大报告明确提出"三个倡导"，即"倡导富强、民主、文明、和谐，倡导自由、平等、公正、法治，倡导爱国、敬业、诚信、友善，积极培育和践行社会主义核心价值观"，这一论述明确了社会主义核心价值观的基本理念和具体内容，也是对社会主义核心价值体系建设的新部署、新要求。

社会主义核心价值观内涵丰富，从国家、社会和个人三个层面论述了对全体人民共同价值共识的具体要求和实践目标。首先，从国家层面上讲，"富强、民主、文明、和谐"是我国社会主义现代化国家的建设目标，在社会主义核心价值观中居于最高层次，对其他层次的价值理念具有统领作用。富强就是指国家富强、人民富裕，是建设与发展中国特色社会主义的必然追求，也是不断满足人民追求更加美好生活愿望的内在需要，更体现于国际舞台上国家地位的不断提升。民主就是不断实现人民当家作主，其理论依据是人民是历史的主人，是社会实践活动的主体，其现实依据是中国共产党是人民的政党，是全心全意为人民服务的政党。文明是社会进步的重要标志，是社会主义现代化国家的重要特征，也是社会主义现代化国家文化建设的应有状态。和谐则体现了中华民族优秀传统文化的基本理念，是社会主义现代化国家在社会建设领域的价值诉求，是经济社会和谐稳定、持续健康发展的重要保证。其次，从社会层面上讲，"自由、平等、公正、法治"是建设与发展中国特色社会主义社会的核心价值理念和实践追求。自由是马克思主义的内在要求，马克思主义讲自由主要是指人的意志自由、存在和发展的自由。平等是指公民在法律面前一律平等，任何

人、任何组织或部门都不能搞特权，它要求尊重和保障人权，人人依法享有平等参与、平等发展的权利。公正即社会公平和正义，是马克思主义关于人的自由与平等理论在当代中国的发展与完善，是追求人的解放、人的自由全面发展等终极目标过程中所要秉持的重要价值理念。法治是社会主义法治，是治国理政的基本方式，是要通过法治建设来维护和保障公民的根本利益。最后，从个人行为层面来看，"爱国、敬业、诚信、友善"是公民的基本道德规范，是公民必须恪守的基本道德准则。爱国是公民个人对祖国的深厚情感，当前爱国与爱社会主义是一致的，公民应积极投身于祖国的建设、发展与保护中。敬业是公民职业行为准则的价值评价，要求公民忠于职守，克己奉公，服务人民，服务社会，充分体现了社会主义职业精神。诚信即诚实守信，是对中华民族传统美德的继承与发扬，它要求人们要诚实劳动、信守承诺、诚恳待人，对于维护良好的人际关系、社会关系乃至国家关系至关重要。友善是指公民之间应互相尊重、互相关心、互相帮助，是积极建构社会主义新型人际关系的关键要素。

坚持共同的价值理念，用社会主义核心价值观凝心聚力，对实现中华民族伟大复兴的中国梦具有重大意义。这要求我们持续加强社会主义核心价值观的培育与践行，巩固全党全国各族人民团结奋斗的共同思想基础，凝聚起实现中华民族伟大复兴的中国力量。对此，习近平总书记在党的十九大报告中指出，培育和践行社会主义核心价值观，要以培养担当民族复兴大任的时代新人为着眼点。在党的二十大报告中，习近平总书记再次强调指出，"广泛践行社会主义核心价值观。社会主义核心价值观是凝聚人心、汇聚民力的强大力量""弘扬以伟大建党精神为源头的中国共产党人精神谱系""推动理想信念教育常态化制度化""用社会主义核心价值观铸魂育人，完善思想政治工作体系""坚持依法治国和以德治国相

第七章 坚持共同理想信念，增强文化自信

结合，把社会主义核心价值观融入法治建设、融入社会发展、融入日常生活"。这些论述，对培育和践行社会主义核心价值观的根本任务、出发点和落脚点提出了更明确的要求。这主要是由于建设什么样的社会、实现什么样的目标，人是决定性因素。当前，我们要承前启后、继往开来，在新的历史条件下夺取中国特色社会主义的伟大胜利，就必须有时代发展所要求的时代新人与之匹配。因此，我们要以培养担当民族复兴大任的时代新人为着眼点。首先，在宣传和培育方式上，要全面系统、分层面、有重点地开展宣传教育，引导人们不断加深理解认同，成为人们的精神追求和自觉行动。其次，在核心价值观的内容培育上，要积极弘扬中华优秀传统文化和传统美德，使人民群众从历史文化的传承中感受到社会主义核心价值观的独特优势和内在文化底蕴，同时要加强道德实践活动，在生动的实践行动中把社会主义内化于心、外化于行。最后，还要抓好融入，就是把社会主义核心价值观融入各行各业实际工作，融入大众日常生活，融入政策制度、法律法规的制定实施，把培育和践行社会主义核心价值观的任务落到实处。

（三）坚持共同的道德观念，为实现中国梦提供强大精神力量

国无德不兴，人无德不立。中华民族有五千年灿烂悠久的道德文化史，在漫长的中华文明发展史中，德治传统一直被历代统治者奉为治国之良策。道德伦理、道德规约始终是人们自我约束与涵养身心的重要标准和原则，道德的力量在五千年始终未曾中断的中华文明中得以彰显和验证。作为中华优秀传统文化的继承者，中国共产党人深刻理解道德建设对党和国家各项事业发展的极端重要性。尤其是随着我国改革开放进程的不断推进，我们在强调法治的同时，更加注重德治之优势、之力量，也更加意识到要更好地传承与发扬中华民族传统道德的既有优势。早在2001年，党中

央就颁布了《公民道德建设实施纲要》，时隔18年，中共中央、国务院印发《新时代公民道德建设实施纲要》，既深刻印证了中国共产党人与时俱进进行公民道德建设的追求，又充分彰显了以习近平同志为核心的党中央高度重视公民道德建设，并对新时代公民道德建设提出了新的更高要求。对此，习近平总书记还特别强调指出，道德是社会关系的基石，是人际和谐的基础，他强调要始终把弘扬中华民族传统美德、加强社会主义思想道德教育作为极为重要的战略任务来抓，为实现中国梦凝聚精神力量和道德支撑。因此，新时期坚持共同的道德观念，为实现中国梦提供强大精神力量，不仅要坚持道德建设的社会主义方向并积极借鉴与发扬中华民族优秀道德文化，还要充分发挥领导干部、道德模范在道德建设中的模范带头作用，坚持依法治国与以德治国相结合，形成全民主动参与道德建设的良好氛围，在党的坚强领导下积极推进社会主义道德建设。

坚持共同的道德观念，就是要建设社会主义道德高地。它的一个根本要求就是要持之以恒地抓好社会主义核心价值观建设，在发挥党员干部和公众人物示范作用、加强青少年教育引导的同时，注重家庭、注重家教、注重家风，把中华民族传统家庭美德发扬光大。无论是在革命时期、建设时期，还是改革开放时期，都涌现了一大批道德模范的先进典型和楷模，他们身上凝聚着崇高的中华民族的传统美德、社会主义道德，他们是中华民族的民族精神和时代精神的传承者和发扬者，代表了社会前进的方向，值得我们后来者学习和敬仰。在革命时期，毛泽东同志用"毫不利己，专门利人"的精神评价白求恩同志；用"为人民利益而死比泰山还重"的为人民服务精神评价张思德同志；用"生的伟大，死的光荣"的英雄气概评价刘胡兰同志，这些具有高尚道德和崇高人格的楷模激励着无数中国人投身于中国解放事业的英勇奋斗中。新中国成立后，我们党号召全社会向雷锋同志学习。继而又有焦裕禄、王进喜、孔繁森、李向群、廖俊波等先进

第七章　坚持共同理想信念，增强文化自信

人物纷纷涌现在实现中华民族伟大复兴的时代进程中。道德模范是时代的英雄、鲜活的价值观，更是我们道德实践的榜样。2013年12月30日，中共中央政治局就提高国家文化软实力进行第十二次集体学习，习近平总书记在主持学习时强调："坚持马克思主义道德观、坚持社会主义道德观，在去粗取精、去伪存真的基础上，坚持古为今用、推陈出新，努力实现中华传统美德的创造性转化、创新性发展，引导人们向往和追求讲道德、尊道德、守道德的生活，让13亿人的每一分子都成为传播中华美德、中华文化的主体。"[①]因此，我们必须加强道德建设，将社会主义道德观念和道德规范贯穿社会生活的方方面面，引导人们注重自身道德修养，积极主动用社会主义道德原则和道德观念约束自己，激励自己。坚持共同的道德观念，建设社会主义道德高地，一方面要深入开展宣传学习活动，创新形式、注重实效，把道德模范的榜样力量转化为亿万群众的生动实践，在全社会形成崇德向善、见贤思齐、德行天下的浓厚氛围。尤其是党员领导干部更要做好践行社会主义道德观念的先锋模范。对此，习近平总书记明确指出："抓好道德建设，教育引导广大党员、干部模范践行社会主义荣辱观，树立良好道德风尚，争做社会主义道德的示范者、诚信风尚的引领者、公平正义的维护者，始终保持共产党人的高尚品格和廉洁操守。"[②]另一方面要持续深化社会主义思想道德建设，弘扬中华传统美德，弘扬时代新风，用社会主义核心价值观凝心聚力，更好构筑中国精神、中国价值、中国力量，为中国特色社会主义事业提供源源不断的精神动力和道德滋养。

[①] 《习近平谈治国理政》，外文出版社2014年版，第160—161页。
[②] 中共中央纪律检查委员会、中共中央文献研究室编：《习近平关于党风廉政建设和反腐败斗争论述摘编》，中央文献出版社、中国方正出版社2015年版，第141页。

二、弘扬中华优秀传统文化、革命文化、社会主义先进文化

从文化与制度的相互关系来看，一个国家制度的选择和形成深受文化的影响。每个民族和国家的文化传统不同，其发展道路也必然有着各自的特色。中国特色社会主义植根于中华文化沃土，中国特色社会制度优势也必然体现在中华文化中。同时，中国有坚定的道路自信、理论自信、制度自信，其本质是建立在5000多年文明传承基础上的文化自信。习近平总书记在庆祝中国共产党成立95周年大会上指出："文化自信，是更基础、更广泛、更深厚的自信。在5000多年文明发展中孕育的中华优秀传统文化，在党和人民伟大斗争中孕育的革命文化和社会主义先进文化，积淀着中华民族最深层的精神追求，代表着中华民族独特的精神标识。"[①]因此，新时代为推进国家治理体系和治理能力现代化，在21世纪中叶建成社会主义现代化强国，我们必须坚定文化自信，弘扬中华优秀传统文化、革命文化、社会主义先进文化，充分发挥文化促进全体人民在思想上精神上紧紧团结在一起的功能优势。

（一）中华优秀传统文化、革命文化和社会主义先进文化的关系

文化是一个国家、一个民族的灵魂。弘扬中华优秀传统文化、革命文化、社会主义先进文化，需要正确认识和辩证把握三者之间的关系，在中国特色社会主义伟大实践中坚持中国文化发展的正确方向，以文化自觉启迪文化自信，以文化自信凝聚智慧力量，以智慧力量推进文化强国建设。对于三者之间的关系，习近平总书记在党的十九大报告中指明了方向：

[①] 习近平：《在庆祝中国共产党成立95周年大会上的讲话》，人民出版社2016年版，第13页。

第七章　坚持共同理想信念，增强文化自信

"中国特色社会主义文化，源自于中华民族五千多年文明历史所孕育的中华优秀传统文化，熔铸于党领导人民在革命、建设、改革中创造的革命文化和社会主义先进文化，植根于中国特色社会主义伟大实践。"在2013年的全国宣传思想工作会议上，对如何讲清楚中华文化，阐释好中国特色，习近平总书记就特别强调指出："宣传阐释中国特色，要讲清楚每个国家和民族的历史传统、文化积淀、基本国情不同，其发展道路必然有着自己的特色；讲清楚中华文化积淀着中华民族最深沉的精神追求，是中华民族生生不息、发展壮大的丰厚滋养；讲清楚中华优秀传统文化是中华民族的突出优势，是我们最深厚的文化软实力；讲清楚中国特色社会主义植根于中华文化沃土、反映中国人民意愿、适应中国和时代发展进步要求，有着深厚历史渊源和广泛现实基础。"[1]"四个讲清楚"从对外宣传的角度道出了我们弘扬中华文化、讲好中国故事的重要性。而要做好以上工作的前提就是我们自身要明确中华文化的深厚内涵，明确三者之间的关系，如此才能以正确的方式实现中华优秀传统文化的创造性转化和创新性发展，弘扬和发展好革命文化和社会主义先进文化。从习近平总书记的重要讲话中，我们对中华优秀传统文化、革命文化和社会主义先进文化的关系，可从以下三方面把握。

第一，中华优秀传统文化、革命文化和社会主义先进文化是一脉相承、继承与发展的关系。理解三者之间的关系，必须用历史的眼光来看待。三者分别代表了中华民族不同时代、不同历史阶段所形成的优秀文明成果，是中华文化发展的"古""今"之变。中华民族在几千年历史中创造和延续的中华优秀传统文化，历经无数历史先贤呕心沥血地继承与发扬，以及悉心呵护传承至今，其内涵的革命与变革思想、治国理政思想等为革命文化和社会主义先进文化提供了重要思想源泉。革命文化是在中国

---

[1] 《习近平谈治国理政》，外文出版社2014年版，第155—156页。

共产党领导中国人民所进行的革命斗争中形成的，是确保革命胜利、国家独立和民族解放的重要精神力量。革命文化虽然产生于中国大地，吸收和借鉴了中华优秀传统文化中的合理因素，但此时马克思主义已经成为革命的指导思想，因此，革命文化是以马克思主义科学理论为指导，与中国独特的国情相结合而形成的文化形态，对社会主义先进文化的形成与发展具有最直接的影响。社会主义先进文化是在社会主义建设与发展及中国特色社会主义建设伟大实践中形成的文化形态。社会主义先进文化是中华优秀传统文化和革命文化的凝聚升华，并从中不断汲取精神给养、进行深度融合，是中华文化在当代中国的最新发展。必须坚持以马克思主义为指导，植根于中国特色社会主义伟大实践，既传承创新中华优秀传统文化，又继承革命文化，同时发展社会主义先进文化，既一脉相承又与时俱进。

第二，中华优秀传统文化、革命文化和社会主义先进文化共同构成了中国特色社会主义文化的主体内涵。中国特色社会主义文化是江泽民在中国共产党第十五次代表大会上的报告中提出并作了全面而深刻的阐述。报告指出："建设有中国特色社会主义的文化，就是以马克思主义为指导，以培育有理想、有道德、有文化、有纪律的公民为目标，发展面向现代化、面向世界、面向未来的，民族的科学的大众的社会主义文化。"[①]中国特色社会主义文化，凝练着中华民族五千多年文明历史所孕育的中华优秀传统文化、党领导人民在革命、建设、改革中创造的革命文化及社会主义先进文化，并且把中国特色社会主义伟大实践作为立身之根，已经成为凝聚和激励全国各族人民的重要力量，也是我国综合国力的重要标志。中华优秀传统文化、革命文化和社会主义先进文化贯穿中华民族整个民族史中共同的奋斗历程，蕴含着中华民族共同的民族精神和时代精神，凝聚着中华民族共同坚守的理想信念，由此，才能汇聚成中国特色社会主义文化的

[①]《江泽民文选》第2卷，人民出版社2006年版，第537页。

第七章　坚持共同理想信念，增强文化自信

主体内涵。随着中国特色社会主义进入新时代，人民群众的文化需要日益增长。党的十九大报告指出："中国特色社会主义进入新时代，我国社会主要矛盾已经转化为人民日益增长的美好生活需要和不平衡不充分的发展之间的矛盾。"人民日益增长的美好生活需要，其中突出的一个变化就是，人民群众对精神文化的追求要求更高、层次更高，也就对新时代中国特色社会主义文化建设提出了新的更高的要求。2023年6月，习近平总书记在文化传承发展座谈会上强调："只有全面深入了解中华文明的历史，才能更有效地推动中华优秀传统文化创造性转化、创新性发展，更有力地推进中国特色社会主义文化建设，建设中华民族现代文明。"[1]并强调指出，"推动中华优秀传统文化创造性转化、创新性发展，传承革命文化、发展先进文化"[2]。这些重要论述明确了建设社会主义文化强国的任务要求，也进一步表明我们需要更加明确中华优秀传统文化、革命文化和社会主义先进文化三者独有的优势及精神精髓，不能把彼此割裂开来，顾此失彼、厚此薄彼。要坚持为人民服务、为社会主义服务，坚持百花齐放、百家争鸣，坚持创造性转化、创新性发展，丰富人民群众的精神境界，凝聚起实现中华民族伟大复兴的磅礴力量。

第三，中华优秀传统文化、革命文化和社会主义先进文化辩证统一于中国特色社会主义建设伟大实践中。党的十九大报告指出，中国特色社会主义文化，源自于中华民族五千多年文明历史所孕育的中华优秀传统文化，熔铸于党领导人民在革命、建设、改革中创造的革命文化和社会主义先进文化，植根于中国特色社会主义伟大实践。中华优秀传统文化、革命文化和社会主义先进文化统一于中国特色社会主义事业的伟大历史进程中，共同支撑起当代中国特色社会主义文化的辉煌大厦，对新起点、新

---

[1] 习近平：《在文化传承发展座谈会上的讲话》，人民出版社2023年版，第1页。
[2] 《习近平著作选读》第2卷，人民出版社2023年版，第227页。

阶段进行伟大斗争、建设伟大工程、推进伟大事业、实现伟大梦想，以及应对重大挑战、抵御重大风险、克服重大困难、解决重大矛盾，为实现中华民族伟大复兴中国梦提供精神支撑和智慧力量。今天，我们坚定文化自信，就是要在中国特色社会主义建设伟大实践中，不断弘扬与发展中华优秀传统文化、革命文化和社会主义先进文化，进行社会主义文化建设，不断满足人民群众的精神文化需求、提升国家文化软实力。习近平总书记指出："历史和现实都证明，中华民族有着强大的文化创造力。每到重大历史关头，文化都能感国运之变化、立时代之潮头、发时代之先声，为亿万人民、为伟大祖国鼓与呼。"[1]当前，中国特色社会主义事业正处于中华民族伟大复兴和世界百年未有之大变局的历史交汇点上，要实现民族复兴，就必须有文化的繁荣兴盛。我们要深刻把握中国特色社会主义文化的三大主体内容辩证统一于中国特色社会主义建设伟大实践中这一重要特点，不断推进中国特色社会主义现代化建设进程，既要激励全体人民在实践中继续创造中华文化的新辉煌，又要在交流互鉴中增添中华文化发展的不竭动力。

（二）弘扬中华优秀传统文化、革命文化和社会主义先进文化

中国共产党从成立之日起，既是中国先进文化的积极引领者和践行者，又是中华优秀传统文化的忠实传承者和弘扬者。党的十九大报告指出："发展中国特色社会主义文化，就是以马克思主义为指导，坚守中华文化立场，立足当代中国现实，结合当今时代条件，发展面向现代化、面向世界、面向未来的，民族的科学的大众的社会主义文化，推动社会主义精神文明和物质文明协调发展。"这一论断为我们当前做好社会主义文化建设指明了方向、确立了目标，是新时代发展中国特色社会主义文化的重

---

[1] 中共中央文献研究室编：《十八大以来重要文献选编》中，中央文献出版社2016年版，第121页。

要理论指南。因此，当前，我们要发展中国特色社会主义文化，积极培育中华民族生生不息、发展壮大的丰厚滋养，就要始终坚持以马克思主义为指导，大力弘扬中华优秀传统文化、传承革命文化、发展社会主义先进文化，发展好支撑中华民族生生不息、薪火相传的中华文化，为推进中华民族伟大复兴和世界文明进步贡献智慧和力量。

1. 弘扬中华优秀传统文化

中华优秀传统文化是中华民族生生不息的根与魂。习近平总书记指出，中华民族创造了源远流长、博大精深的中华文化，中华文化是中华民族创造的精神财富，反映了中华民族强大的文化创造力。"中华文明延续着我们国家和民族的精神血脉，既需要薪火相传、代代守护，也需要与时俱进、推陈出新"[1]。中华优秀传统文化中所包含的"己所不欲，勿施于人""人而无信，不知其可也""君子喻于义"等道德规范，"民惟邦本""仁者爱人""为政以德"等治理思想，"天下兴亡，匹夫有责"的爱国理念，"革故鼎新，与时俱进"的革新精神，"大道之行也，天下为公""德不孤，必有邻"的社会理想等，虽经几千年历史的荡涤和洗礼，依旧对当今时代的中国甚至世界具有重大价值和影响。这些思想文化寄存于《尚书》《论语》《道德经》及二十四史等，经由孔子、孟子、老子、孙子、墨子、韩非子等各家学派的传承与发扬，含括文学、史学、哲学、经学、医学等各领域，已经发展为中华民族最深厚的文化软实力。对此，习近平总书记指出，优秀传统文化是一个国家、一个民族传承和发展的根本，如果丢掉了，就割断了精神命脉。几千年来，中华民族之所以能够薪火相传、绵延不绝，一个重要原因就是世世代代的中华儿女培育和发展了中华民族的独特文化。今天，站在新的历史起点上，面对中华民族要实现的奋斗目标，我们必须做好中华优秀传统文化的继承与发扬。

---

[1] 《习近平著作选读》第1卷，人民出版社2023年版，第480页。

大国优势

要使中华民族最基本的文化基因与当代文化相适应、与现代社会相协调，既要做好中华优秀传统文化的发掘与继承，又要做好创新和发展。对此，毛泽东同志指出：对待中国传统文化，要"取其精华、去其糟粕""古为今用、推陈出新"。党的十八大以来，习近平总书记立足国际国内文化发展以及文明交流现状，提出了传承中华民族精神基因的重要思想观点。2014年，习近平总书记在主持十八届中央政治局第十三次集体学习时指出，弘扬中华优秀传统文化，"要处理好继承和创造性发展的关系，重点做好创造性转化和创新性发展"[①]。这一重要论断明确指出了新时代我们弘扬中华优秀传统文化所要秉持的原则与态度。就是要坚持辩证唯物主义和历史唯物主义，秉持客观、科学、礼敬的态度，取其精华、去其糟粕，扬弃继承、转化创新，不复古泥古，不简单否定，不断赋予新的时代内涵和现代表达形式，不断补充、拓展、完善，使中华民族最基本的文化基因与当代文化相适应、与现代社会相协调。而所谓创造性转化，就是根据时代发展变化与现实需要变化，把那些不符合时代发展进步要求的内容或表达方式进行改造，同时赋予其新的时代内涵和新的表达方式，使其焕发新的时代价值。所谓创新性发展，就是按照新时代新变化和新要求，对优秀传统文化的内涵要义、价值理念和道德观念等进行补充、扩展与完善，增强优秀传统文化的时代性、感染力与影响力。在2017年，中共中央办公厅、国务院办公厅出台《关于实施中华优秀传统文化传承发展工程的意见》（以下简称《意见》），对实施中华优秀传统文化传承发展工程提出了总体要求、指导思想、基本原则、主要内容、重点任务及组织实施和保障措施。《意见》明确指出了传承中华优秀传统文化就是要传承优秀传统文化中的核心思想理念、中华传统美德及中华人文精神。传承发展中华优秀传统文化，就要大力弘扬讲仁爱、重民本、守诚信、崇正义、尚和合、求大同

[①]《习近平谈治国理政》，外文出版社2014年版，第164页。

第七章　坚持共同理想信念，增强文化自信

等核心思想理念；就要大力弘扬自强不息、敬业乐群、扶危济困、见义勇为、孝老爱亲等中华传统美德；就要大力弘扬有利于促进社会和谐、鼓励人们向上向善的思想文化内容。这对于传承中华文脉、全面提升人民群众文化素养、维护国家文化安全、增强国家文化软实力，具有重要意义。总体而言，传承中华优秀传统文化的核心要求就是要深入挖掘中华优秀传统文化蕴含的思想观念、人文精神、道德规范，结合时代要求继承创新。此外，我们要把优秀传统文化传播出去，以助推中华优秀传统文化的国际传播，积极促进其与世界文化的交流与互动，使其在发展自身的同时，让世界更好地了解中华优秀传统文化、了解中国，更好地讲好中国故事、传播好中国声音、阐释好中国特色、展示好中国形象。

2.传承革命文化

革命文化熔铸于党领导人民进行革命、建设、改革的生动实践中，是中国特色社会主义文化的重要组成部分。作为中国共产党团结带领全国各族人民在血与火的革命岁月中创造出的文化形态，革命文化继承和发扬了中华优秀传统文化，为社会主义先进文化提供了精神支撑、思想涵养和现实启示，是坚定中国特色社会主义文化自信的重要源泉，是巩固党的执政之基的宝贵思想文化资源，对于培育和塑造新时代人们的价值理念与思想观念具有重要启迪和警示作用。新时代背景下，传承革命文化，我们要做到以下几点。

第一，深入理解革命文化的丰富内涵。中国红色革命文化，形成于中国共产党领导的新民主主义革命时期，发展于社会主义过渡时期及社会主义建设时期，是中国共产党领导人民在革命斗争实践中创造的先进文化。作为中国共产党带领中国人民在抗击帝国主义侵略、反对封建势力压迫、争取民族独立和人民解放的伟大斗争中孕育和形成的精神文化，革命文化激励了中国共产党人和中国人民在艰苦革命岁月里、在社会主义建设

的艰难岁月里不怕艰难险阻、不畏牺牲、不惧危机险境而取得一次又一次胜利。在革命时期与社会主义建设时期，在马克思主义科学思想同中国革命、建设伟大实践的结合中，我们党先后形成了红船精神、井冈山精神、长征精神、延安精神、伟大抗战精神、西柏坡精神。在社会主义建设和改革开放时期，我们党又形成了大庆精神、雷锋精神、"两弹一星"精神、抗洪精神、抗击"非典"精神、载人航天精神、抗震救灾精神等，这些宝贵的精神精华不仅鲜明体现与升华了革命文化，而且为革命文化的精神宝库增添了崭新的时代内涵。

第二，革命文化的传承价值。弘扬革命文化，需要我们在深入理解革命文化传承价值的基础上增强情感认同，内化于心、外化于行。毛泽东同志明确指出："革命文化，对于人民大众，是革命的有力武器。革命文化，在革命前，是革命的思想准备；在革命中，是革命总战线中的一条必要和重要的战线。而革命的文化工作者，就是这个文化战线上的各级指挥员。"[1]革命文化的形成和发展始终以马克思主义为指导，是马克思主义同中国具体实际相结合的产物。革命文化在革命战争年代激励和鼓舞了无数革命先烈为民族独立、人民解放、国家富强抛头颅、洒热血；在社会主义建设和改革开放时期，革命精神得以升华和丰富，培育了一批又一批全心全意为党和国家积极服务、无私奉献、刻苦创新的无数英雄楷模。在新时代，革命文化依旧是我们的宝贵精神财富，虽时代变迁、思想变化，革命文化中的立党为公、忠诚为民、艰苦朴素、戒骄戒躁等精神依旧是我们不能丢弃的。我们要充分尊重与发挥革命文化在引领我们不断前进时的精神动力作用，在坚定我们文化自信时的坚强基石作用。历史和现实都已证明并将继续证明，革命文化在社会主义现代化强国建设中具有不可替代的教化作用、凝聚作用、规范作用、导向作用、激励作用和动力作用。我们要

---

[1] 《毛泽东选集》第2卷，人民出版社1991年版，第708页。

第七章 坚持共同理想信念，增强文化自信

沿着先辈的光辉足迹，自觉从革命文化中汲取精神养料，不断增强文化自信，为实现中华民族伟大复兴的中国梦而不懈奋斗。

第三，做革命文化的传承者与弘扬者。传承和弘扬革命文化是中国共产党人一项严肃而深刻的政治责任，也是中国人民一项艰巨而神圣的时代任务。能否传承与发扬好革命文化，事关党、国家和民族的前途与命运，事关国家文化软实力的提升及综合国力的强与弱。习近平总书记明确指出，"一寸山河一寸血，一杯热土一杯魂。回想过去的烽火岁月，金寨人民以大无畏的牺牲精神，为中国革命事业建立了彪炳史册的功勋，我们要沿着革命前辈的足迹继续前行，把红色江山世世代代传下去。革命传统教育要从娃娃抓起，既注重知识灌输，又加强情感培育，使红色基因渗进血液、浸入心扉，引导广大青少年树立正确的世界观、人生观、价值观"[①]。这就要求我们弘扬革命文化，积极创造和利用一切有利条件践行革命文化，加强红色革命文化的教育工作，在落细落小落实上下功夫，真正使其入心入脑。同时，要号召党员干部特别是党的领导干部带头做红色革命文化的实践者、传承者、弘扬者，挖掘革命文化的当代价值，把红色资源利用好、把红色传统发扬好、把红色基因传承好。此外要立足时代特征，依据时代需求，在传承中创新，在创新中坚守。我们党在改革开放短短的40余年创造了历史性的伟大成就，实现了一个又一个奋斗目标，但我们革命与建设的任务任重道远。面对百年未有之大变局的国际国内形势，我们更加需要坚定继承和弘扬革命文化，去满足群众的愿望需求、去实现各项奋斗目标。

3.发展社会主义先进文化

社会主义先进文化是在中国特色社会主义伟大实践中形成与发展起来

---

① 《全面落实"十三五"规划纲要 加强改革创新开创发展新局面》，《人民日报》2016年4月28日。

的文化果实，是中国特色社会主义文化的重要组成部分。党的十九届四中全会通过的《中共中央关于坚持和完善中国特色社会主义制度　推进国家治理体系和治理能力现代化若干重大问题的决定》明确指出，坚持和完善繁荣发展社会主义先进文化的制度，巩固全体人民团结奋斗的共同思想基础。发展社会主义先进文化、广泛凝聚人民精神力量，是国家治理体系和治理能力现代化的深厚支撑。党的二十大报告指出："物质贫困不是社会主义，精神贫乏也不是社会主义。我们不断厚植现代化的物质基础，不断夯实人民幸福生活的物质条件，同时大力发展社会主义先进文化，加强理想信念教育，传承中华文明，促进物的全面丰富和人的全面发展。"因此，着眼于当前全面深化改革的总目标，实现国家治理体系和治理能力现代化的战略高度，只有大力发展社会主义先进文化，用社会主义先进文化熔铸各族人民团结奋斗的共同理想信念、价值理念、道德观念，才能提供文化制度的强大思想动力与信念支撑，促进全体人民在思想上、精神上紧紧团结在一起，广泛凝聚起人们的精神力量，才能构建起国家治理体系和治理能力现代化的深厚精神支撑。

发展社会主义先进文化，最重要的是坚持社会主义先进文化前进方向。2016年，习近平总书记在省部级主要领导干部学习贯彻党的十八届五中全会精神专题研讨班开班式上的讲话中指出："要坚持社会主义先进文化前进方向，用社会主义核心价值观凝聚共识、汇聚力量，用优秀文化产品振奋人心、鼓舞士气，用中华优秀传统文化为人民提供丰润的道德滋养，提高精神文明建设水平。"[1]改革开放40余年来，我们党始终坚持以马克思主义为指导思想，坚持发展社会主义先进文化，不断加强社会主义精神文明建设，培育和践行社会主义核心价值观，既以中华优秀传统文化的传承与弘扬筑牢社会主义先进文化的文化根基和思想源泉，又坚持以科学

---

[1]《习近平谈治国理政》第2卷，外文出版社2017年版，第207页。

第七章　坚持共同理想信念，增强文化自信

理论引路指向，以正确舆论凝心聚力，以先进文化塑造灵魂，以优秀作品鼓舞斗志，爱国主义、集体主义、社会主义精神广为弘扬，时代楷模、英雄模范不断涌现，文化艺术日益繁荣，网信事业快速发展，全民族理想信念和文化自信不断增强，国家文化软实力和中华文化影响力大幅提升。在新的时代条件下，我们还要充分发挥制度优势，繁荣发展社会主义先进文化。我们要自觉运用制度力量繁荣发展社会主义先进文化。要坚持马克思主义在意识形态领域指导地位的根本制度，坚持以社会主义核心价值观引领文化建设制度，健全人民文化权益保障制度，完善坚持正确导向的舆论引导工作机制，建立健全把社会效益放在首位、社会效益和经济效益相统一的文化创作生产体制机制，以繁荣与发展社会主义先进文化的制度优势，有助于推动社会主义文化大发展大繁荣，增强全民族文化创造活力，有助于推动文化事业全面繁荣、文化产业快速发展，不断丰富人民精神世界、增强人民精神力量，不断增强文化整体实力和竞争力，朝着建设社会主义文化强国的目标不断前进。

第八章
坚持以人民为中心的发展思想

坚持以人民为中心的发展思想，是习近平总书记治国理政新理念的重要组成部分，也是新时期党带领人民构建大国优势的重要法宝。早在2012年11月15日，在十八届中共中央政治局常委同中外记者见面会上，习近平总书记就明确指出"人民对美好生活的向往就是我们的奋斗目标"。党的十八大以来，以习近平同志为核心的党中央围绕"坚持以人民为中心"提出了一系列重要论述，形成了内涵丰富的思想体系，将坚持以人民为中心的发展思想落实到党的决策部署和实际行动中。2020年10月29日，第十九届中央委员会第五次全体会议审议通过了《中共中央关于制定国民经济和社会发展第十四个五年规划和二〇三五年远景目标的建议》，将"坚持以人民为中心"作为"十四五"时期经济社会发展的重要原则，并强调要"坚持人民主体地位，坚持共同富裕方向，始终做到发展为了人民、发展依靠人民、发展成果由人民共享，维护人民根本利益，激发全体人民积极性、主动性、创造性，促进社会公平，增进民生福祉，不断实现人民对美好生活的向往"。2021年11月11日，党的十九届六中全会审议通过的《中共中央关于党的百年奋斗重大成就和历史经验的决议》指出，坚持人民至上是中国共产党百年奋斗的重要历史经验，强调"党的根基在人民、血脉在人民、力量在人民，人民是党执政兴国的最大底气"，"必须坚持以人民为中心的发展思想，发展全过程人民民主，推动人的全面发展，全体人民

第八章　坚持以人民为中心的发展思想

共同富裕取得更为明显的实质性进展"。党的二十大报告中，习近平总书记再次强调"江山就是人民，人民就是江山"，把"坚持以人民为中心的发展思想"作为全面建设社会主义现代化国家需要掌握的原则之一，"维护人民根本利益，增进民生福祉，不断实现发展为了人民、发展依靠人民、发展成果由人民共享，让现代化建设成果更多更公平惠及全体人民"。在党的二十届一中全会上，习近平总书记强调，"全面落实以人民为中心的发展思想，扎实推进共同富裕"。在第十四届全国人民代表大会第一次会议上，习近平总书记强调，"全面建成社会主义现代化强国，人民是决定性力量"，"要贯彻以人民为中心的发展思想，完善分配制度，健全社会保障体系，强化基本公共服务，兜牢民生底线，解决好人民群众急难愁盼问题，让现代化建设成果更多更公平惠及全体人民，在推进全体人民共同富裕上不断取得更为明显的实质性进展"。总而言之，坚持以人民为中心的发展思想，不断保障和改善民生、增进人民福祉，走共同富裕道路，是我国的一大优势，广大共产党员、领导干部要发挥好这一优势，在工作中要切实坚持以人民为中心的发展思想，为人民着想、为人民谋福利。

一、坚持以人民为中心的发展思想

中国共产党以人民为中心的发展思想的确立是一个逐步完善的历史过程。毛泽东同志历来重视人民群众的伟大地位和历史作用，在革命战争年代就将"全心全意为人民服务"作为党的根本宗旨。新中国成立后，更是在政治建设、经济文化、社会发展等领域深刻论证了党的群众路线。例如，毛泽东同志在《论十大关系》中就提出在国家、生产单位和生产者个人的关系问题上，三者的利益必须兼顾，不能只顾一头，既要提倡艰苦奋斗，又要关心群众生活。随着党的十一届三中全会开启改革开放和社会主义现代化建设新时期，"以人民为中心"的发展思想也有了新的变化，在

大国优势

改革开放中，发挥人民群众力量，成为新的方向。邓小平同志在视察南方时，提出了"三个有利于"的标准，"要害是姓'资'还是姓'社'的问题。判断的标准，应该主要看是否有利于发展社会主义社会的生产力，是否有利于增强社会主义国家的综合国力，是否有利于提高人民的生活水平"[①]。邓小平同志关于社会主义本质的论断，丰富了以人民为中心的发展理念，并指明了实现这一理念的具体道路。20世纪90年代后，国内外形势发生激烈变化，新的矛盾和问题相继出现。以江泽民同志为核心的党的第三代中央领导集体，为了解决新阶段的新矛盾和新要求，划时代地提出了"三个代表"重要思想，明确提出"中国共产党要始终代表中国最广大人民的根本利益"。21世纪开始，我国进入全面建设小康社会、加快推进社会主义现代化的新的发展阶段，随着改革的深化和国际竞争的日趋激烈，制约我国经济社会发展的矛盾日益显现，以胡锦涛同志为总书记的党中央，提出了科学发展观，凸显了"以人为本"的核心发展思想，更加关注民生问题的解决，强调人民是发展的主体，不仅创造了物质、精神财富，更是一切发展成果的享有者。

随着中国特色社会主义进入了新时代，我国发展有了新的历史方位。习近平总书记指出，我国社会主要矛盾已经转化为人民日益增长的美好生活需要和不平衡不充分的发展之间的矛盾。经过十年的接续努力，党和国家事业取得历史性成就、发生历史性变革，推动我国迈上全面建设社会主义现代化国家新征程。我们完成脱贫攻坚、全面建成小康社会的历史任务，实现第一个百年奋斗目标。我们深入贯彻以人民为中心的发展思想，在幼有所育、学有所教、劳有所得、病有所医、老有所养、住有所居、弱有所扶上持续用力，人民生活全方位改善。人民群众获得感、幸福感、安全感更加充实、更有保障、更可持续，共同富裕取得新成效。现在，已经

[①] 《邓小平文选》第3卷，人民出版社1993年版，第372页。

第八章　坚持以人民为中心的发展思想

到了扎实推动共同富裕的历史阶段。因此，在全面建成社会主义现代化强国、实现第二个百年奋斗目标，以中国式现代化全面推进中华民族伟大复兴的新征程上，我们要适应我国社会主要矛盾的变化，更好地满足人民日益增长的美好生活需要，必须把促进全体人民共同富裕作为为人民谋幸福的着力点，不断夯实党长期执政的基础。

同时，我们要清醒地看到，在我国当前历史发展阶段，发展不平衡不充分的问题仍然突出，需要以人民为中心的发展思想来解决。比如：城乡区域发展和收入分配差距仍然较大；民生保障还存在短板；新一轮科技革命和产业变革有力推动了经济发展，也对就业和收入分配带来深刻影响，包括一些负面影响；生态环境稳中向好的基础还不稳固，从量变到质变的拐点还没有到来，生态环境保护任务依然艰巨，实现碳中和需要付出艰苦努力；还有一些地区经济结构失衡，过分依赖资源型产业、房地产等，在面对新时代新要求时，发展停滞不前，甚至出现后退的情况。除此之外，贫富差距、公平正义等问题，导致社会矛盾问题层出不穷，也都深刻影响着国家的长治久安。这些问题的解决，都需要坚持以人民为中心的发展思想，发挥群众智慧，群策群力，集思广益。

（一）以人民为中心发展思想的内在要求

坚持以人民为中心，首先就要坚持发展为了人民。人民是国家的根本，切实提高人民的生活水平，让人民享受社会主义现代化建设的成果，是国家发展强大的最根本目标和基础动力。党的十八大以来，党中央把人民对美好生活的向往作为工作的重点和目标，习近平总书记更是把增进人民福祉，实现共同富裕作为党和国家工作发展的出发点和落脚点，将为人民谋幸福的初心，贯彻到涉及人民生活的各个方面。对于人民群众普遍关心的住房问题，习近平总书记提出"房子是用来住的、不是用来炒的"的定位，给人民吃下了定心丸。对于群众关心的医疗问题，党的二十大提出"推进健康中国建设"，把保障人民健康放在优先发展的战略位置，完善人民健康促进政策。为新时代建设健康中国提供了有力的制度保障。对于扎实推进共同富裕，更好满足人民日益增长的美好生活需要，习近平总书记在党的二十届一中全会上强调，实现全体人民共同富裕是一个长期的历史过程，不可能一蹴而就，必须保持历史耐心，进行不懈努力。全党要按照党的二十大部署，进一步贯彻以人民为中心的发展思想，把促进全体人民共同富裕摆在更加突出的位置，坚持尽力而为、量力而行，循序渐进、久久为功，在推进高质量发展中推动共同富裕取得更为明显的实质性进展。此外，习近平总书记多次强调，我们的国家发展目的不是寻求争霸而追求复兴与强大，更不是谋取一时经济数据而发展，而是国家的长治久安和社会的稳定繁荣发展，切实使人民享受到物质财富和精神财富，使人民获得感、幸福感、安全感更加充实、更有保障、更可持续。对于如何落实"发展为了人民"的执政理念，习近平总书记还指出，要注意方式方法，并在起草、颁布重大决策时要提前了解民情，从人民的角度出发、制定符合民意和利于人民的政策和方案。要亲近民众、深入基层、倾听人民的声音、关心人民的处境，真切地感受人民的生活，只有如此才能制定出符合人民意愿、有利于人民的政策，最终才能为人民谋福利，另外还要时刻关注人民生活上遇到的问题，积极认真地做好解决人民群众的迫切需要。总而言之，发展为了人民就是坚持以人民为中心的目标，发展成果由全民共享，是我们前进的方向。

除了坚持发展为了人民，还要坚持发展依靠人民。人民是历史的主人，是推动历史发展的根本动力，中国大国优势离不开人民的力量。必须汲取群众智慧，听取群众意见，充分发挥人民群众的首创精神，重视对人民所创造的经验的积累与学习，从群众中汲取无穷的智慧和力量。营造公

第八章　坚持以人民为中心的发展思想

平正义的社会环境，让群众有充分发挥的空间，真诚接纳群众创新成果，鼓励人民创新积极性，虚心向人民学习，听取人民群众的意见和建议，总结人民群众在实践中的成果，就是切实落实以人民为中心的发展思想。改革开放40多年的经验表明，没有人民的支持，任何改革都难以顺利推进；没有人民的参与，任何改革都不能取得成功。安徽凤阳农民的"大包干"掀起我国农村改革的序幕；55位来自福建全省各地的企业家到福州参加"福建厂长（经理）研究会成立大会"，要求松绑扩大企业经营自主权，掀起了"松绑放权"企业改革的序幕；东莞县第二轻工业局设在虎门境内的太平服装厂与港商合作创办了全国第一家来料加工企业——太平手袋厂，创造了对外开放"三来一补"的贸易模式。习近平总书记在庆祝中华人民共和国成立70周年大会上指出："中国的今天正在亿万人民手中创造，中国的明天必将更加美好。"将人民群众作为以人民为中心的发展思想的力量源泉，才能切实满足人民群众迫切需求，不断保障和改善民生、增进人民福祉，走共同富裕道路。

（二）坚持以人民为中心的重大实践意义

"为国者，以富民为本，以正学为基。"以人民富裕为根本大事，是我国历代胸怀天下的政治家的追求，也正因如此，民本思想成为中华文化的重要组成部分。春秋战国时期，孟子提出"民为贵，社稷次之，君为轻"，荀子认为"天之立君，以为民也"，老子所说的"圣人无常心，以百姓心为心"，都是对民贵君轻的民本思想的高度概括。西汉时期，贾谊认为"闻之于政也，民无不为本也。国以为本，君以为本，吏以为本"，董仲舒进一步提出"天为民立君，故君要行德治施仁政"的观点，也都是对民本思想的传承与延续。唐太宗李世民所说的"为君之道，必须先存百姓，若损百姓以奉其身，犹割股以啖腹，腹饱而身毙"，宋代朱熹认为"盖仁之为

181

道,乃天地生物之心,即物而在",明末清初黄宗羲提出的"天下之治乱,不在一姓之兴亡,而在万民之忧乐",也都是对民本思想的传承和发展。但是在我国封建社会,民本思想大多是从维护阶级统治的角度出发的,虽然包含一些真正心怀百姓的仁人志士的呐喊,但之所以能被传颂,归根结底是因为这些思想对封建君主的"江山社稷"有利。也正因如此,这些思想虽然常被提出,但总归难以贯彻执行,难以长期坚持,通常只在朝代更替时成为推翻旧政权的口号,时间一长就被抛之脑后、难以为继,人民受到的剥削逐渐加重,再次回到水深火热的生活。因此,中华民族传统文化中的民本思想,与今天我们谈论的以人民为中心的发展思想,从出发点和落实效果上看是有很大差异的。

以人民为中心的发展思想,是中国共产党始终坚持、一以贯之的理念。以人民为中心的发展思想,将中国共产党的根本宗旨和责任担当落到实处。马克思和恩格斯在《共产党宣言》中鲜明指出:"共产党人同其他无产阶级政党不同的地方只是:一方面,在无产者不同的民族的斗争中,共产党人强调和坚持整个无产阶级共同的不分民族的利益;另一方面,在无产阶级和资产阶级的斗争所经历的各个发展阶段上,共产党人始终代表整个运动的利益。"中国共产党自1921年成立之日起,通过历代人持之以恒的奋斗,将这一理想变为现实,中国人民的生活水平,迎来了翻天覆地的变化。在中国人富起来的同时,贫富差距也随之产生,对低收入群体的关怀和帮扶,始终是党的重点工作方向。2012年底,党的十八大召开后不久,党中央就突出强调,"小康不小康,关键看老乡,关键在贫困的老乡能不能脱贫",承诺"决不能落下一个贫困地区、一个贫困群众",拉开了新时代脱贫攻坚的序幕。2013年,党中央提出精准扶贫理念,创新扶贫工作机制。2015年,党中央召开扶贫开发工作会议,提出实现脱贫攻坚目标的总体要求,实行扶持对象、项目安排、资金使用、措施到户、因村派

第八章 坚持以人民为中心的发展思想

人、脱贫成效"六个精准",实行发展生产、易地搬迁、生态补偿、发展教育、社会保障兜底"五个一批",发出打赢脱贫攻坚战的总攻令。2017年,党的十九大把精准脱贫作为三大攻坚战之一进行全面部署,锚定全面建成小康社会目标,聚力攻克深度贫困堡垒,决战决胜脱贫攻坚。2020年,为有力应对新冠疫情和特大洪涝灾情带来的影响,党中央要求全党全国以更大的决心和力度,做好"加试题"、打好收官战,信心百倍向着脱贫攻坚的最后胜利进军。8年来,党中央把脱贫攻坚摆在治国理政的突出位置,把脱贫攻坚作为全面建成小康社会的底线任务,组织开展了声势浩大的脱贫攻坚人民战争。党和人民披荆斩棘、栉风沐雨,发扬钉钉子精神,敢于啃硬骨头,攻克了一个又一个贫中之贫、坚中之坚,脱贫攻坚取得了重大历史性成就。在时间紧、任务重的背景下,全体党员干部领导全国人民,花大功夫、下大力气啃硬骨头,涌现出一个又一个感人事例。35年坚守太行山的"新愚公"李保国,献身教育扶贫、点燃大山女孩希望的张桂梅,用实干兑现"水过不去、拿命来铺"誓言的黄大发,回乡奉献、谱写新时代青春之歌的黄文秀,扎根脱贫一线、鞠躬尽瘁的黄诗燕……从中可以看出,中国共产党以坚定的信念、坚毅的决心,在实际行动中落实以人民为中心的发展思想。

由于中国共产党始终坚持以人民为中心的发展思想,我们实现了小康这个中华民族的千年梦想,我国发展站在了更高历史起点上。我们坚持精准扶贫、尽锐出战,打赢了人类历史上规模最大的脱贫攻坚战。到2020年底,现行贫困标准下的农村贫困人口全部脱贫,区域性整体贫困得到解决,为世界减贫事业贡献了中国力量。2013—2020年,全国农村贫困人口累积减少9899万人,年均减贫1237万人,分地区看,2013—2020年,西部地区农村贫困人口累计减少5086万人,减贫人口占全国减贫人口51.4%,年均减少636万人;中部地区农村贫困人口累计减少3446万人,减贫人口占全国减贫人口34.8%，年均减少431万人；东部地区农村贫困人口累计减少1367万人，减贫人口占全国减贫人口13.8%，年均减少171万人。从不同贫困区域看，2013—2020年，贫困地区农村贫困人口累计减少6039万人，年均减贫755万人，减贫规模占全国农村减贫总规模的61.0%，集中连片特困地区农村贫困人口累计减少5067万人，年均减贫633万人。国家扶贫开发工作重点县农村贫困人口累计减少5105万人，年均减贫638万人。2013—2020年，832个贫困县农民人均可支配收入由6079元增加到12588元，年均增长11.6%，比同期全国农民人均可支配收入增幅高2.2个百分点。2020年贫困地区农村居民人均工资性收入4444元，2014—2020年，年均增长12.7%，占可支配收入的比重为35.3%，比2013年提高3.7个百分点。全国建档立卡贫困户人均纯收入由2015年的3416元增加到2020年的10740元，远超国际极端贫困标准。2020年，贫困地区农村居民人均消费支出达到10758元，2013—2020年，年均增长10.9%。贫困人口收入水平持续较快增长，生活水平不断提高，全部实现"两不愁三保障"，脱贫群众不愁吃、不愁穿，义务教育、基本医疗、住房安全有保障，饮用水安全也有了保障。具备条件的建制村全部通硬化路、通客车、通邮路，村村都有卫生室和村医，近22万所义务教育薄弱学校的办学条件得到改善，农网供电可靠率达到99%，深度贫困地区贫困村通宽带比例达到98%，大电网覆盖范围内贫困村通动力电比例达到100%，通信信号覆盖的行政村比重99.9%，广播电视信号覆盖的行政村比重99.9%，有村级综合服务设施的行政村比重99.0%，有电子商务配送站点的行政村比重62.7%。通宽带互联网的行政村比重99.6%。960多万贫困人口通过易地扶贫搬迁摆脱了"一方水土养活不了一方人"的困境。贫困地区农村基础设施显著改善，"四通"覆盖面不断扩大，社会事业长足进步，文化教育卫生资源逐渐丰富，人民吃穿不愁，上学难、就医难、居住难，以及吃水难、行路难、用电难、通信难等问题得到历史性解决。[①]坚持以人民为中心的发展思想，取得了巨大成就。

二、不断保障和改善民生

"民生"一词，是中华民族优秀传统文化中民本思想的延续。春秋时期的思想家左丘明第一次提出了民生思想，他认为"民生在勤，勤则不匮"。自此，"民生"一词进入历代思想家、政治家、文人墨客的视野。屈原在《离骚》中写下了"哀民生之多艰"，孔子也提到"政之急者，莫大乎使民富且寿也"。但这里所说的"民生"主要是指百姓的生计问题，即满足百姓养家糊口的基本需求为前提。虽然这是一种生存角度的单纯的民生观，但依然反映了封建社会人民群众的诉求。可见，"民生"一词，早已融入中华民族优秀传统文化。

近代以来，中国人对"民生"一词的认识和了解主要来自孙中山先生提出的"三民主义"中的"民生主义"。孙中山认为，民生就是人民的生活、社会的生存、国民的生计、群众的生命。这些进步思想极大地拓展了传统民生思想的内涵，这为长期生活于半殖民地半封建社会的中国人民注入了新的希望，"民生"的概念更是深入人心。民生主义思想以人民安居乐业为制定社会政策的准则，把民本思想与革命思想联系起来，使民生理念深入人心。

当今时代，民生是与我们每个人都息息相关的生活。中国人民热爱生活，期盼有更好的教育、更稳定的工作、更满意的收入、更可靠的社会保障、更高水平的医疗卫生服务、更舒适的居住条件、更优美的环境，期盼孩子们能成长得更好、工作得更好、生活得更好。这样一些看得见摸得着

[①]《党的十八大以来经济社会发展成就系列报告：脱贫攻坚取得全面胜利　脱贫地区农民生活持续改善》，https://www.gov.cn/xinwen/2022-10/11/content_5717712.htm。

的日常生活中的状况和期盼，就是民生的组成部分。习近平总书记将民生概括为"让群众得到看得见、摸得着的实惠"。具体而言，民生包括就业、医疗、养老、教育、住房、环境、生态、安全等各方面的内容，是一个全方位的系统性工程。只有这些方面协调发展，使人民群众获得幸福感、满足感，才称得上是保障和改善民生。而这一全方位、立体化的系统工程的核心，就是要坚持以人民为中心的发展思想。习近平总书记特别指出，"要从人民的整体利益、根本利益、长远利益出发谋划和推进改革，走好新时代党的群众路线，注重从就业、增收、入学、就医、住房、办事、托幼养老以及生命财产安全等老百姓急难愁盼中找准改革的发力点和突破口，多推出一些民生所急、民心所向的改革举措，多办一些惠民生、暖民心、顺民意的实事，使改革能够让人民群众有更多获得感、幸福感、安全感"[1]。只有坚持以人民为中心的发展思想，才能切实满足人民群众的迫切需求，才能真正不断保障和改善民生。所以，习近平总书记的民生思想，首先就是坚持人民性。中国共产党的根本宗旨是全心全意为人民服务，全心全意为人民服务也正是民生思想的核心和灵魂。习近平总书记曾多次指出，人民对美好生活的向往，就是我们的奋斗目标，着力保障和改善民生，是人民群众共享改革发展成果最直接最现实的体现，也是最得民心的事情；要始终与人民风雨同舟、与人民心心相印，想人民之所想，行人民之所嘱；要坚持发展为了人民、发展依靠人民、发展成果由人民共享，努力在推动高质量发展过程中办好各项民生事业、补齐民生领域短板；我们坚持把实现人民对美好生活的向往作为现代化建设的出发点和落脚点。总而言之，坚持以人民为中心的发展思想，不断保障和改善民生是基础。

坚持以人民为中心的发展思想，就是要不断保障和改善民生、增进人

---

[1] 《紧扣推进中国式现代化主题　进一步全面深化改革》，《人民日报》2024年5月24日。

民福祉。能否不断保障和改善民生，也是评价以人民为中心的发展思想是否落实的有效标准。新中国成立75年来，在中国共产党的领导下，我国民生工作取得了全方位的傲人成就。

就业是民生之本，是保障和改善民生、增进人民福祉的前提条件。新中国成立以来，党和政府高度重视人民群众的就业问题。国家统计局发布的《党的十八大以来经济社会发展成就系列报告》显示：2013年，城镇就业人员比重首次超越乡村，达到50.5%。2021年，城镇就业人员总量达到46773万人，比2012年增加9486万人，年均增长1054万人；城镇就业占比进一步提高到62.7%，比2012年增加13.8个百分点，年均提高1.5个百分点。在实现人民就业的同时，职工工资收入得到了快速增长。2021年，城镇非私营单位就业人员平均工资达到106837元，比2012年增长1.28倍，年均增长9.6%；扣除价格因素，比2012年实际增长0.91倍，年均实际增长7.4%。城镇私营单位就业人员平均工资达62884元，比2012年增长1.19倍，年均增长9.1%；扣除价格因素，比2012年实际增长0.83倍，年均实际增长6.9%。

除了就业，医疗也是保障和改善民生的重要因素。2024年4月国家医疗保障局发布的《2023年医疗保障事业发展统计快报》显示，截至2023年底，基本医疗保险参保人数达133386.9万人，参保覆盖面稳定在95%以上，参保质量持续提升。参加职工基本医疗保险人数37093.88万人。参加城乡居民基本医疗保险人数96293.02万人。2023年，原承担医保脱贫攻坚任务的25个省份通过医疗救助共资助7308.2万人参加基本医疗保险，支出153.8亿元，人均资助210.5元，农村低收入人口和脱贫人口参保率稳定在99%以上。基本医疗保险、大病保险、医疗救助三重制度累计惠及农村低收入人口就医18649.8万人次，减轻医疗费用负担1883.5亿元。尤其是2020年初，在应对新冠疫情时，我国的医疗体系经受住了充分考验，取得

187

了巨大胜利，并且积极支援其他国家防疫工作，出口大量防疫物资，共享防疫中国经验，为世界防疫工作作出了巨大贡献。

中国特色养老服务制度在党的领导下逐步完善，建立了以居家为基础、社区为依托、机构为补充、医养相结合的多层次养老服务体系，让广大老年人有了更多养老服务选择。民政部2023年10月发布的《2022年民政事业发展统计公报》显示，截至2022年底，全国共有4143.0万老年人享受老年人补贴，其中享受高龄补贴的老年人3406.4万人，享受护理补贴的老年人94.4万人，享受养老服务补贴的老年人574.9万人，享受综合补贴的老年人67.4万人。全国共支出老年福利资金423.0亿元，养老服务资金170.1亿元。全国共有各类养老机构和设施38.7万个，养老床位合计829.4万张。其中，注册登记的养老机构4.1万个，比上年增长1.6%，床位518.3万张，比上年增长2.9%；社区养老服务机构和设施34.7万个，共有床位311.1万张，城市社区综合服务设施覆盖率100%，农村社区综合服务设施覆盖率84.6%，养老服务供给能力不断增强。

教育事业高质量发展取得新突破。教育部发布的《2023年全国教育事业发展基本情况》显示，我国教育事业取得新进步、各项工作有了新成效、教育面貌发生新变化。2023年，学前教育毛入园率91.1%，比上年提高1.4个百分点，提前完成"十四五"规划目标；九年义务教育巩固率95.7%，比上年提高0.2个百分点；高中阶段毛入学率91.8%，比上年提高0.2个百分点；高等教育毛入学率60.2%，比上年提高0.6个百分点，提前完成"十四五"规划目标；全国共有特殊教育学校2345所，专任教师7.7万人，招收各种形式的特殊教育学生15.5万人；全国共有各级各类民办学校16.72万所。可以看出，我国学前教育普及水平进一步提升，义务教育扩优提质进一步推进，高中阶段办学条件进一步改善，高等教育入学机会进一步增加，特殊教育融合发展进一步加强，民办教育发展进一步规范。

第八章　坚持以人民为中心的发展思想

　　住房问题，也是群众关注的重点民生问题之一。多年来，我国累计改造棚户区住房4200多万套，上亿人出棚进楼、实现安居。1994—2007年，全国共建设廉租住房、经济适用住房等保障性住房1000多万套。自2008年大规模实施保障性安居工程以来，到2018年底，全国城镇保障性安居工程合计开工约7000万套，3700多万困难群众住进公租房，还有累计近2200万困难群众领取了公租房租赁补贴，我国已建成世界上最大的住房保障体系。另外，我国的房地产市场也得到了长足发展，城镇人均住房建筑面积达到39平方米，比1949年的8.3平方米增加了3.7倍，与此同时，高耸的房价也掏空了群众的"六个钱包"，引起群众的不满。对此，2016年底的中央经济工作会议提出，"房子是用来住的、不是用来炒的"，促使房地产市场重回正轨。

　　生态环境的好坏直接关系到每个人的生活，习近平总书记曾指出，加强生态文明建设，是贯彻新发展理念、推动经济社会高质量发展的必然要求，也是人民群众追求高品质生活的共识和呼声。党的十八大以来，我国大力推进美丽中国建设，生态环境治理取得新成效，生态环境质量实现稳中改善。大气、水、土壤污染防治行动成效明显。2016—2023年，全国城市环境空气质量优良天数比例从83.1%升至85.5%，上升2.4个百分点，全国城市环境空气$PM_{2.5}$平均浓度下降28.6%；党的十八大以来，林草部门累计完成防沙治沙任务2.82亿亩、石漠化治理任务5385万亩，沙化土地封禁保护面积达到2707.65万亩，可治理沙化土地治理率达53.1%；全国地表水Ⅰ—Ⅲ类水质断面比例由67.8%升至89.4%，上升21.6个百分点，劣Ⅴ类水质断面比例由8.6%降至0.7%，下降7.9个百分点。这些令人瞩目的成就为全面保障和改善民生、增进人民福祉打下了坚实基础。

三、全面建成小康社会

全面建成小康社会是以习近平同志为核心的新一届中央领导集体对中国人民的宣言书，是对坚持以人民为中心的发展思想，不断保障和改善民生、增进人民福祉，走共同富裕道路的鲜明体现。2021年7月1日，习近平总书记在庆祝中国共产党成立100周年大会上庄严宣告："经过全党全国各族人民持续奋斗，我们实现了第一个百年奋斗目标，在中华大地上全面建成了小康社会，历史性地解决了绝对贫困问题，正在意气风发向着全面建成社会主义现代化强国的第二个百年奋斗目标迈进。"[①]脱贫攻坚战的全面胜利，标志着我们党在团结带领人民创造美好生活，实现共同富裕的道路上迈出了坚实的一大步。同时，打赢脱贫攻坚战，全面建成小康社会，为促进共同富裕创造了良好条件，现在已经到了扎实推动共同富裕的历史阶段。回顾全面建成小康社会的历史进程，我们的小康社会不是一蹴而就的，而是不断地发展和提升的。从总体上看，全面建成小康社会经历了四个阶段，第一个阶段是基本实现人民的温饱，第二个阶段是实现人民的总体小康，第三个阶段是全面建设小康社会，第四个阶段就是真正全面建成小康社会，人民过上美好生活。全面建成小康社会的实现，真正体现了党脚踏实地，实事求是为人民的民生大计不懈努力。

（一）实现中国人民的温饱

小康社会的正式提出，是在1979年邓小平同志会见日本首相大平正芳的时候所说，"我们要实现四个现代化，是中国式的现代化。我们的四

[①] 习近平：《在庆祝中国共产党成立100周年大会上的讲话》，人民出版社2021年版，第2页。

第八章　坚持以人民为中心的发展思想

个现代化的概念，不是像你们那样的现代化的概念，而是'小康之家'"①。当时邓小平同志将"小康"解释为人民富足的意思，但是对"富足"的理解每个国家是不一样的。如果仅仅将小康理解为"富足"这样一个抽象的概念，难以调动人民群众投入经济建设中来的积极性。对此，邓小平同志提出，小康的具体指标就"要达到第三世界中比较富裕一点的国家的水平，比如国民平均收入达到1000美元"。这是我们党确立的第一个小康社会的目标。在邓小平同志看来，如果我们人均收入达到1000美元，就很不错，可以吃得好、穿得好、用得好，还可以增加外援。但是在20世纪80年代，我们国内的经济发展比预计的要严重，农业和能源减产，财政赤字增大，物价上涨。针对国内经济发展的实际，中央又对"小康"的标准进行了调整，从人均1000美元，调整到800美元。对这次调整，邓小平同志解释道，"本世纪末成为小康之家，日子好过一些可以提，实现四个现代化的口号，不能丢，至于时间、要求、标准、不要讲死了。""只要全国上下团结一致地、有秩序有步骤地前进，我们就能够更有信心经过二十年的时间，使我国现代化经济建设的发展达到小康水平，然后继续前进，逐步达到更高程度的现代化。"②至此，"小康之家"的定性与定量的目标得到了初步确定。现在来看人均800美元，我们觉得很少，因为我们的人均收入已经基本达到了1万美元，但是，要知道在国民经济刚刚恢复的1979年，我们的人均收入大概只有250美元，当时我们国家有几亿人是生活在贫困线以下的，先不说当时农村的贫困落后，就是在中国比较发达的上海，人均居住面积也只有4平方米，当时泰国的曼谷看起来都要比上海发达。所以说到20世纪末提高到800美元，这在当时是十分困难的，所以，邓小平同志作出的到2000年实现800美元的目标，是经过深思熟虑的，也是下了

---

① 《邓小平文选》第2卷，人民出版社1994年版，第237页。
② 《邓小平文选》第2卷，人民出版社1994年版，第356页。

很大的勇气的。

那么,实现这个800美元的量化指标具体怎么执行呢?1982年党的十二大正式提出了建设并进入"小康"的时间表,就是到2000年,在经济上要实现工农业总产值相对于1980年的水平翻两番。对于小康目标的实现方式,中央提出要坚持物质文明和精神文明协调发展,强调"两手抓、两手都要硬","小康"建设事业的总体布局也就初步形成了。"小康"这个"中国式现代化"目标的提出,是我们小康社会建设进程中的第一个历史阶段,它使中国的发展跳出了以"先生产、后生活"为特征的"赶超型"战略型经济发展模式,走上了经济与社会相协调的"渐进式"现代化道路。

(二)从"温饱"到"小康"

1986年与1978年相比,我国的国内生产总值、工农业总产值、国家财政收入和城乡居民平均收入水平都大体上翻了一番。工业主要领域在技术方面大体接近经济发达国家20世纪70年代或20世纪80年代初的水平,农业和其他产业部门的技术水平也有较大提高。城镇和绝大部分农村普及初中教育,大城市基本普及高中和相当于高中的职业技术教育。我们10亿人口的绝大多数解决了温饱问题,还有部分地区已经开始向小康社会过渡。这9年成为新中国成立以来经济发展生机最旺盛、国力增长最迅速、人民生活得到改善最多的时期。全国各族人民从自己的亲身经历中深深体会到周围所发生的深刻变化。

全面推行了联产承包责任制,发挥了8亿农民的巨大的建设社会主义积极性。目前农村的改革还在继续发展,农村经济开始向专业化、商品化、现代化转变,这种形势迫切要求疏通城乡流通渠道,为日益增多的农产品开拓市场,同时满足农民对工业品、科学技术和文化教育的不断增长的需求。农村改革的成功经验,农村经济发展对城市的要求,为以城市为

第八章　坚持以人民为中心的发展思想

重点的整个经济体制的改革提供了极为有利的条件。加之以城市为重点的整个经济体制改革也已经进行了许多试验和探索，采取了一些重大措施，取得了显著成效和重要经验，使经济生活开始出现了多年未有的活跃局面。但在当时城市改革还只是初步的，城市经济体制中严重妨碍生产力发展的种种弊端还没有从根本上消除。城市企业经济效益还很低，城市经济的巨大潜力还远远没有挖掘出来，生产、建设和流通领域中的种种损失和浪费还很严重，加快改革是城市经济进一步发展的内在要求。

在初步实现温饱的基础上，1987年党的十三大，根据远粗近细的原则，党中央提出了"三步走"的战略部署，即第一步是到1990年，彻底解决人民群众的温饱问题，在经济总量上，要实现比1980年的水平翻一番；第二步是到20世纪末，使人民群众的生活达到小康之家的水平，在经济增长指标上，要实现经济总量再翻一番；第三步是到21世纪中叶，要基本实现现代化的目标，并且要与国际对比进入中等发达国家的行列。党的十三大对实现小康社会作了具体的部署，提出了包括经济体制改革、政治体制改革和精神文明建设在内的社会主义现代化建设的"三位一体"总体布局，为后来逐步形成的"五位一体"的总体布局打下了基础。

从党的十三大到党的十四大，国民经济在加速发展中出现了一系列问题，1988年出现了经济"过热"和严重的通货膨胀，并且在治理整顿经济"过热"和通货膨胀的过程中，由于收缩过紧，从1990年开始又出现了经济滑坡、市场疲软、三角债困扰等问题，使国有大中型企业的改革艰难重重，并且发生了1989年春夏之交的政治风波，遇到了历史上罕见的洪涝灾害，以及东欧剧变、苏联解体国际政治的急剧变化等。在这矛盾复杂尖锐的问题面前，我们党迎难而上，抓住有利时机，加快改革开放步伐，作出一系列重大而正确的决策，领导全国人民实现了社会稳定、政治稳定和经济发展，到1990年，我们基本解决了11亿人民的温饱问题。

从1992年党的十四大开始到20世纪末,全党和全国人民面临两大奋斗目标。一个是发展的目标,即达到小康,要求我们必须把发展生产力摆在首要位置,以经济建设为中心,推动社会全面进步,使人民生活到20世纪末达到小康的水平。另一个是改革的目标,党的十四大正式提出要建立起社会主义市场经济体制。党的十四届三中全会审议通过的《中共中央关于建立社会主义市场经济体制若干问题的决定》,把党的十四大提出的建立社会主义市场经济体制的目标和原则具体化,给非公有制经济主体吃了"定心丸",彻底解决了"姓资"还是"姓社"的问题。

在第二次飞跃中,在全党全国人民20多年的艰苦奋斗之下,到2000年,中国的GDP为8.9万亿元,比1978年扩大了27倍;人均GDP接近8000元,约合945美元,比1978年提高了约4倍,"翻两番"的目标圆满完成。"三步走"发展战略的前两步目标如期实现:人民的生活水平,实现了从温饱向小康的跨越。

(三)"总体小康"到"全面建设小康"

经过20年的努力,我们已经实现了1987年党的十三大的"三步走"战略计划的前两步,人民生活总体上实现了小康。在2000年,我国GDP是8.9万亿元,按照当时的汇率来计算突破了1万亿美元,人均国内生产总值也突破了850美元,解决了温饱,总体实现了小康。在2002年党的十六大上,江泽民同志作了题为《全面建设小康社会,开创中国特色社会主义事业新局面》的报告,进一步将在党的十五大上确立的第二步发展战略目标,确立为全面建设小康社会。随着21世纪的到来,我国进入全面建设小康社会、加快推进社会主义现代化的新的发展阶段。

因为党的十三大发展目标是根据远粗近细的原则制定的,距离较远的年代,制定的发展规划就比较粗,那么如何进一步细分第三步战略目标,

第八章　坚持以人民为中心的发展思想

以及选择什么样的途径去实现第三步战略目标,成为当时摆在我们面前的一个重要问题。

为解决这一重大问题,1997年,党的十五大提出了新的"三步走"的发展战略:第一步,到2010年的时候,实现国内生产总值比2000年翻一番,使人民的小康生活更加宽裕,形成比较完善的社会主义市场经济体制;第二步,到2021年建党一百周年的时候,使国民经济更加发展,各项制度更加完善;第三步,新中国成立一百年的时候,也就是21世纪中叶,基本实现现代化,把我国建成富强民主文明的社会主义国家。新的"三步走"的发展战略为我国21世纪各项事业的发展指明了方向。党的十五届五中全会进一步提出,我国将从21世纪开始,进入全面建设小康社会、加快推进现代化的新发展阶段。这标志着我国社会主义现代化进程的阶段性目标由总体小康转向了全面小康。

21世纪的前20年是全面建设小康社会、加快推进现代化的新发展阶段,这一阶段是现代化建设第三步战略目标的必经阶段,起到了承上启下的作用,也是完善社会主义市场经济和扩大对外开放的关键阶段。但是,在20世纪的时候,中国人所达到的小康生活水平,是"低水平的、不全面的、发展很不平衡的小康"。我们国家的人均收入水平仍然较低,1000美元的人均收入水平,远低于世界平均水平。2000年,我国人均国内生产总值在世界上排名第112位,仍然处于低收入国家行列。我们国家的发展很不全面,社会主义现代化建设的主要精力放在了推动物质财富的积累上,而在社会保障、环境保护、区域协调、城乡共享方面仍有不足,尤其是对广大农民和城市下岗职工等社会弱势群体的保护不够,人民群众的收入水平和消费能力虽然有所提升,但人民群众对社会公平正义、环境健康舒适、生活安定保障等方面的满意度普遍较低。我们国家的发展很不平衡,很多农村地区的温饱问题仍然未得到彻底解决,在新的扶贫标准下的贫困

大国优势

发生率还比较高，2000年的贫困标准从1984年的人均200元，调到了人均865元，调整后，我们的贫困发生率是10.2%，城市中很多下岗职工的生活是在最低生活保障线之下，并且城乡、区域、行业之间的差别出现拉大的趋势。

面对改革开放20年来的各种问题，党的十六大报告提出："我们要在本世纪头二十年，集中力量，全面建设惠及十几亿人口的更高水平的小康社会，使经济更加发展、民生更加健全、科教更加进步、文化更加繁荣、社会更加和谐、人民生活更加殷实。"2000年10月，党的十五届五中全会通过了《中共中央关于制定国民经济和社会发展第十个五年计划的建议》。2001年3月，第九届全国人民代表大会第四次会议审议通过了《中华人民共和国国民经济和社会发展第十个五年计划纲要》。"十五计划"是中国新千年第一次置身于全球化背景之下的经济计划。这次计划的主要任务是正确处理改革、发展、稳定的关系；遵循速度和效益相统一的原则，推进经济增长方式的转变；充分发挥市场机制的作用；坚持可持续发展战略；逐步缩小地区间的发展差距。制定了国民经济和社会发展的方针和目标，全方位从经济结构和科技，教育和人才，人口、资源和环境，改革开放，人民生活，精神文明，民主法制，国防建设等方面作了具体部署，并确定了规划实施的方向就是改善宏观调控，保持经济稳定增长；创新实施机制，保障实现规划目标。

2002年党的十六大，又具体分析了当前我们党面临的困难，指出我们虽然已经达到了小康社会，但我们的小康社会是"低水平的、不全面的、发展很不平衡的小康"，人民日益增长的物质文化需要同落后的社会生产之间的矛盾仍然是我国社会的主要矛盾。"我国生产力和科技、教育还比较落后，实现工业化和现代化还有很长的路要走；城乡二元经济结构还没有改变，地区差距扩大的趋势尚未扭转，贫困人口还为数不少；人口总量继

第八章　坚持以人民为中心的发展思想

续增加，老龄人口比重上升，就业和社会保障压力增大；生态环境、自然资源和经济社会发展的矛盾日益突出；我们仍然面临发达国家在经济科技等方面占优势的压力；经济体制和其他方面的管理体制还不完善；民主法制建设和思想道德建设等方面还存在一些不容忽视的问题。"[①]所以，为了建设更高水平的小康社会还需要更加努力，为此党的十六大上就把全面建设小康社会放到了更加突出的位置，报告中为全面建设小康社会作出了具体的战略部署，设定了新的全面建设小康社会的目标。根据世界经济科技发展的新趋势和我国经济发展的新阶段的要求，提出了21世纪头二十年，我国的经济建设要走一条科技含量高、经济效益好、资源消耗低、环境污染少、人力资源优势得到充分发挥的新型工业化道路，积极推进我国经济、政治、文化、社会等的全面发展。这些要求凝聚了我们党对"什么是发展"和"怎样发展"的深刻认识。特别是2003年的非典，让我党认识到必须科学发展，坚持以人为本，树立全面、协调、可持续的发展观。

全面建设小康社会的十年，是新中国60多年来经济增长最快的十年，创造了世界大国经济增长速度的奇迹，取得举世公认的巨大成就。2002年中国GDP总量为10.34万亿元，到2012年则达到51.63万亿元，增长4倍多；同期财政收入则由1.89万亿元增加到11.73万亿元，增长5倍多。从国际上看，我们国家的经济总量，2000年超过意大利居第六位，2005年再超法国居第五位，2006年超过英国居第四位，2007年超过德国居第三位，2010年超过日本名列第二位，取得了巨大成就。总之，全面建设小康社会的十年，中国的经济发展水平上了一个大台阶，为我们进一步全面建成小康社会提供了坚实的物质基础，也为国家治理体系和治理能力现代化积累了丰富的经验。

[①]《中国共产党第十六次全国代表大会文件汇编》，人民出版社2002年版，第18页。

（四）从"全面建设小康社会"到"全面建成小康社会"

2007年，党的十七大报告提出，确保到2020年实现全面建成小康社会的伟大目标。党的十八大报告重申了全面建成小康社会的目标，并且对全面建成小康社会做了明确的标准，即经济持续健康发展，人民民主不断扩大，文化软实力显著增强，人民生活水平全面提高，资源节约型、环境友好型社会取得重大进展。实现国内生产总值和城乡居民人均收入比2010年翻一番。党的十八大关于全面建成小康社会的指标具有极大的含金量，表明我们党领导经济建设的信心显著增强。这展现出了中国共产党对中国特色社会主义进入新时代之后能够继续带领全国人民成功建成现代化强国的决心。党的十九大报告首次提出要坚决打好"三大攻坚战"，强调全面建成小康社会要突出抓重点、补短板、强弱项，特别是要坚决打好防范化解重大风险、精准脱贫、污染防治的攻坚战，使全面建成小康社会得到人民认可，经得起历史检验。"三大攻坚战"的提出，充分体现了我们党在全面建成小康社会决胜期对形势挑战的清醒判断、对目标任务的精准把握。

党的十八大以来，在以习近平同志为核心的党中央的坚强领导下，党和国家事业发生了历史性变化，取得了全面建成小康社会的伟大胜利。2023年，我国国内生产总值超过126万亿元，增长5.2%，增速居世界主要经济体前列，人均GDP达8.94万元，居民人均可支配收入实际增长6.1%，城镇新增就业1244万人，城镇调查失业率平均为5.2%。全年居民消费价格上涨0.2%。国际收支基本平衡。城乡居民收入差距继续缩小。脱贫攻坚成果巩固拓展，脱贫地区农村居民收入增长8.4%，提高"一老一小"个人所得税专项附加扣除标准，6600多万纳税人受益，脱贫人口务工规模超过3300万。全国粮食产量1.39万亿斤，再创历史新高。国产大飞机C919投入商业运营，国产大型邮轮成功建造，新能源汽车产销量占全球比重超过

60%。技术合同成交额增长28.6%。创新驱动发展能力持续提升。"三北"工程攻坚战全面启动。可再生能源发电装机规模历史性超过火电，全年新增装机超过全球一半。由此看出，全面建成小康社会取得的巨大成就，为促进共同富裕奠定了坚实的物质基础，创造了良好的发展环境。

奋斗创造历史，实干成就未来。今天，我们完成了脱贫攻坚，全面建成小康社会的历史任务，实现了"民亦劳止，汔可小康"这个中华民族千百年来的梦想，打赢了人类历史上规模最大的脱贫攻坚战，全国832个贫困县全部摘帽，近1亿农村贫困人口实现脱贫，960多万贫困人口实现易地搬迁，历史性解决了绝对贫困问题，为全球减贫事业作出了重大贡献。全面建成小康社会的伟大胜利，也是落实以人民为中心的发展思想的新起点。站在新的历史起点上，我们要坚持尽力而为、量力而行、循序渐进、久久为功，进一步贯彻以人民为中心的发展思想，使我国人民生活更加幸福美好，居民可支配收入再上新台阶，中等收入群体比重明显提高，基本公共服务实现均等化，农村基本具备现代生活条件，社会保持长期稳定，人的全面发展、全体人民共同富裕取得更为明显的实质性进展。

第九章

坚持改革创新，激发和增强社会活力

在中国共产党的正确领导下，我们不断坚持改革创新、与时俱进，善于自我完善、自我发展，推动党和国家事业取得巨大成就，经济社会健康稳定发展，国家制度建设取得丰硕成果，制度优势充分转化为国家治理效能，社会在保持秩序井然的同时充满了旺盛的生机活力。党的十九届四中全会提出了关于国家制度和国家治理体系的显著优势之一："坚持改革创新、与时俱进，善于自我完善、自我发展，使社会始终充满生机活力的显著优势。"[1]党的二十大报告明确指出："深入推进改革创新，坚定不移扩大开放，着力破解深层次体制机制障碍，不断彰显中国特色社会主义制度优势，不断增强社会主义现代化建设的动力和活力，把我国制度优势更好转化为国家治理效能。"2024年7月，党的二十届三中全会在北京召开，重点研究进一步全面深化改革、推进中国式现代化问题。百余年中国革命、建设和改革的实践证明，只有中国共产党才能建设好中国特色社会主义，使国家制度和国家治理体系不断完善发展。从20世纪20年代以来中国艰苦卓绝的奋斗史来看，中国共产党之所以能够团结带领全国各族人民完成中国的历史任务，从争取民族独立、人民解放到实现国家富强、人民富裕，与我们党始终坚持改革创新、与时俱进，善于自我完善、自我发展是分不

---

[1]《中共中央关于坚持和完善中国特色社会主义制度 推进国家治理体系和治理能力现代化若干重大问题的决定》，人民出版社2019年版，第4页。

第九章　坚持改革创新，激发和增强社会活力

开的。

一、坚持改革创新、与时俱进

改革创新、与时俱进，就是要坚持历史唯物主义和辩证唯物主义的基本观点，根据社会生产力发展的情况调整生产关系，依据经济基础发展的状况调整上层建筑，适应我国社会基本矛盾运动的变化来推进社会发展。只有不断进行改革创新，才能破除阻碍生产力发展和经济基础变革的思想观念，解决体制机制的弊端，突破利益固化的樊篱；才能不断解放和发展社会生产力，激发和释放社会活力，提升国家治理效能。

习近平总书记在布鲁塞尔同时任欧洲理事会主席范龙佩举行会谈时表示，中国和欧盟要做改革伙伴，在各自改革进程中相互借鉴、相互支持，为世界各国开风气之先。纵观世界历史，一个国家无论多么强大和富有，一旦它放弃改革创新，就会走进死胡同。几乎每一次重大社会进步，都必然伴随着一场重大改革。从革命战争时期到改革建设时期，中国共产党始终坚持实事求是，始终坚持改革创新、与时俱进，领导中国人民不断探索社会主义发展道路。在1934年11月，红四方面军就曾制定过一份用以宣誓的《训词》，内容共16个字："智勇坚定，排难创新，团结奋斗，不胜不休。"[①]改革创新是中国共产党探索社会主义制度体系的重要利器，以此为指向逐步创建出一整套具有中国特色的国家制度和国家治理体系。中国特色社会主义坚持不断改革创新，持续推动国家制度体系的完善健全，全面推进经济、政治、文化、社会、生态文明等方面制度协同发展，形成了各尽所能、各得其所的建设和发展局面，有利于激发社会活力，调动一切积极因素。

[①] 李忠杰：《坚持发挥改革创新与时俱进的优势》，《红旗文稿》2020年第6期。

大国优势

（一）经济制度与经济体制改革

我国坚持改革创新、与时俱进，不断地调整改革经济体制，从计划经济走向市场经济，在较短时间内迅速建立了相对独立、完整的工业体系，实现了从农业为主向工业、服务业为主的产业结构变迁，科技实力不断增强，人均收入显著提高，上亿人走出绝对贫困。

新中国成立前期，面临复杂的国内外形势，我们着力进行农业、手工业和资本主义工商业的社会主义改造，社会主义制度基本建立。生产资料的单一公有制和高度集中的计划经济体制极大地增强了政府动员和配置资源的能力，在当时所处的环境下，为稳定政治局面、抵御外部势力起到了决定性作用。1978年12月，党的十一届三中全会将国家工作的重点转移到经济建设方面，我国由此进入改革开放和社会主义现代化建设新时期。邓小平同志曾对改革开放的性质作出重要论述，即"改革是社会主义制度的自我完善"[1]。同时，他指出，我们的改革"总的目的是要有利于巩固社会主义制度，有利于巩固党的领导，有利于在党的领导和社会主义制度下发展生产力"[2]。1979年4月，中共中央召开会议，决定对国民经济实行"调整、改革、整顿、提高"的新八字方针，经过一轮调整，基本上解决了过去的高积累、低消费的问题。相关数据显示，1983年比1978年，扣除物价上升因素之后，全国居民消费水平提高41.3%，农民收入增长98.4%，职工平均工资增长15.3%，城乡居民储蓄增加324%。人民生活改善的速度是新中国30多年期间最快的。[3]同年11月26日，邓小平同志指出，"社会主义为什么不可以搞市场经济，这个不能说是资本主义。我们是计划经济为

---

[1]《邓小平文选》第3卷，人民出版社1993年版，第142页。
[2]《邓小平文选》第3卷，人民出版社1993年版，第241页。
[3] 参见郑有贵主编：《中华人民共和国经济史（1949—2012）》，当代中国出版社2016年版。

第九章　坚持改革创新，激发和增强社会活力

主，也结合市场经济，但这是社会主义的市场经济"①。

随着社会主义市场经济的发展，我国逐渐开始对社会主义市场经济体制推行渐进式改革。1982年9月，党的十二大正式确立"计划经济为主，市场调节为辅"的经济建设和改革原则，并指出："我国在公有制基础上实行计划经济。有计划地生产和流通，是我国国民经济的主体。同时，允许对于部分产品的生产和流通不作计划，由市场来调节，也就是说，根据不同时期的具体情况，由国家统一计划划出一定的范围，由价值规律自发地起调节作用。这一部分是有计划生产和流通的补充，是从属的、次要的，但又是必需的、有益的。"②1984年10月，党的十二届三中全会通过了《关于经济体制改革的决定》，认为社会主义计划经济"是在公有制基础上的有计划的商品经济。商品经济的充分发展，是社会经济发展的不可逾越的阶段"③。正如邓小平同志所说，这个决定讲了一些"我们老祖宗没有说过的话，有些新话"，"过去我们不可能写出这样的文件，没有前几年的实践不可能写出这样的文件。写出来，也很不容易通过，会被看作'异端'"④。1992年10月，党的十四大正式召开，江泽民同志指出："我国经济体制改革的目标是建立社会主义市场经济体制，以利于进一步解放和发展生产力。"⑤

2003年10月，党的十六届三中全会通过了《中共中央关于完善社会主义市场经济体制若干问题的决定》（以下简称《决定》），该《决定》标志着中国经济体制改革正式进入了完善社会主义市场经济体制的新时期。此

---

① 《邓小平文选》第2卷，人民出版社1994年版，第236页。
② 中共中央文献研究室编：《十二大以来重要文献选编》上，人民出版社1986年版，第22页。
③ 中共中央文献研究室编：《十二大以来重要文献选编》中，人民出版社1986年版，第568页。
④ 《邓小平文选》第3卷，人民出版社1993年版，第91页。
⑤ 《江泽民文选》第1卷，人民出版社2006年版，第226页。

后，国家不断深化政府与市场关系的认识，从党的十七大"从制度上更好发挥市场在资源配置中的基础性作用"到党的十八大"更大程度更广范围发挥市场在资源配置中的基础性作用"。政府对市场管理的力度在提高，准确度在加强，将主要精力都投向市场体系的建设。与此同时，我国始终坚持"两个毫不动摇"的主要思想，鼓励非公经济发展，截至2012年末，私营企业、个体企业的城镇就业人员达13200万人，比2002年增加了8932万人。

党的十八大以来，中国特色社会主义进入新时代。习近平总书记明确指出："经过二十多年实践，我国社会主义市场经济体制已经初步建立，但仍存在不少问题。"[①]党的十八届三中全会正式通过了《中共中央关于全面深化改革若干重大问题的决定》，该决定提出，"经济体制改革是全面深化改革的重点，核心问题是处理好政府和市场的关系，使市场在资源配置中起决定性作用和更好发挥政府作用"。这是以习近平同志为核心的党中央深刻总结历史，根据中国实际，所作出的重大经济理论创新。党的十九大报告指出："使市场在资源配置中起决定性作用，更好发挥政府作用。"党的二十大报告再次强调指出："充分发挥市场在资源配置中的决定性作用，更好发挥政府作用。"党的二十届三中全会进一步强调："高水平社会主义市场经济体制是中国式现代化的重要保障。"

（二）政治制度与政治体制改革

中国的政治制度是中国共产党结合中国国情，带领人民群众所创造的伟大成果，既没有照搬西方国家的政治制度，也没有延续以往传统的政治制度。中国不断地推进政治制度改革创新和政治体制改革，坚持不断完善

[①] 中共中央文献研究室编：《习近平关于社会主义经济建设论述摘编》，中央文献出版社2017年版，第51页。

第九章　坚持改革创新，激发和增强社会活力

和发展我国政治制度体系，形成了以根本政治制度、基本政治制度为框架的中国特色政治制度体系，其中根本政治制度即人民代表大会制度，基本政治制度即中国共产党领导的多党合作和政治协商制度、民族区域自治制度、基层群众自治制度。

新中国成立之后，我国建立了工人阶级领导的以工农联盟为基础的人民民主专政的国家政权。1954年9月，第一届全国人民代表大会第一次会议在北京召开，会议正式通过了《中华人民共和国宪法》，确定了人民代表大会制度、中国共产党领导的多党合作和政治协商制度、民族区域自治制度三大政治制度。首先，人民代表大会制度是中国共产党结合中国国情所制定的社会主义民主制度。我国宪法规定，中华人民共和国是工人阶级领导的、以工农联盟为基础的人民民主专政的社会主义国家。中华人民共和国的一切权力属于人民。这就从根本上决定了，我国必须充分保障人民参政、议政的基本权利，而且政治改革的方向是社会主义的，而非资本主义的。历史事实证明，资本主义国家所流行的"议会制""三权分立"等制度不适用于中国实际，在实践中遭遇了很大的挫折。其次，中国共产党领导的多党合作和政治协商制度是中国共产党在实践中逐步探索的伟大创造。孙中山先生的"多党制"与蒋介石的"独裁制"在中国革命的浪潮中都以失败而落下帷幕。中国共产党在革命时期就一直倡导各党派合作，构建抗日民族统一战线，共同抗击日本帝国主义。因此，中国共产党领导的多党合作和政治协商制度来源于中国革命的成功实践。毛泽东同志指出："中国无产阶级应该懂得：他们自己虽然是一个最有觉悟性和最有组织性的阶级，但是如果单凭自己一个阶级的力量，是不能胜利的。而要胜利，他们就必须在各种不同的情形下团结一切可能的革命的阶级和阶层，组织革命的统一战线。"[①]随后，在不到三年的时间里，我国顺利地完成社会主

---

① 《毛泽东选集》第2卷，人民出版社1991年版，第645页。

义改造任务，实现了新民主主义到社会主义的过渡，初步建立了社会主义制度。

1978年，党的十一届三中全会拉开了改革开放的帷幕，在总结以往经验与教训的基础上，政治体制改革随之同步推进。1980年8月，邓小平同志指出："改革并完善党和国家各方面的制度，是一项艰巨的长期的任务，改革并完善党和国家的领导制度，是实现这个任务的关键。"[1]同时，随着经济改革的不断深入，经济体制与政治体制之间的矛盾越发突出，邓小平同志意识到推进改革政治体制的急迫性。他指出："只有对这些弊端进行有计划、有步骤而又坚决彻底的改革，人民才会信任我们的领导，才会信任党和社会主义，我们的事业才有无限的希望。"[2]同时，政治体制改革的必要性关键在于确立一套好的制度，人为因素和制度因素在决策中都发挥了重要作用，而且制度因素起长远性、根本性和全局性作用。邓小平同志认为，"我们过去发生的各种错误，固然与某些领导人的思想、作风有关，但是组织制度、工作制度方面的问题更重要。这些方面的制度好可以使坏人无法任意横行，制度不好可以使好人无法充分做好事，甚至会走向反面"[3]。邓小平同志这一系列重要论述为我国在之后推进政治体制改革起到了引领作用，确立了我国政治体制改革的指导思想和基本原则，成为我国政治体制改革的指导性纲领，拉开了我国政治体制改革的序幕。

经历一番挫折之后，我国政治体制主要呈现出高度集中的特征，行政体制管理范围广、力度大，出现了官僚主义等一系列不当作风。党的十三大报告明确指出，"在具体的领导制度、组织形式和工作方式上，存在着一些重大缺陷，主要表现为权力过分集中，官僚主义严重，封建主义影响

---

[1] 《邓小平文选》第2卷，人民出版社1994年版，第342页。
[2] 《邓小平文选》第2卷，人民出版社1994年版，第333页。
[3] 《邓小平文选》第2卷，人民出版社1994年版，第333页。

第九章 坚持改革创新，激发和增强社会活力

远未肃清"；政治体制改革的长远目标是"建立高度民主、法制完备、富有效率、充满活力的社会主义政治体制"；近期目标是"建立有利于提高效率、增强活力和调动各方面积极性的领导体制"。1988年，国务院机构进行重大改革，大幅度地精简人员、合并机构，在一定程度上重新焕发了行政机构的活力。政治体制改革最核心的内容是党和国家领导制度的改革。在1988年的改革之后，政治体制改革以完善和发展社会主义政治制度为主要内容，中共中央机构于1993年和1999年先后进行了2次改革，国务院机构于1993年、1998年、2003年、2008年先后进行了4次改革。[①]

党的十八大以来，以习近平同志为核心的党中央不断地探索党的领导、人民当家作主、依法治国的实现路径，明确提出政治体制改革的七项主要任务，即支持和保证人民通过人民代表大会行使国家权力，健全社会主义协商民主制度，完善基层民主制度，全面推进依法治国，深化行政体制改革，健全权力运行制约和监督体系，巩固和发展最广泛的爱国统一战线。在党的坚强领导下，我国才能始终坚持不断改革，持续地推动经济社会长期向好发展。坚持和完善党的领导，是国家长远持续发展的根本保证，是我国制度体系不断发展与完善的根本保障。习近平总书记高度重视党的领导与党的建设，突出党的全面领导与集中统一领导，成立了多个专门小组或委员会，精准对口专项工作。2018年，中共中央印发了《深化党和国家机构改革方案》，进一步理顺党政关系，合并类似职能，避免重复交叉，协调党政部门之间的工作关系，使中央职能部门在党的领导下更好地开展工作。中共中央机构于2018年集中进行了改革，国务院机构于2013年、2018年进行了2次改革。改革后，党中央机构共计减少6个，其中，正部级机构减少4个、副部级机构减少2个；国务院机构共计减少15个，

[①] 参见李正华：《新中国政治体制改革和政治文明建设》，《当代中国史研究》2019年第5期。

其中，正部级机构减少8个，副部级机构减少7个。全国人大和全国政协各增加了1个专门委员会。①同时，我国推进国家监察体制改革，设立各级监察委员会，实现对公权力的监督全覆盖，实现依法治国与依规治党、国家监察与党内监督有机统一。党的二十届二中全会根据党的二十大关于深化党和国家机构改革的重要部署，审议通过了《党和国家机构改革方案》；十四届全国人大一次会议表决通过了关于国务院机构改革方案的决定。2023年开始的新一轮党和国家机构改革紧扣实现中国式现代化，明显加快了国家治理现代化的步伐，是对推进国家治理现代化的新探索。党的二十届三中全会确定了进一步全面深化改革的总体目标，其中包括聚焦发展全过程人民民主，坚持党的领导、人民当家作主、依法治国有机统一，推动人民当家作主制度更加健全、协商民主广泛多层制度化发展、中国特色社会主义法治体系更加完善，社会主义法治国家建设达到更高水平。

（三）社会制度与社会体制改革

我国积极推进改革创新，与时代同步伐，在社会体制改革方面取得了显著成绩：一是在经济发展迅速、各种新业态不断涌现、我国实施积极就业政策的推动下，就业稳中有进，市场就业压力得到一定程度上的缓解；二是各项社会保障全民覆盖，城乡最低生活保障覆盖面稳步扩大，精准扶贫政策对准农村最低生活水平的人口；三是教育投资显著增加，全面普及基础教育，教育设施得到有效改善，教育公平得到促进；四是简政放权力度进一步加大，不断深化行政审批制度改革，改进行政管理方式，加强行政法制建设，加快转变政府职能；五是不断完善政府主导、社会参与、责权明确、调控有力、运转协调的社会管理体制；六是积极推进基层社区居

---

① 参见《〈中共中央关于深化党和国家机构改革的决定〉〈深化党和国家机构改革方案〉辅导读本》，人民出版社2018年版，第102—103页。

第九章　坚持改革创新，激发和增强社会活力

民自治，探索社区建设新模式，培育发展民间组织；七是健全分类管理、分级负责、条块分割、协调有序、运转高效的应急管理体制，努力提高保障公共安全和处置突发事件的能力，有效应对了新冠疫情等一系列突发事件；八是农村社会建设得到重视和发展，各项基础设施逐渐完善，人民生活水平显著提高；等等。这些显著成就充分体现了中国共产党敢于创新，勇于改革，不断探索适合中国人民的社会制度与社会体制，更好地满足中国人民的生产生活需要。

1994年，为了参加1995年的世界发展首脑会议，我国首次召开全国社会发展工作会议。这次会议在可持续发展战略的指导下，讨论制定了我国首部《1996—2010年全国社会发展纲要》(以下简称《纲要》)。《纲要》一开始就指出，为了全面规划和更好地推进各项社会事业，促进经济与社会协调发展，特制定本纲要。《纲要》共30条，把加快科技、教育发展，拓宽就业渠道，健全社会保障制度等作为社会事业的主要目标列入纲要计划。这次会议及其之后，党中央把实现经济和社会协调发展作为我国社会主义现代化建设的一个重要指导方针，号召全党在实现跨世纪发展的目标中，必须继续推进各项社会事业发展。各级党委和政府的主要同志，在经济建设任务十分繁重的情况下，一定要统筹兼顾地抓好教育、科技、文化、卫生、体育、环境保护、计划生育等各项工作，努力促进经济、社会、环境协调发展。此后，全国及各地结合国情和省情，不断加强领导，加大投入，有力地促进了社会事业的全面发展。在此期间，对长期以来制约我国改革和发展的养老、失业等社会保险制度进行了较全面的改革，扩大了社会保险的实施范围，调整了社会保险待遇的结构，推行职工个人缴纳部分养老保险金的制度。从1996年开始，各地各部门按照"社会统筹与个人账户相结合"的原则，制定并出台了养老保险制度改革方案。1992年，党的十四大明确提出要建立社会主义市场经济体制。2000年，我国人均

大国优势

GDP超过800美元，人民生活总体上达到小康水平。进入21世纪后，中国提出全面建设小康社会的目标。2020年达到经济更加发展、民主更加健全、科教更加进步、文化更加繁荣、社会更加和谐、人民生活更加殷实的小康社会。2000—2012年，我国社会建设在这十几年中进入快车道，教育和社会保障加快发展，搭建起覆盖城乡全体居民的社会保障体系框架。

党的十八大以来，我国坚持以人民为中心的发展思想，十分重视社会建设，推进社会领域改革。社会体制改革与人民群众的切身利益紧密相连，我国坚持从保障和改善民生入手，推动改革成果更广泛、更直接地惠及广大人民群众。人口问题与计划生育是我国可持续发展的关键，是完善人口战略的重要举措。党的十八届五中全会确定实行"全面二孩"政策。2024年5月31日起，全国范围内全面放开三胎政策，《中华人民共和国人口与计划生育法》第十八条明确规定，一对夫妻可以生育三个子女。就业是民生之本。党中央、国务院围绕就业优先战略，将稳定和扩大就业作为经济运行的下限，推出了大学生创业引领计划。户籍制度改革是阻碍农业转移人口融入城镇的主要制度性障碍，是一项复杂而巨大的工程。党中央在建立城乡统一的户口登记制度的基础上，推动城乡医疗、养老、教育等多领域改革，有序推进农业转移人口市民化，推进城乡公共服务均等化，促进城镇化水平不断提高。同时，我国通过打赢脱贫攻坚战，推动社会保障制度改革等多项重要举措，为实现共享发展、全面建成小康社会提供了强大动能，奠定了有效的制度基础。党的二十大报告进一步明确指出："我们要实现好、维护好、发展好最广大人民根本利益，紧紧抓住人民最关心最直接最现实的利益问题，坚持尽力而为、量力而行，深入群众、深入基层，采取更多惠民生、暖民心举措，着力解决好人民群众急难愁盼问题，健全基本公共服务体系，提高公共服务水平，增强均衡性和可及性，扎实推进共同富裕。"党的二十届三中全会指出，进一步全面深化改革，要"聚焦提高人民生活品质",未来五年重点部署的改革举措中,"健全保障和改善民生制度体系"是重要的一项。要加强普惠性、基础性、兜底性民生建设,解决好人民最关心、最直接、最现实的利益问题,不断满足人民对美好生活的向往。

(四)文化制度与文化体制改革

随着集中的计划经济体制向市场经济体制转型,邓小平同志要求"两手都要抓,两手都要硬",同时抓好物质文明和精神文明。改革开放40多年以来,中国文化体制发生了巨大变化,随着计划经济体制向市场经济体制转型,文化管理体制改革不断深化,实现了新的文化管理制度转型。文化体制改革从局部到整体,从机制创新到体制改革不断深化,并正在向国家、市场、社会共治格局的新时代迈进,号准新时代社会主要矛盾转变给文化发展赋予的历史使命,推进文化制度体系不断完善,实现文化治理体系和治理能力的现代化。

1998年8月,国务院批准文化部设立文化产业司,这是政府部门第一次设立文化产业专门管理机构。2000年10月,《中共中央关于制定国民经济和社会发展第十个五年计划的建议》,提出了"深化文化体制改革""完善文化产业政策"的任务,并首次在政府文件中使用"文化产业"概念。2002年10月,党的十六大报告中明确提出:"完善文化产业政策,支持文化产业发展,增强我国文化产业的整体实力和竞争力。"自此,文化商业属性或经济属性的认识被社会普遍接受下来,各地区也开始把文化产业发展作为经济发展的重要部门对待。文化属性认识超越单一、简单意识形态属性,文化兼具意识形态和商业双重属性的理论判断,快速推动了管理政策创新,成为文化领域解放思想最集中的收获,为更加全面推进文化改革发展创造了条件。①

　　文化价值定位在深化中占据了更独立、更重要的位置，逐步凸显了文化建设的核心地位。1986年9月，党的十二届六中全会通过了《中共中央关于社会主义精神文明建设指导方针的决议》，在当时意识形态斗争形势比较突出的环境下，明确了精神文明建设的战略地位、根本任务和基本指导方针，是新时期加强社会主义精神文明建设的纲领性文件，从较宽泛的意义上探讨了文化领域建设问题。1996年10月，党的十四届六中全会通过了《中共中央关于加强社会主义精神文明建设若干重要问题的决议》，主要讨论了思想道德和文化建设问题。再度聚焦精神文明建设，并强调物质文明与精神文明协调发展，一手抓繁荣，一手抓管理，促进巩固中国特色社会主义市场经济的发展方向。1997年9月，党的十五大围绕建设富强民主文明的社会主义现代化国家目标，明确提出要实现物质文明、政治文明和精神文明全面发展，把精神文明纳入"三位一体"的社会主义"三种文明"建设总体布局。至此，围绕文化建设价值和地位的认识，又向前推进一步，战略中心地位价值更加凸显。②

　　进入21世纪后，我国更注重系统全面地推动文化体制改革，运用顶层设计与摸着石头过河相结合的方法论，全面搭建文化体制的系统架构。2005年12月，中共中央、国务院颁布实施《关于深化文化体制改革的若干意见》，作为指导文化体制改革的纲领性文献，重申文化体制改革的指导思想、方针原则、基本思路、目标任务，强调以改革为动力，体制机制创新为重点，逐步构建宏观文化管理体制，形成文化生产和文化服务的微观运行机制，构建公共文化服务体系，形成产业格局、现代文化市场体系、

---

　　① 参见高宏存：《改革开放40年文化体制改革的主要成就与趋势展望》，《行政管理改革》2018年第12期。

　　② 参见高宏存：《改革开放40年文化体制改革的主要成就与趋势展望》，《行政管理改革》2018年第12期。

第九章　坚持改革创新，激发和增强社会活力

文化创新体系，形成中华文化的开放格局，提升中华文化的国际影响力和竞争力。[①]2010年4月，中共中央办公厅、国务院办公厅转发《中央宣传部关于党的十六大以来文化体制改革及文化事业文化产业发展情况和下一步工作意见》，确定2012年前文化体制改革的主要任务。党的十七届六中全会提出坚持中国特色社会主义文化发展道路，建设社会主义文化强国的目标和任务。[②]

党的十八大以来，文化体制改革更注重顶层设计和部门协作。2014年2月，中央全面深化改革领导小组通过《深化文化体制改革实施方案》，列出25项、104条改革举措及工作项目，规定路线图、时间表、任务书。出台构建现代公共文化服务体系、中华优秀传统文化传承发展工程、国际传播能力建设等40多项改革文件，搭建"四梁八柱"性质的文化体制机制。[③]2017年5月，中共中央办公厅和国务院办公厅联合印发了《国家"十三五"时期文化发展改革规划纲要》，其中明确提出，"全面建成小康社会，迫切需要补齐文化发展短板"，吹响了全面推进文化建设的号角，再次明确了文化建设在整个国家现代化建设布局中的核心地位。总之，与国家所处经济社会发展的阶段性相适应，文化体制改革推进过程的顶层设计的成型与制度完善，是在整个社会发展中渐次展开的，也符合制度形成的规律，文化体制变革在实践推动与改革发展中、文化事业在注重建设与管理探索统一中得到完善，既推动了文化领域中国特色社会主义制度的自我完善和发展，也推进了中国特色社会主义文化的发展与繁荣。

[①] 中共中央文献研究室编：《十六大以来重要文献选编》下，中央文献出版社2008年版，第129页。

[②] 参见徐京跃、隋笑飞：《深化文化体制改革任务展望——访中央文化体制改革和发展工作领导小组办公室主任、中宣部副部长孙志军》，《光明日报》2014年3月12日。

[③] 参见刘仓：《改革开放以来文化体制改革的四条经验》，《求索》2018年第4期。

党的二十大报告明确指出："全面建设社会主义现代化国家，必须坚持中国特色社会主义文化发展道路，增强文化自信，围绕举旗帜、聚民心、育新人、兴文化、展形象建设社会主义文化强国，发展面向现代化、面向世界、面向未来的，民族的科学的大众的社会主义文化，激发全民族文化创新创造活力，增强实现中华民族伟大复兴的精神力量。"在文化体制改革的进程中，我国坚持不断健全现代文化市场体系，实现"两种属性""两个效益"相统一。国有企业是建设社会主义先进文化的重要力量，以追求社会效益为主，引领文化发展质量和效益的提升，增强了发展活力，强化了导向管理，繁荣了文艺创作。贯彻以人民为中心的创作导向，让人民群众享有更多文化发展成果。文化体制改革持续聚焦短板发力，以文化扶贫助推文化小康，基本公共文化服务标准化、均等化水平不断提高，免费向人民群众提供各类文化资源，打通公共文化服务"最后一公里"。文化体制改革持续向前推动，体制机制创新长期推进，优秀正能量作品不断涌现，促使中华优秀传统文化不断发扬光大。党的二十届三中全会明确指出，中国式现代化是物质文明和精神文明相协调的现代化。必须增强文化自信，发展社会主义先进文化，弘扬革命文化，传承中华优秀传统文化，加快适应信息技术迅猛发展新形势，培育形成规模宏大的优秀文化人才队伍，激发全民族文化创新创造活力。

（五）生态文明制度与生态文明体制改革

新中国成立以来，我国坚持改革创新，长期注重调整和改革生态环保政策，推进生态环保体制机制改革，与经济发展相协调，充分满足人民群众生活工作的生态环保需求。新中国成立至改革开放前，社会主义工业化建设拉开序幕，环境污染问题在一些领域开始显现。为了绿色工业化的建设，绿色环保相关的政策和措施相继颁布和实施，在环境卫生、工业污染

第九章　坚持改革创新，激发和增强社会活力

防治、资源节约与保护方面取得了一定的成效，一定程度上解决了当时的环境污染问题。1972年，联合国召开人类环境会议，成为中国启动环境治理的引擎。同年，中国第一个环境保护机构——国务院环境保护领导小组成立。1973年，第一次全国环境保护会议召开，"32字方针"的确立，构建了中国环境规制政策体系，确立了环境保护事业的基本理念和发展蓝图。

改革开放后，公有制经济单一发展的局面转向公有制为主体、多种所有制经济多元发展的新格局。但多数民营企业缺乏环境责任意识，环保管理水平低，造成了较为严重的环境破坏问题。环境保护刻不容缓，相关法律法规的出台和相关机构的建设迫在眉睫。1978年，五届全国人大一次会议，将环境保护首次写入宪法，体现了党和政府对环保事业的高度关注和依法治理的决心。《中华人民共和国环境保护法》的颁布标志着我国环境规制立法体系的初步形成。1983年，国务院召开第二次全国环境保护会议，正式确立了保护环境的基本国策和"预防为主、防治结合""谁污染谁治理""强化环境管理"的三大环保政策，使环境保护从经济建设的边缘地位转移到中心位置。[①]总的来说，这一时期中国环境保护工作经历了由逐渐步入正轨—环境规制法制化—环境管理组织体系的形成，最终形成环境规制政策体系，并从这些经历中获得重要思路和宝贵经验，不断创新和完善中国环境规制政策体系。

随着改革开放和社会主义市场经济体制的正式确立，我国社会各领域全面推进改革开放，经济步入快速发展时期，以牺牲环境为代价的经济发展引起生态环境不断恶化。具体来看，这一时期环境保护工作部署主要包括：一是确立了可持续发展的国家战略地位。我国明确将可持续发展作为

---

① 参见张小筠；刘戒骄：《新中国70年环境规制政策变迁与取向观察》，《改革》2019年第10期。

经济发展的基本战略和指导方针，并指出实现可持续发展的核心问题是实现经济社会和人口、资源、环境的协调发展，这意味着我国的发展已不仅仅是经济上的发展，环境保护也已升级为发展问题，其外延得到进一步扩展。二是坚持污染防治和生态保护并重。1996年，第四次全国环境保护会议明确提出"坚持污染防治和生态保护并重"的环境保护思路，并确定了这一时期环境保护的工作重点——"一控双达标"和"33211"环境工程，这意味着我国环境保护工作进入新的阶段。这一时期，我国环境保护政策体系得到快速发展，不论是环保法律法规建设，还是环境管理体制，都有了更进一步的完善，环境保护工作被纳入经济和社会发展的中长期规划，环保机构的设置更加系统化、综合化。[1]

2000年以来，改革开放向纵深方向发展，工业化和城镇化水平不断提高，中国经济总量随着以重工业为主的发展而持续扩大。但是，以重工业为主的粗放发展方式是以资源的巨大消耗和环境的严重破坏为代价的，是不可持续的发展方式。党的十六大报告中提出了我国的新型工业化道路，即"一条科技含量高、经济效益好、资源消耗低、环境污染少、人力资源优势得到充分发挥的新型工业化路子"。这一论断表明在新技术的引领下，中国从以前的"先污染，后治理"路径转向了"尽量不污染，同时抓治理"的路径。[2]党的十七大报告进一步提出了"建设生态文明，基本形成节约能源资源和保护生态环境的产业结构、增长方式、消费模式"。为全面落实科学发展观，贯彻建设生态文明的战略思想，在这一时期，我国进一步完善了环保法律法规建设。在这一时期，我国环境规制政策体系实现了重大战略转型，政策理念由过去重经济增长、轻环境保护向两者并重转变，政

---

[1] 参见张小筠；刘戒骄：《新中国70年环境规制政策变迁与取向观察》，《改革》2019年第10期。

[2] 参见刘鑫鑫、杨彬彬：《改革开放40年中国生态文明建设路径探析——以改革开放以来历次党代会报告为研究样本》，《创新》2018年第6期。

第九章　坚持改革创新，激发和增强社会活力

策目标由过去环境保护滞后于经济发展向两者同步发展转变，政策手段由过去以行政为主向行政、经济、法律、技术手段相结合转变，可以说已基本形成环境保护法规体系，环境立法领域不断拓宽，环境监管权威不断提高，环境整治得到实质性提升。①

党的十八大召开以来，生态文明得到了党和政府空前重视。党的十八大报告提出了"五位一体"总体布局，将生态文明建设置于突出位置，并提出了坚持节约优先、保护优先、自然恢复为主的方针。党的十九大更进一步把"坚持人与自然和谐共生"作为新时代坚持和发展中国特色社会主义的基本方略之一，并强调必须树立和践行绿水青山就是金山银山的理念，坚持节约资源和保护环境的基本国策。在这一思想指导下，我国先后出台了一系列促进生态文明建设的政策法规。在环保机构改革方面，2018年组建的自然资源部与生态环境部，旨在解决生态环境监管横向职能分散、缺乏有效协调等问题，推动分管部门间的生态环境监管合作，提升整个监管机构的生态环境监管效率。②

面临各阶段不同的环境要求和状况，中国共产党始终坚持与时俱进地调整环保政策，改革生态环保体制机制，坚持环境保护这一基本国策，以人民群众的根本利益为重。中国在法律、体制、责任制、政策、共治等五大领域和方面基本形成了符合国情的、较为完善的生态环境保护体系，对环境保护事业发展发挥了不可替代的支撑作用，为深入推进生态文明建设和实现"美丽中国"伟大目标提供了重要政策保障。③

---

① 参见张小筠、刘戒骄：《新中国70年环境规制政策变迁与取向观察》，《改革》2019年第10期。

② 参见郑石明：《改革开放40年来中国升天环境监管体制改革回顾与展望》，《社会科学研究》2018年第6期。

③ 参见王金南等：《中国环境保护战略政策70年历史变迁与改革方向》，《环境科学研究》2019年第10期。

二、善于自我完善、自我发展

改革开放是当代中国命运的关键抉择，是发展中国特色社会主义和实现中华民族伟大复兴的必经之路；创新是一个国家兴旺发达的不竭动力；与时俱进则是我们党和国家紧跟时代潮流，不断推进中国特色社会主义建设的重要法宝。坚持改革创新、与时俱进的目的在于，"要不断推进我国社会主义制度自我完善和发展，赋予社会主义新的生机活力"。

作为"一个自然历史过程"，中国特色社会主义制度建设是在党领导人民进行中国特色社会主义伟大实践的过程中所形成的科学制度体系。制度的更加成熟、更加定型是一个动态过程，不可能一蹴而就，也不可能一劳永逸。[①] 改革开放40余年，中国经济建设取得人类历史上前所未有的成就，创造出人类社会历史上亘古未有的经济奇迹。而"经济成就"和"经济奇迹"的造就离不开中国特色社会主义制度的支持和保障。"昨日是而今日非矣，今日非而后日又是矣。"改革开放以来，我们党在推进中国特色社会主义伟大事业的历程中，始终坚持改革开放、与时俱进，不断推动中国特色社会主义制度在应对风险挑战、革除机制弊端的过程中走向成熟。特别是党的十八大以来，"五位一体"总体布局和"四个全面"战略布局，在实现中华民族伟大复兴的实践中，构建起系统完备、科学规范、运行有效的制度体系，使各项制度更加成熟、更加定型，充分显示出中国特色社会主义制度所具有的善于自我完善、自我发展的强大能力和显著优势。作为一个整体，中国特色社会主义制度善于自我完善、自我发展的显著优势，充分体现在经济制度、政治制度、文化制度、社会制度和生态文明制度五个层面。

---

① 参见任平：《"中国制度"具有自我完善的能力》，《人民日报》2019年11月27日。

第九章　坚持改革创新，激发和增强社会活力

（一）经济制度的完善与发展

以公有制为主体、多种所有制经济共同发展的经济制度，以按劳分配为主体、多种分配方式并存的分配制度，以及社会主义市场经济体制是社会主义基本经济制度的核心内容。它是党和人民立足于推进中国特色社会主义事业实践的伟大创造，彰显出社会主义制度的优越性、科学性和延续性。党的十八大以来，世情国情复杂多变，各种社会矛盾错综复杂、相互交织，各种利益诉求相互交错，经济发展所面临的风险与挑战前所未有。以习近平同志为核心的党中央在坚持社会主义基本经济制度的基础上，全面贯彻"创新、协调、绿色、开放、共享"的新发展理念，以新理念、新思想指导新时代中国特色社会主义经济建设，坚持以供给侧结构性改革为主线，推进现代化经济体系建设。

自改革开放以来，党中央积极推进中国特色社会主义实践，积极探索社会主义经济发展之道，不断加深对基本经济制度的认识。党的十八大以来，以习近平同志为核心的党中央高度重视基本经济制度的重要地位及其建设。党的十八届三中全会审议通过的《中共中央关于全面深化改革若干重大问题的决定》强调指出，公有制为主体、多种所有制经济共同发展的基本经济制度，是中国特色社会主义制度的重要支柱，也是社会主义市场经济体制的根基。2017年，党的十九大进一步提出建设现代化经济体系的新要求。从基本经济制度的提出、确立、丰富到建设现代化经济体系的新要求的提出，充分展示出中国特色社会主义经济制度始终以建设中国社会主义市场经济的实践为基础，紧跟时代发展步伐，在应对发展难题、发展风险的同时，不断实现自身完善、自身发展，始终为保持经济社会的生机与活力提供制度保障。2023年9月，习近平总书记在黑龙江考察调研期间首次提到"新质生产力"。2024年1月31日，习近平总书记在主

大国优势

持中共中央政治局第十一次集体学习时强调,加快发展新质生产力,扎实推进高质量发展。习近平总书记明确指出,高质量发展需要新的生产力理论来指导,而新质生产力已经在实践中形成并展示出对高质量发展的强劲推动力、支撑力,需要我们从理论上进行总结、概括,用以指导新的发展实践。

不仅如此,坚持对外开放,不断提高对外开放的水平和程度,亦充分彰显出中国特色社会主义经济制度自我完善、自我发展的显著优势。对外开放是我国的基本国策,是实现中华民族伟大复兴梦想的必然选择。自20世纪70年代末以来,我们党始终坚持对外开放这一基本国策,不断推进和深化对外开放,取得显著的成就。党的十八大以来,以习近平同志为核心的党中央高度重视对外开放政策的实施。2018年,习近平总书记在亚太经合组织工商领导人峰会上发表《同舟共济创造美好未来》的主旨演讲,着重强调:"我们将实行更加积极主动的开放战略,完善互利共赢、多元平衡、安全高效的开放性经济体系,促进沿海内陆沿边开放优势互补,形成引领国际经济合作和竞争的开放区域,培育带动区域发展的开放高地。"[1] 为了更好地兑现承诺,提高对外开放的水平和程度,习近平总书记在博鳌亚洲论坛上阐明中国在扩大开放方面的重大举措:大幅度放宽市场准入,创造更有吸引力的投资环境,加强知识产权保护,主动扩大进口,等等。不仅如此,近年来,党中央、国务院积极推动自由贸易区建设,分别在辽宁、浙江、河南、湖北、重庆、四川和陕西设立中国自由贸易区,并积极打造建设中国(海南)自由贸易港,从而在更广领域、更大范围内形成各具特色、各有侧重的开放格局。在此基础上,中国还积极建立和健全涉外经贸法律和规则体系,为对外开放事业提供法律保障。上述一系列举措的实施,充分显示出中国社会主义基本经济制度的自我完善、自我发展

---

[1] 习近平:《同舟共济创造美好未来》,《人民日报》2018年11月18日。

第九章　坚持改革创新，激发和增强社会活力

的显著优势。

（二）政治制度的完善与发展

中国特色社会主义政治制度是党和人民在中国革命、建设和改革的历史实践中构建起来的，是马克思主义理论同中国具体国情相结合的产物，有其丰富的内涵，包括党的领导制度、人民代表大会制度、中国共产党领导的多党合作和政治协商制度、民族区域自治制度及基层群众自治制度等。它不是抽象的"教条"，也不是"永恒不变的真理"，而是在改革创新中与时俱进，在革除弊端中自我完善、自我发展，以适应中国特色社会主义伟大事业的实践需要。

自中国共产党成立以来，我们党领导全国各族人民取得新民主主义革命的胜利，建立了以工人阶级为领导的、以工农联盟为基础的人民民主专政的国家制度，在政体上实行民主集中制的人民代表大会制度。党的十一届三中全会以后，全国人民代表大会制度得以恢复和完善。这一时期，全国人大及其常委会修订通过了《中华人民共和国全国人民代表大会和地方各级人民代表大会选举法》等一系列法律法规，进一步完善和健全全国人民代表大会制度。党的十一届三中全会的召开，标志着中国特色社会主义政治制度自我完善、自我发展的新历史阶段的开启。改革开放以来，党和国家不断健全和完善我国根本政治制度。根据宪法规定，1982年我国在县以上地方各级人民代表大会设立常务委员会，赋予省、自治区、直辖市人民代表大会及其常委会制定和颁布地方性法规权，并且实行各级人大代表由等额选举改为差额选举等。党的十七大进一步提出逐步实行城乡按相同人口比例选举人大代表。2014年，习近平总书记在庆祝全国人民代表大会成立60周年大会发表重要讲话并指出，"人民代表大会制度是坚持党的领

导、人民当家作主、依法治国有机统一的根本制度安排"①。

与此同时，我国基本政治制度也得到了充分完善、充分发展。1982年城市居民委员会和农村村民委员会被写入宪法，到党的十四大首次明确我国基层民主制度形式，基层群众自治制度基本形成。2007年，党的十七大首次将"基层群众自治制度"写入党的报告。党的十八大以来，以习近平同志为核心的党中央高度重视基层群众自治制度的完善和发展，强调指出发展基层民主，必须依法推进基层群众自治制度建设，健全基层选举、议事、公开、述职、问责等机制。由此可见，中国特色社会主义政治制度充分适应现实实践的发展要求，在推进中国特色社会主义伟大事业中不断完善、不断发展。

"党政军民学、东西南北中，党是领导一切的。""中国特色社会主义最本质的特征是中国共产党领导，中国特色社会主义制度的最大优势是中国共产党领导。"中国特色社会主义政治制度的自我完善、自我发展，其根本在于中国共产党坚持科学理论的指导，不断深化理论学习，不断加强自我净化、自我完善、自我革新、自我提高。"天下不能常治，有弊所当革也；犹人身不能常安，有疾所当治也。"党的建设有如人之机体，生病就应施之以药，清除毒素，提高机体自身的免疫力，保证机体之健康。党的十八大以来，我们党面临着"四大考验""四大危险"等严峻考验，为了加强党自我净化、自我完善、自我革新、自我提高的能力，永葆党的先进性和纯洁性，党中央全面推进党的建设新的伟大工程。2014年，习近平总书记在江苏调研时明确将"全面从严治党"视为"四个全面"战略布局的重要部分。党的十八届六中全会专题研究全面从严治党重大课题。2017年，在党的十九大报告中，习近平总书记再次强调"全面从严治党"

---

① 习近平：《在庆祝全国人民代表大会成立60周年大会上的讲话》，人民出版社2014年版，第6页。

第九章　坚持改革创新，激发和增强社会活力

对于解决党内存在的突出问题、破解党所面临的"四大考验""四大危险"的重大意义。党的二十大报告，习近平总书记对党内存在的问题进一步作了强调。

（三）社会制度的完善与发展

"民惟邦本，本固邦宁。""为什么人的问题，是检验一个政党、一个政权性质的试金石。"中国共产党始终自觉将最广大人民群众的利益视为一切工作的出发点和落脚点，始终坚持把最广大人民群众的利益摆在至高无上的位置，不断推进社会治理体系现代化，完善社会治理制度，让改革发展成果惠及全体人民，不断提高人民获得感、幸福感、安全感。新中国成立70多年来，改革开放40余年来，我们党始终坚持群众史观，坚持一切依靠人民、发展为了人民，发展成果由人民共享，致力于打造共建共治共享的社会治理模式，积极推进教育、就业、医疗、扶贫等事业，不断加强社会保障体系建设，推动社会治理体系和制度的自我完善和发展。

"贫穷不是社会主义"，贫困治理是社会治理的重要部分。改革开放以来，历届党中央领导集体都以彻底解决贫困问题、实现社会主义强国为己任，立足于中国特色社会主义发展阶段的具体国情，以制度促治理，不断推进扶贫攻坚工作取得重大成就。在改革开放初期，受制于经济发展水平总体落后的现实，我国贫困问题十分严峻，农村贫困人口规模达到2.5亿，农村贫困发生率高达30.7%。尽管党中央、国务院出台一系列措施治理贫困，取得显著成果，但是以1978年贫困线为标准，1985年，中国农村贫困人口仍有1.25亿之多。1986年，我国成立专门的扶贫开发领导机构，以县域为对象，制定相应的扶贫开发政策。1994年，国务院印发《国家八七扶贫攻坚计划》，提出用7年的时间解决全国农村8000万贫困人口的温饱问题。2001年，国务院印发《中国农村扶贫开发纲要（2001—2010年）》，提

出要尽快解决少数贫困人口温饱问题，并加强贫困乡村基础设施建设，逐步改变贫困地区经济、社会、文化的落后状况，为达到小康水平创造条件。[①]至2012年底，在现行标准下，我国农村贫困人口为9899万，扶贫工作再次取得突出成就。党的十八大以来，习近平总书记积极总结以往扶贫实践经验，并在此基础上，提出"精准扶贫"思想，真正解决了"扶持谁""谁来扶""怎么扶""如何退"等问题，构建起系统完善、科学有效的扶贫实践路径。在党的二十大上，习近平总书记庄严宣告："我们经过接续奋斗，实现了小康这个中华民族的千年梦想，我国发展站在了更高历史起点上。我们坚持精准扶贫、尽锐出战，打赢了人类历史上规模最大的脱贫攻坚战，全国八百三十二个贫困县全部摘帽，近一亿农村贫困人口实现脱贫，九百六十多万贫困人口实现易地搬迁，历史性地解决了绝对贫困问题，为全球减贫事业作出了重大贡献。"由此可见，扶贫工作所取得成就、扶贫理念、实践方式的改变，也充分彰显出我国社会治理制度自我完善、自我发展的显著优势。

生命健康权是人民群众的基本权利。保障人民群众的生命健康，为人民群众提供全方位的医疗健康服务是社会治理的重要内容。改革开放以来，我国卫生健康事业取得长足发展，具有中国特色的基本医疗卫生体制得以建立，医疗保障制度、卫生服务制度不断得到完善和发展。

（四）文化制度的完善与发展

文化是一个国家、一个民族的灵魂。文化自信是一个国家、一个民族发展中更基本、更深沉、更持久的力量。"不日新者必日退。"自新中国成立以来，党和国家就高度重视文化建设，不断推进具有中国特色的文化制度建设。

---

① 参见应习文、孔雯、龚道琳：《我国扶贫工作历程、国内外主要扶贫模式经验借鉴及金融扶贫的政策建议》，《开发性金融研究》2020年第3期。

第九章　坚持改革创新，激发和增强社会活力

1957年在《关于正确处理人民内部矛盾的问题》中，毛泽东同志明确指明："百花齐放、百家争鸣的方针，是促进艺术发展和科学进步的方针，是促进我国的社会主义文化繁荣的方针。"[①]这就为坚定文化自信，推进社会主义文化繁荣兴盛奠定了指导方针。改革开放以来，邓小平同志在总结历史经验教训的基础上，提出建设高度的社会主义精神文明，推进社会主义物质文明和精神文明齐头并进，并在党的十四届六中全会上深刻阐明了建设社会主义精神文明的战略意义和目标任务。党的十八大以来，以习近平同志为核心的党中央高度重视中国特色社会主义文化建设，不断推进中国特色社会主义文化制度的自我完善、自我发展。党的十九大报告强调指出，"坚持中国特色社会主义文化发展道路，激发全民族文化创新创造活力，建设社会主义文化强国"，"牢牢掌握意识形态工作领导权"，"培育和践行社会主义核心价值观"，"加强思想道德建设"，"繁荣发展社会主义文艺"，"推动文化事业和文化产业发展"。

中国特色社会主义文化制度是一个内涵丰富的整体，涵盖文化建设的方方面面，其中牢牢掌握意识形态工作领导权是其核心要义。意识形态工作是党的一项极端重要的工作，也是推进坚持中国特色社会主义文化发展道路，加快中国特色社会主义文化制度建设的思想指引。缺少了正确的意识形态的指引，推进社会主义文化强国建设也就无从谈起，完善和发展中国特色社会主义文化制度亦沦为"纸上谈兵"。无论是毛泽东同志提出的"双百"方针，还是习近平总书记所作出的关于社会主义文化建设的战略部署，都着重强调意识形态工作的重要性。随着对外开放的全面深入，各种思潮不断涌入，相互碰撞，加之西方国家不断对我国进行思想文

[①] 毛泽东：《新民主主义论　在延安文艺座谈会上的讲话　关于正确处理人民内部矛盾的问题　在中国共产党全国宣传工作会议上的讲话》，人民出版社1966年版，第113页。

化渗透，意识形态领域面临着异常严峻的斗争和挑战。为此，党的十八大以来，党中央、国务院高度重视意识形态工作，不断加快意识形态领域建设。党的十九大报告明确指出，要牢牢掌握意识形态工作领导权，必须推进马克思主义中国化、时代化、大众化，建设具有强大凝聚力和引领力的社会主义意识形态，推动新时代中国特色社会主义思想深入人心。我们确立和坚持马克思主义在意识形态领域指导地位的根本制度，新时代党的创新理论深入人心，社会主义核心价值观广泛传播，中华优秀传统文化得到创造性转化、创新性发展，文化事业日益繁荣，网络生态持续向好，意识形态领域形势发生全局性、根本性转变。

（五）生态文明制度的完善与发展

"建设生态文明，关系民生福祉，关系民族未来"，是实现"中华民族永续发展的千年大计"。改革开放以来，党中央、国务院直面生态环境问题，深入探讨人与自然、经济发展与生态环境保护之间的关系问题，在实践中构建起系统完善的生态文明建设理论，不断推进生态文明制度的自我完善、自我发展。

改革开放初期，经济飞速发展带来日益严重的生态环境问题，严重威胁中国经济的可持续发展。1983年，在第二次全国环境保护会议上，保护环境被确立为我国基本国策。此后，第三次全国环境保护会议审议通过了《全国2000年环境保护规划纲要》，从历史定位、战略目标、制度建设和工作举措等方面对环境保护工作展开部署和规划，初步形成生态环境保护政策体系。步入21世纪以来，党中央、国务院高度重视生态环境保护工作，积极探索经济发展和生态环境保护之间的关系，认为经济发展决不能竭泽而渔、杀鸡取卵，"不仅要安排好当前的发展，还要为子孙后代着想，

第九章　坚持改革创新，激发和增强社会活力

决不能吃祖宗饭、断子孙路，走浪费资源和先污染、后治理的路子"[①]。在此基础上，可持续发展战略、科学发展观，以及构建资源节约型、环境友好型社会等重要思想应运而生，完善和发展中国特色社会主义生态文明建设制度。特别是党的十七大明确提出生态文明理念，并将之纳入中国特色社会主义事业"五位一体"总体布局中，建立健全了中国特色社会主义生态文明建设制度。

党的十八大以来，我国资源约束日益趋紧、生态环境污染严重制约着经济社会的稳步发展；另外，伴随社会发展和人民生活水平的提高，优美的生态环境是人民追求美好生活的重要内容，是最普惠的民生福祉，人民普遍要求营造良好的生态环境、生活环境。在各种挑战日益严峻、各种诉求互相交织的形势下，以习近平同志为核心的党中央从生产力发展和环境保护之间的辩证关系角度入手探讨生态文明建设，创造性地提出了绿色发展和"绿水青山就是金山银山"理念。实现这种"绿水青山"向"金山银山"转变的关键在于科技创新。同时，习近平总书记高度重视生态文明制度建设，把制度建设视作生态文明建设的发力点。习近平总书记强调构建生态文明要以法律制度为依托，"只有实行最严格的制度、最严密的法治，才能为生态文明建设提供可靠保障"[②]。党的十八大以来，习近平总书记曾多次强调深化生态文明体制改革，建立完善的生态保护制度体系，以加强党和政府对生态文明建设的总体设计和组织领导。同时，习近平总书记还将生态文明建设作为考核标准纳入领导干部考核之中，提出要建立和完善领导干部生态政绩考核评价制度和责任追究制度，对未能履行相应责任的领导干部进行问责和追责。党的二十大报告指出："我们坚持可持续发展，

[①] 《江泽民文选》第1卷，人民出版社2006年版，第464页。
[②] 中共中央文献研究室编：《习近平关于全面深化改革论述摘编》，中央文献出版社2014年版，第104页。

大国优势

坚持节约优先、保护优先、自然恢复为主的方针,像保护眼睛一样保护自然和生态环境,坚定不移走生产发展、生活富裕、生态良好的文明发展道路,实现中华民族永续发展。"党的二十届三中全会指出,聚焦建设美丽中国,加快经济社会发展全面绿色转型,健全生态环境治理体系,推进生态优先、节约集约、绿色低碳发展,促进人与自然和谐共生。

"千磨万击还坚劲,任尔东西南北风。"回顾党史、新中国史、改革开放史、社会主义发展史,中国共产党和中国人民面临着各种各样的挫折与挑战,但是每一次挫折和挑战都成为中国前进路上的垫脚石。这也充分彰显出中国社会主义制度应对风险与挑战,不断推进自我完善、自我发展的能力。"形势在变、任务在变、工作要求也在变,必须准确识变、科学应变、主动求变。"[①] 当前,当今世界正经历百年未有之大变局,我国正处于实现中华民族伟大复兴战略全局的关键时期,中国特色社会主义伟大事业面临着前所未有的挑战和风险。这就要求我们党以全面深化改革推进中国式现代化,统筹推进"五位一体"总体布局,协调推进"四个全面"战略布局,与时俱进、审势而行,充分将中国特色社会主义制度善于自我完善、自我发展的显著优势,转化为治理效能,使中国社会发展始终紧跟时代步伐,充满生机与活力。

[①] 《善于自我完善自我发展——让我们的制度更加成熟更加定型》,《人民日报》2019年11月21日。

第十章

坚持德才兼备、选贤任能，培养造就更多更优秀人才

"功以才成，业由才广。"人才是第一资源，是促进经济社会发展的深层催化剂，是强国之基。我们党历来爱惜人才、尊重人才，始终把人才作为治国理政的重要支撑。21世纪以来，人才在国家建设中的决定性作用日益凸显，人才的竞争成为时下竞争的焦点。为了抓住时代的脉搏、顺应发展，党和国家不断完善、规范人才的相关政策和机制，为人才的选拔、培育、成长保驾护航。尤其是党的十八大以来，习近平总书记在深刻把握人才建设规律的基础上，围绕新形势下如何开展人才工作发表了一系列重要讲话，极大地丰富了党的人才理论的内涵，为新时代人才建设和发展勾勒出了清晰的路径。在实现第二个百年奋斗目标，以中国式现代化全面推进中华民族伟大复兴的新形势下，要准确把握人才工作的总体要求，健全选人、用人、育人的体制机制，充分发挥人才在社会主义现代化建设中的"领头雁"作用，让人才各展其能、各显神通。

一、坚持党管人才原则

在比较长的一段时间内，我们对"人才"的认识还停留在干部即人才上，多采用党管干部的原则和方法管理人才，依靠党内的组织体系和行政手段对人才的选拔、培养、任用等进行自上而下的管理。伴随改革开放的

发展，我国人才工作的大环境发生了急剧的变化，一方面，新的社会阶层涌现，许多人才聚集到了非公企业和各类新兴组织内；另一方面，市场开始在人才资源的配置中发挥越来越重要的作用，对人才的管理已无法依赖原有的手段和方法。在这种情形下，我们必须跳出原有的思维定式，寻求在新形势下党管人才的有效途径和方法，切实抓住党管人才的"牛鼻子"，深入贯彻党在人才工作上的方针政策，把人才的培养、使用、选拔、管理、监督等环节紧紧握在我们自己的手中，把各行各业的人才吸引、团结到党的周围，真正实现聚天下英才而用之的目标，为社会主义现代化建设提供人才支撑。

（一）管什么、怎么管？

党管人才的原则是党在面临新情况新任务、站在新的历史方位下，着眼于党的建设而作出的科学的决策部署，体现了全党对人才资源价值的深化认识，是党在组织制度方面的重大创新。

实施党管人才，究竟管什么、怎么管？2002年12月召开的全国组织工作会议首次提出了党管人才的原则，要求"各级党委和组织部门要按照党管人才的要求，把党的干部工作和人才工作统筹规划、协调发展的运行机制建立起来，形成党委统一领导，组织部门牵头抓总，有关部门各司其职、密切配合的人才工作新局面"[①]。2003年12月，第一次全国人才工作会议在北京召开，会议进一步强调了党管人才的原则，并明确了党管人才的内容——管宏观、管政策、管协调、管服务。"管宏观"就是要求各级党委站在全局的高度，遵循人才成长成才的规律，破除一切阻碍人才成长成才的体制机制障碍和思想观念，做好人才工作的总体谋划和部署；"管政

[①] 参见赵立波：《试论十年来党的人才工作创新》，《理论学刊》2013年第2期。

第十章　坚持德才兼备、选贤任能，培养造就更多更优秀人才

策"就是要求各级党委根据国家和社会发展的需求，在人才政策的研究规划上发挥领导核心作用，各地人才政策既要保证上与中央政策相衔接，又要实现"下接地气""因地制宜"；"管协调"就是要在人才工作中不断完善分工协作和监督落实的机制，调动各方的积极因素，凝聚人才工作的合力，实现党对人才工作的协调规划；"管服务"就是要在人才工作中不断增强服务意识、提升服务质量，为人才的发展提供政策支持、环境保障等全方位的服务，解决各类人才的后顾之忧，不仅要"引得来"还要"留得住"。"四管"原则为人才工作画好了"路线图"，对加强党对人才工作的管理具有重要指引作用。

在借鉴经验和总结实践的基础上，党管人才形成了自身鲜明的特征。首先是明确了核心，党管人才强调党在人才工作中的核心作用，各级党委要牢牢抓住人才工作的领导权，将选人、用人等各个环节置于党的领导之下，确保人才工作的方向性，培育一大批符合国家发展需求的高素质、高技术人才，为伟大梦想的实现打牢人才基石。其次是范围广，党管人才的原则是一种"大人才观"的体现，我们不仅要对各级党政干部加强管理，还要管理好各行业、各领域内的人才，在党的统一领导和协调下，保障好各类人才的合法权益，为各类人才提供更加贴心的服务，让各类人才的聪明才智充分涌现、为社会主义现代化建设贡献智慧和力量。最后是方法科学，以往我们在进行干部管理时多采取行政的手段，这种管理方法会在一定程度上影响人才的积极性和主动性，随着社会的发展变化，在管理人才时要更加关注人才自身的特性，在遵循人才成长成才规律的基础上，通过多种手段和方式，加强对人才的分类管理，逐渐建立起了科学有效的人才工作体制机制。在新时代的人才工作实践中，我们要充分用好党管人才的原则，把人才作为支撑发展的第一资源的效能充分发挥好。

大国优势

（二）基于对经验的科学总结

党管人才的原则不是突发奇想，而是在一步步的实践中总结出来的宝贵经验。无产阶级革命家一直重视和强调人才在社会发展和变革中的重要作用。恩格斯就曾经指出，如果我们掌握了政权，"我们就需要工程师、化学家、农艺师"。列宁根据革命形势的发展变化进一步提出"如果我们的一切领导机关，无论是共产党、苏维埃政权或工会不能象我们爱护眼珠那样爱护一切真诚工作的、精通和热爱本行业务的专家（尽管他们在思想上还同共产主义格格不入），那末社会主义建设事业就不可能取得任何重大成就"[1]。这些论述为党早期人才的管理提供了丰富的理论借鉴。早在民主革命时期党就十分重视对人才的管理和引导，在革命实践的发展过程中初步形成了党管人才的制度。1927年大革命失败以后，党的事业遭受重创，经过不懈的奋战和努力，中央革命根据地逐渐得到巩固和发展，1931年11月，中共中央依托赣南闽西根据地建立了中华苏维埃共和国临时中央政府。为了巩固政权、发展党的事业，我们党急需一大批优秀的人才来充实革命队伍，因此如何加强党对人才的管控、提升人才队伍的思想觉悟、保持人才队伍的党性成为苏区建设时期的一项重要任务。在苏区建设中，党一方面注重思想宣传，通过演讲、标语、文艺演出等宣讲和普及马列主义和无产阶级思想，保证人才队伍的纯洁性，实现对人才的引导与教育；另一方面加强纪律管理，颁布了多个维护人才合法权益的法律文件，同时制定了严明的纪律来加强对人才队伍的约束，例如严格贯彻执行"三大纪律，六项注意""三大作风"等。宽松有度的管理政策实现了党对人才的有效管控，根据地各项事业不断发展。

---

[1]《列宁选集》第4卷，人民出版社1972年版，第591页。

第十章　坚持德才兼备、选贤任能，培养造就更多更优秀人才

面对党内存在轻视和排斥知识分子的现象，毛泽东同志提出要实现成立新中国的目标，党必须要善于吸收知识分子。在党的六届六中全会所作的《中国共产党在民族战争中的地位》和在党的七大所作的《论联合政府》的政治报告中，毛泽东同志又反复提及我们党要培养各级各类知识分子干部队伍。新中国成立后，党的工作重心转移到领导全国人民进行社会主义建设上，在革命战争时期对党员干部的"一揽子"管理方式已经无法适应新形势的需求。为了在新中国的建设中进一步加强对人才的管理，1950年11月成立人事部，与中央组织部共同对干部工作进行管理，建立了党委政府双管齐下的人才管理机制。1951年3月在党的第一次全国组织工作会议上，刘少奇同志提出，为了更好地对干部进行管理，我们需要建立一套固定的、正规的机构和制度。1953年11月，中央讨论通过并下发了《关于加强干部管理工作的决定》，在决定中把所有干部分为军队、文教、计划与工业、财贸、交通运输、农林水、政法、党群、党外干部9类，除军队干部由军委管辖外，其他各类干部由党委各部门进行分工管理。这是我国人才管理制度上的一个重大变革，表明我国对"人才"有了更深的认识。随后，中央逐步建立起关于人才选拔、录用、培训、奖惩等一系列完备的人才管理制度，各类人才的积极性、主动性和热情得到了极大的发挥和调动。

邓小平同志在复出后就多次强调，教育和科技是关键，没有人才和知识不行，并讲到改革经济体制，最重要的、他最关心的，是人才。改革科技体制，他最关心的，还是人才。伴随改革开放的进行，邓小平同志着眼于国家和社会发展的全局、紧跟时代发展的潮流，作出了"尊重知识、尊重人才""科学技术是第一生产力"等一系列重要论断。20世纪80年代，科技的迅猛发展给人类社会带来了深刻的变革，美国、欧洲、日本等发达国家为了在国际竞争中下好"先手棋"，先后在科技领域投入大量的人力、

物力、财力。着眼于世界发展大势的邓小平同志，在1986年3月3日收到由中科院院士王大珩、王淦昌、杨嘉墀、陈芳允希望国家尽早发展高技术的联名信时，两天内就作出批示，认为要早做决算、不可拖延，著名的"863"计划随之诞生。作为一项战略性计划，"863"计划有效地推动了我国高技术及相关领域的发展。在这一阶段，党对"人才"的界定不再局限于传统意义上的"干部"概念，同时党充分地认识到了各类人才在社会主义建设中的地位和作用，社会上下形成了尊重知识、尊重人才的良好氛围，这为党进一步完善党管人才的政策奠定了充实的理论基础。2001年，江泽民同志提出要把人才资源当作第一资源来看待。党的十六大报告又进一步指出，无论是体力劳动还是脑力劳动都是为社会主义现代化建设作贡献，都应当得到承认和尊重，并要求在全社会贯彻实施尊重知识和尊重人才这一党和国家的重大方针。伴随改革的深入，党在人才管理方面的不足逐步显现，为此，党的十七大报告重申党管人才的原则，提出要不断创新人才管理的体制机制，形成人才辈出、人尽其才的全新局面。2012年，中共中央办公厅下发《关于进一步加强党管人才工作的意见》，该意见在强调党管人才工作的重要意义的同时，对党管人才的各个环节进行了详细的规定和系统的论述。同年11月，党的十八大报告把党管人才作为党的建设的重要任务之一进行了部署和规划。2021年9月27日至28日，习近平总书记在中央人才工作会议上发表重要讲话，又一次强调要坚持党管人才，深入实施新时代人才强国战略。

（三）新时代新发展

国以才立，政以才治，业以才兴。人才队伍的建设关系到党和国家的千秋伟业。当前，国与国之间的竞争本质上是人才竞争，在新一轮科技革命和产业变革深入发展的今天，如果不能充分发挥人才资源的优势，搭

第十章　坚持德才兼备、选贤任能，培养造就更多更优秀人才

上时代疾驰的列车，我们就只能望着别人远去的背影而望洋兴叹。从"党管干部"到"党管人才"，每一步的探索与前行都包含着在新的形势下党对人才工作认识的深化和提升。在新时代进行人才工作时，我们不仅要守住老祖宗的"传家宝"，还要苦练"十八般武艺"，实现理论与体制机制的创新，提升中国特色社会主义人才工作的科学化水平。首先，坚持党的领导。为了真正将党管人才的原则一竿子插到底、实现聚天下英才而用之的目标，党要始终在人才工作中把方向、控大局，注重对人才队伍的思想、政治和组织方面的领导，从而确保新时代的人才工作将国家和人民的利益作为出发点和着力点，确保人才工作的社会主义方向。其次，注重与时俱进。对人才的管理不能一副药方用到老，不思进取、不寻新路最终将无路可走。我们既要坚持党管人才的原则，又要不断解放思想，探求党管人才的新途径、新方法。在深化改革和实现伟大梦想的过程中，我们要遵循社会主义市场经济发展、社会主义现代化建设和人才成长成才的规律，改革人才工作的体制机制，为人才发展松绑，激活人才队伍的一江春水，释放人才红利。最后，加强对人才的管理。党管人才就要突出一个"管"字。在培养上，要注重对人才思想的引导，帮助他们树立正确的价值取向、站稳政治立场；在选拔上，要树立正确的人才观，要坚持"德才兼备、以德为先"；在监督上，发现苗头性、倾向性问题要及时教育、规劝、制止，对偏离党的政策方针、违背政治方向的，要一查到底、绝不让步。坚持党管人才绝不是把人才简单地组织起来、聚拢起来，也不是用一些条条框框将人才框起来，我们要注重为人才的发展创环境、优服务，在党委的领导下，各部门要统一步调、协同配合，搭好人才聚集的"戏台子"，当好人才服务的"后勤部长"。

目前，我国改革已进入攻坚期、深水区，人才作为第一资源对全面建设社会主义现代化国家具有基础性、战略性的支撑作用。党管人才是人才

工作的正确方向和重要原则，是社会主义事业开山拓路的有力武器。党管人才原则是推进人才队伍建设的根本举措。伴随我们对人才重要性认识的深化和我国人才规划的逐步开展、落实，我国人才队伍的规模、质量、结构都得到了不同程度的提升，人才工作取得了实质性的进步。但是要实现从"人才大国"到"人才强国"的转变，我们还需要进一步在提高人才的素质、能力和体制机制改革等方面下苦功夫。党作为进行社会主义现代化建设的领导核心，坚持党管人才的原则，能保证党在人才工作中充分发挥总揽全局、协调各方的作用，能有效解决我们在人才工作中面临的一系列重点难点问题，能调动各方积极性、凝聚各方合力，从而推动人才队伍建设、提高人才队伍水平。党管人才原则是巩固党的执政地位、实现中国梦的战略保障。随着改革的深入推进，人才队伍呈现多元化的趋势。要实现全面建成社会主义现代化强国的战略安排和目标任务，就迫切需要将成千上万的优秀专业人才、高素质的劳动力和高级管理人才等聚拢到党的身边、聚集到社会主义现代化建设上来。坚持党管人才的原则能够增强党在人才工作中的影响力，巩固党的执政基础，为伟大梦想的实现提供人才保证和智力支持。党管人才的原则是推进国家治理体系和治理能力现代化的重要保证。国家治理体系和治理能力现代化就是要在接下来的改革中不断完善各方面的体制机制、实现在各领域工作中的新突破，构建新的人才治理体系必将成为推进国家治理体系和治理能力现代化的重要一环。坚持党管人才的原则有利于发挥市场和政府的协同作用，进一步深化人才发展体制机制改革，根据需要和实际向用人主体充分授权，扩大各领域、各部门、各单位用人的选择权和自主权，增强其服务意识和保障能力，运用更包容、更科学、更高效的手段顺应时代对人才工作的新要求，以人才治理推进国家治理。

从初期的"干部即人才"的简单认识到对"人才"内涵理解的不断

第十章　坚持德才兼备、选贤任能，培养造就更多更优秀人才

扩展，党对人才的认识体现出一个渐进的过程，党管人才的具体方式方法也在持续地更新发展。但是，坚持党的领导和不断与时俱进始终是贯穿人才工作的主线。在新时代，回顾总结党在人才工作上的多年经验，对于培养、打造一支具有爱国主义精神、甘于奉献、勇于创新的人才队伍具有重要意义。要打造这样一支队伍，各部门不能单打独斗，要在党委的统一领导下，整合各方资源，用好"识才、爱才、用才、容才、聚才"的新时代处方，形成并完善党委统一领导，组织部门牵头抓总，职能部门各司其职、密切配合，社会力量广泛参与的人才工作格局，这样才能推动新时代人才工作高质量发展。

二、实行人才强国战略

得人才者得天下，经济的发展、科技的进步、社会的繁荣无一不需要人才资源作支撑。21世纪，我国人才队伍的结构发生了巨大的变化，党在人才工作上探索了适应国情和时代发展的新思路并提出了人才强国战略。党的十八大以来，习近平总书记在治国理政的实践中多次就人才工作发表重要论断，明晰了人才工作在社会主义现代化建设中的地位，彰显了我国广纳英才的大国胸怀和非凡的政治远见。目前，人才强国战略已取得了阶段性的成果，随着其与国家富强、民族复兴之间关系的日益紧密，我们必须加快人才强国战略的实施，以高素质、高水平的人才队伍推进伟大事业、实现伟大梦想。

（一）实施人才强国战略势在必行

关注世界发展的局势，我们不难发现，在面临经济发展动力不足、市场疲软、贸易摩擦加大的困局时，各国寻求出路的目光都不约而同地聚焦在了具有长远性、战略性、发展性的资源上，人才资源以其特殊的意义和

大国优势

地位成为全球竞争的焦点之一。在未来,谁拥有了人才,谁就能在发展中抢占先机。美国经济之所以能在长时间内作为世界经济发展的风向标,这与其灵活多样的人才、教育等政策不无关系。美国建立了成熟的以"四高"(高普及性的高等教育与社会培训体系、高门槛的人才移民政策、高竞争的市场配置机制和高效率的企业用人制度)为标志的人才制度体系,这为美国经济的发展、综合国力的提升注入了强劲的动力。"二战"后日本经济的快速崛起也有赖于其对教育制度和人才培养的重视。世界经济论坛创始人兼执行主席克劳斯·施瓦布表示,"创新能力在越来越大程度上决定着一国的全球竞争力,其中人才发挥着最为关键的作用,也可以说,我们正在进入一个'人才资本主义'时代"[①]。

在近代以来中华民族奋斗、前进的历程中,人才发挥了重要的作用。面对列强的侵辱,在亡国灭种的危机前,无数的有志之士奋起反抗,企图力挽大厦于将倾。虽然最终失败了,但是他们唤起了整个中华民族深藏于内心的勇气,为民族的复兴点燃了火种。1921年伴随中国共产党的成立,一批批党内的优秀人才为了实现信念与梦想前赴后继、浴血奋战,历尽艰难万险,终于迎来了新中国的成立。20世纪50年代,帝国主义对刚刚步入正轨的中国实施经济封锁、政治孤立、军事压迫,特别是想在科技领域扼住我国社会主义建设的咽喉。为了国家的发展,一大批优秀知识分子如钱学森、郭永怀、李四光等勇挑大梁,祖国哪里需要,他们就到哪里去,在艰难困苦的环境中创造了一个个奇迹、铸就了一次次辉煌,"西迁精神"也是闪烁其间的一颗时代明珠。1955年,为了推动新中国的工业建设,国务院决定将交通大学从上海迁往西安。至1957年,交通大学大部分专业、教职工、学生迁至西安、扎根黄土地上,经过艰苦卓绝的奋斗,西

[①] 参见赵永乐:《从特色到优势:进一步提升我国人才制度体系的全球竞争力》,《南京社会科学》2018年第6期。

第十章　坚持德才兼备、选贤任能，培养造就更多更优秀人才

安交大为国家培养了大量的人才，取得了丰硕的成果，成为西部的科技高地，推动了西部的发展。改革开放40多年来，在党的领导下，各类人才勇担时代大任、不断进取、大胆创新，中华民族迎来从富起来到强起来的伟大飞跃。

今天，全面建设社会主义现代化国家，需要更多的优秀人才发挥才智、贡献力量。推动高质量发展、加快转变经济发展方式、加快产业转型升级、实现创新驱动发展、增强市场活力，人才是关键的因素。只有拥有庞大的人才库，我们才能在新的科技革命中把握住科技发展的主动权，实现"中国制造"的长足发展。人才强国战略为增强国家整体实力提供重要支撑。一个国家综合实力的增强体现在软硬实力的并驾齐驱上。习近平总书记强调，今天综合国力之间的竞争说到底就是人才的竞争。实施人才强国战略、出台吸引人才的各项政策，能使人才源源不断地聚流于中国，弥补各行各业建设的人才空缺，使中国在全球综合竞争中占据一席之地。

（二）深化对人才强国战略的认识

人才强国战略是党中央在新世纪新阶段为应对环境变化而作出的时代之举，是基于改革开放的实践对人才工作的深化认识。人才强国战略是在2002年5月通过的《2002—2005年全国人才队伍建设规划纲要》（以下简称《纲要》）中首次提出的。《纲要》同时指出，实施人才强国有利于提升我国的综合国力和国家竞争力，是我们实现民族复兴的战略抉择。2003年印发的《中共中央　国务院关于进一步加强人才工作的决定》中强调，实施人才强国战略是党和国家面临的一项重大而紧迫的时代任务。2007年，人才强国战略被写入党的十七大报告和党章。党的十八大报告三次提及"人才强国"，报告将人才强国战略与科教兴国战略、可持续发展战略并列提出，认为这三大战略对推动经济社会发展具有重要意义，是实现全面

建成小康社会和全面深化改革开放目标的重要安排。党的十九大报告中，习近平总书记又两次提到"人才强国"，首先重申在全面建成小康社会的过程中要坚持人才强国战略，接着进一步指出要在党管人才的原则下，实现聚天下英才而用之，加快人才强国建设的步伐，为在新时代如何实施人才强国战略指明了方向。党的二十大报告中，习近平总书记又一次强调"人才强国"的重要地位，将人才与教育、科技紧密联系在一起，一并上升为国家战略，并对三者作出一体部署，明确提出实施科教兴国战略、人才强国战略、创新驱动发展战略，建设教育强国、科技强国、人才强国。

　　党的报告和文件中反复提及人才强国战略彰显了这一战略在治国理政中的重要地位。究竟该如何来理解人才强国战略？一是，就人才强国战略的总体目标来说，我们要通过人才强国战略提升人才资源的配置效率，推动经济社会的健康发展，为全面建设社会主义现代化国家和实现中华民族伟大复兴的中国梦提供深层支撑。细化到具体目标就是在数量上，要造就一批规模宏大、包含数以亿计高素质劳动者的人才队伍；在素质上，要建立一支与社会主义现代化建设和民族复兴伟大梦想相适应的、素质优良的人才队伍；在结构上，要围绕经济社会的发展不断调整、改进人才工作的体制机制，建立一支结构合理、布局优化的人才队伍。二是，人才强国战略是在党管人才的总体框架下运行的，但人才强国作为国家发展的重要战略部署且被反复提及，具有自身的一些鲜明特点。这一战略首次突出了人力资本的重要性，中国是一个人口大国，这是毫无疑问的事实，如何将人口数量上的优势转化为人才质量上的优势是我们在新一轮的发展中必须要解决好的课题。首先，人才强国战略实施过程中强调人力资本的投入，要求真正实现与科教兴国战略的有效衔接，不断深化教育改革，通过自己的教育体制培养一代又一代的符合时代发展、国家利益需求的优秀人才，同时要求加大知识上的投资，改变我国人力资本投资落后的现状。其次，更

第十章　坚持德才兼备、选贤任能，培养造就更多更优秀人才

加强调国际视野。人才强国战略是基于改革开放和全球化的时代背景而提出的，我们不仅要在纵向上实现人才质量、数量较以往有大幅度的提升，还要在横向上实现在国际人才竞争中处于不败之地。我们在学习世界先进国家经验的同时，要加大人才引进的力度，广纳天下英才，逐步实现进入世界人才强国先头部队的宏伟目标。最后，注重人才结构的合理化。伴随社会的发展，我国的经济结构发生了很大变化，经济结构决定人才结构。人才强国战略强调以市场为导向，要求改变以往"眉毛胡子一把抓"的现象，要在统筹兼顾的前提下，在重要领域、重要环节的人才培养上多花心思、多下力气。各级党委、政府部门必须将人才强国战略记在心头、刻在脑中、融于工作，真正将人才强国战略的相关政策落于实处。

（三）人才工作全面开花

人才强国战略的有力实施使我国在人才教育、培养、选拔、任用、队伍建设等方面得到了长足发展，特别是党的十八大以来，在习近平新时代中国特色社会主义思想的指导下，我国人才工作进入了发展的快车道，人才工作取得了前所未有的提升。

一是人才的数量和质量都有显著提升。据统计，我国党政、企业经营管理、专业技术、高技能、农村实用人才等各类人才资源总量已达2.2亿人。各类别人才总量和比例也得到了明显的增长，研发人员总量从2012年的325万人年提高到2022年的超过600万人年，多年保持世界首位；截至2021年底，全国高技能人才数量超过6000万人，占技能人才的比例达30%；2018—2023年，我国高被引科学家数量占全球比重从7.9%升至17.9%；我国数字科技人才总量达12.8万人，占全球总量的17%。我国人才工作取得了历史性成就，人才队伍不断壮大、人才素质持续提升、人才结构不断优化、人才优势日益显著。

二是海外人才数量再创新高。随着综合国力的提升和科教兴国战略、人才强国战略、创新驱动发展战略的深入实施，基础研究投入机制不断完善、国际人才发展环境更加开放平等，重视人才、尊重人才、发展人才的中国形象对人才的吸引力日益增强。改革开放以来至2021年，留学回国人员总数超过600万人，成为我国现代化建设重要治理和知识资本。全球化智库发布的《全球人才流动趋势与发展报告（2022）》显示，我国人才竞争力指数排在全球第8位，世界人才中心正在从欧美向亚洲扩散。相关数据显示，2021年，北京的高水平科学家集聚总人数居全球主要城市第一位，2012—2021年，北京、上海分别增长215.7%、281.5%；2018年中国跃居世界第三，是亚洲最大的留学目的国。大量海外人才的注入表明，我们"聚天下英才而用之"的理念逐渐由文字转变为现实。

三是人才体制机制建设日益完善。随着内外环境的变化，人才强国战略不仅在国家层面全面铺开，各地、各部门、各企业也结合自身的实际制定出与国家政策相衔接的具体措施。2016年，中央出台《关于深化人才发展体制机制改革的意见》，在科研经费管理、职称评定等方面进行了一系列重大改革，实现了重点领域与环节的实质性突破，制度优势进一步凸显。2024年，中华全国总工会印发《大国工匠人才培育工程实施办法（试行）》、七部门联合印发《高技能领军人才培育计划》，这一系列人才培养举措的实施有助于推动建设国家战略人才力量，为推进中国式现代化、推动高质量发展、建设社会主义现代化强国提供更强的高素质人才支撑。许多城市也不断推出人才新政，如广东省中小学"百千万人才培养工程"省级培养项目（2024—2026年）、韶关新时代"百团千才万匠"人才工程等。各企业也顺势而为，广开人才招揽的大门，类似像华为为应届博士生开出200万元年薪的例子层出不穷。

四是创新驱动发展效果显著。近年来，人才强国战略的实施推动了

第十章　坚持德才兼备、选贤任能，培养造就更多更优秀人才

国家创新能力的提升，我国全球创新指数排名从2012年的第34位上升至2023年的第12位。我国连续多年占据国际专利申请榜首位，截至2022年底，我国每万人口高价值发明专利拥有量达9.4件，PCT国际专利申请量连续4年位居世界第一；截至2023年9月，我国有效发明专利拥有量达480.5万件，知识产权大国地位牢固确立。科技创新成果不断涌现："奋斗者"号完成国际首次环大洋洲载人深潜科考任务，大型客机C919完成首次商业载客飞行，首个海上二氧化碳封存示范工程项目投用，全球首条1.2T超高速下一代互联网主干通路正式开通，全球首台16兆瓦海上风电机组并网发电，国产大型邮轮制造摘取了造船业的"第三颗明珠"，全球首颗忆阻器存算一体芯片诞生，等等。[①]科技对经济发展的作用日益凸显。2012—2022年，新时代十年，全国高新技术企业数量从十多年前的4.9万家增至2021年的33万家，研发投入占全国企业投入的70%，上交税额由2012年的0.8万亿元增至2021年的2.3万亿元。网络经济、数字经济、共享经济、人工智能在中国大地蓬勃发展。面临严峻的国外局势、经济下行压力的加大，能取得如此成就实属不易。

人才强国战略展现出党和国家在人才工作上的远见、魄力与自信，战略的实施实现了人才资源的有效开发、人才结构的优化升级、人才工作体制机制的完善、国家创新能力的提升。在全面深化改革的背景下，实施人才强国战略与国家治理现代化具有内在的契合性，一支高素质的人才队伍将为国家治理现代化提供重要支撑，国家治理能力和治理体系的提升也将不断优化人才强国战略实施的制度环境。我们要在党的领导下将人才强国战略贯穿于国家治理现代化的整个过程中，构建科学高效、开放包容的人才治理体系，让人才强国战略的优势进一步彰显。

---

① 参见《这一年，这些创新成就熠熠生辉》，https://baijiahao.baidu.com/s?id=1786300370322522793&wfr=spider&for=pc。

三、健全和完善人才激励政策

实现创新驱动发展和民族的伟大复兴需要汇聚更多优秀的人才,在党的坚强领导下,伴随人才强国战略的实施,我们在新时代的人才工作上取得了举世瞩目的成绩。在为取得的成绩感到欣喜的同时,我们必须意识到我国人才发展的深层次矛盾还没有得到根本性的解决,人才政策的吸引力有待加强,人才培育的机制有待完善,人才成长的氛围有待优化,人才政策的适配性有待提升,等等。人才是实现民族伟大复兴的重要基石,如何聚好才、用好才是实现民族大业的关键所在。要想最大限度地释放人才活力、发挥人才资源效能,就必须在遵循时代发展和人才成长成才规律的基础上,在全社会大兴识才爱才敬才用才之风,利用好激励政策,激发人才的主动性、创造性,让其自觉地将自身的追求融入社会主义现代化建设的伟大事业中,在时代发展中实现自身价值。激励政策的运用是一项复杂烦琐的工作,要做好人才的激励工作,我们必须在人才引进、培养、评价、服务上下苦功、出真招,统筹兼顾,打出一套"组合拳"。

(一)打好政策牌,引得人才来

要想赢得发展,首先要广发英雄帖,引得人才来。人才政策的吸引力决定着英雄帖的回复率。好的政策是赢得人才的关键,也是顺利开展人才工作的第一步。人才工作一直是习近平总书记在治国理政过程中关注的一个重要方面,早在正定工作期间,他就为当地的人才工作注入了大量的心血,通过调研、访谈等形式为正定人才发展找寻到了一条新路。刚到正定不久,习近平同志在工作中发现,人才的短缺是制约正定经济发展的一个重要原因,要想快速地汇聚人才就要制定一套具有吸引力、行之有效的政策。1983年3月,在结合实际和各方意见的基础上,习近平同志亲自主持

第十章　坚持德才兼备、选贤任能，培养造就更多更优秀人才

制定了促进正定发展的《树立新时期的用人观点，广招贤才的九条措施》，简称"人才九条"。这个政策包含工资待遇、利润分成等一系列内容，这是正定在人才体制机制改革上的重大突破。1984年5月，仅一年多的时间，正定收到了来自全国20多个省市自治区的700多封来信，有257位人才落户正定，涉及机械、化工、电子等行业。人才工作的顺利开展促进了县域经济的快速发展，1984年正定"工农业总产值达到3.8亿多元，比1980年翻了一番"。

从习近平总书记的工作经历中我们可以看出，人才政策对人才工作的重要意义和作用。人才的争夺是一场没有硝烟的战争，在党管人才的原则下、在人才强国战略的部署安排下，各地区要结合自身优势特点，制定好人才政策，以人才促发展。首先要统筹安排、协调推进。人才工作不是组织部门一家的事情，需要各部门相互配合。首先，党委、政府要认识到人才工作的重要性，成立主管人才工作的部门或机构，明确人才工作的第一责任人，理顺人才工作的脉络，明确责任清单；同时，建立相应的法规、政策，保证人才工作有法可依、有据可循。其次，要分层分类、精准施策。人才队伍存在层次、领域等的不同，因此，要根据不同人才的需求与特征，分门别类地进行人才政策的设计。如我们可以根据学历设置不同的招揽政策，苏州市有关学历人才申请户口的政策规定：具有博士研究生学历或者博士学位，年龄在55周岁以下；具有硕士研究生学历或者硕士学位，年龄在50周岁以下；具有本科学历，年龄在45周岁以下；具有大专学历，年龄在35周岁以下，在苏州就业并依法缴纳城镇职工社会保险；或者年龄超过35周岁但不超过45周岁，在苏州就业并依法连续缴纳（不含补缴）城镇职工社会保险不少于6个月。[1]最后，打造亮点、突出优势。每个地区的自然环境、资源类型、发展程度等都存在差异，因此，人才政策

---

[1] 参见《市政府关于印发苏州市人才落户管理办法的通知》，https://www.suzhou.gov.cn/szsrmzf/zfwj/202312/aaf6004790c946b5bc01eb04f77cedaf.shtml。

的制定不能照抄照搬中央文件，要在坚持中央精神的前提下，根据自身的特点制定本区域独具特色的人才招引政策。如浙江省自然资源不是特别丰富，因此在政策制定上通过突出其产业集群、服务及临近上海等优势来吸引人才。在发展中，要加大人才工作的力度，拓宽招才引智的渠道，根据不同人才的需求，配以"定制化"政策，因人、因地、因时制宜，才能有效实现人才的汇聚、人才效能的发挥。

（二）完善评价机制，促进人才成长

改革没有完成时，只有进行时。要想将引来的人才用好，需要在促进人才发展的体制机制上做足文章，不断深化体制机制的改革。人才评价机制作为人才发展体制机制的重要一环，对人才的管理和使用发挥着重要作用，必须在人才评价机制建设上持续发力，为人才发展松绑，促进人才的多元发展。

人才评价机制要体现公平公正性。评价机制的公平公正是维护人才合法权益的重要保证，也是机制效能与公信力的重要体现。我国建立和实施人才评价机制以来，在提高人才积极性、推动制度改革、提升人才素质等方面都发挥了重要作用。但是，随着人才结构的发展变化，现行的评级机制已经难以适应时代发展的需求，一些长期工作在一线、业务能力突出的人才由于评价标准单一、学历限制、名额限制等，在晋升、考核中难以得到公平的对待，评级机制的短板制约着人才潜能的发挥和经济社会的发展。我们必须摒弃传统评价机制中的一些弊端，破除人才评价中的唯论文、唯职称、唯学历、唯奖项的怪圈，进行差别化评价，避免"一刀切"和"一把尺子量到底"，创建公平公正的评价环境，让各领域、各部门、各岗位的人才看得见希望、鼓得起干劲。

要提升人才评价的个性化、针对性。人无德不立，德才兼备的人才才是社会主义现代化建设中所需要的真正人才。在评价体系中首先要突出德

第十章　坚持德才兼备、选贤任能，培养造就更多更优秀人才

才兼备、以德为先的用人导向，在评比、考核、评定中将人才的德行作为一项重要的指标，在各岗位上营造懂廉耻、守道德、作奉献、爱岗敬业的良好风气，树立好用人、评人的风向标。同时，要细化评价标准，建立体现职业、岗位、层级等特点的评价体系，提升针对性。例如，同样是研究型人才，对基础性的研究在评价中可以侧重研究的质量与影响力，对应用型研究在评价中可以侧重研究的成果转化率，对创新型研究在评价中可以侧重创新的层次性等。总之，在人才评价体系建设中要坚持个性与共性、定性与定量相结合的原则，既要把握住大方向，又要学会"看人下菜碟"，促进人才在品行、能力上的全面提升。

要促进评价主体、方式的多元化，注重评价结果的运用。正所谓一千个读者就有一千个哈姆雷特，人们因其年龄、经历、学识等的不同，对于同一事物会产生不同的观点和看法。在人才评价体系中要注意邀请不同的评价主体、采用灵活多变的评价方式对相关人才及其成果进行多维的评价，评价主体可以涉及同行、专家、市场主体等，评价方式可以采用个人述职、座谈、评审等，这样能使评价的结果更具有真实性和公正性。制度的生命力在于执行，得出的合理公正的评价结果只有真正应用到工作中，其效能才能得到最大限度的发挥，不然只会是一纸空文，成为摆设。对于真正想干好工作、能干好工作的人才，可以根据业绩给予一定的津贴、加大对课题的扶持力度，在企业中还可以给予人才股权分红的激励。对于那些不安心于工作或做一天和尚撞一天钟的"人才"，可以通过批评、警告、降职、解雇等方式，打破只进不出的纰漏，真正实现能者上庸者下。

（三）服务取胜，留人留心

引得来人才靠的是优势，留得住人才才是真本事，人才"抢"到了手，并不意味着至此可以高枕无忧。一个城市深层的吸引力与魅力来源于其软

实力与环境氛围的构建。习近平总书记曾经强调，环境打造好了，人才才能汇集，事业才能兴盛。真正醉心于事业的人才，除了物质条件，他们更加关注工作的环境、事业平台、发展的空间等。环境打造好了，成长成才的机遇多了，人才自然就来了。各地要注重环境的培育，打造好以产业聚才、以平台促才、以服务暖才的发展环境，给予人才足够的信任、尊重与支持，创建人人皆可成才、人人尽展其才的生动局面。

搭建人才发展的平台。种下梧桐树，方可引得凤凰来。一要招商引资。提升人岗的匹配度是引才过程中的重要一环，要想招才引智必须先招商引资。在招商引资中，一方面，要根据地区的自然环境、资源禀赋、区位等特点，找寻利于当地经济发展和产业结构转型升级的企业、项目，再按图索骥，找寻合适的人才，这样人才来了才有用武之地；另一方面，不仅要看到当下的发展还要有长远的眼光，在招商引资中，要致力于打造全产业链，可以根据自身实力配套引进主体企业、项目的上下游产业，促进人才、资本、技术等要素的互联互通，形成产业聚集。二要注重载体建设，通过建设孵化园、工作站、众创空间等创新平台，形成人才汇集的中轴线，激发人才创新的热情与活力。三要实行区域协作，形成区域联动。要加强顶层设计上的合作，区域间可以签订关于人才共建、产业对接、标准互认等有利于合作发展的协议，实现资源、信息、人才、技术的互通有无；要加强交流学习，通过在各领域互派人才进行会议座谈、实地考察、挂职锻炼等，促进人才对先进经验、理念、做法的学习，拓展人才事业，实现人才的共同发展。

不断推进人才服务的优化。我们不仅要引得人才来，还要在人才服务上做好、做优，用优质的服务温暖人才的心，增强他们的归属感。一是通过走访、座谈、慰问等方式，及时了解引进人才的思想、工作、学习、生活的状况，帮助他们解决好实际存在的问题与困难，并将这项工作常态

第十章　坚持德才兼备、选贤任能，培养造就更多更优秀人才

化、制度化。二是加快"最多跑一次"的改革，简化人才入职、医保等相关事项的办理流程，提供"一站式"服务，使人才少跑或不跑冤枉路。三是做好后勤保障工作，着力解决好人才的住房、子女教育等问题，帮助人才解决后顾之忧。天津宝坻区为帮助引进的高层次人才解决其随迁子女教育问题，实行了由区教育部门出面协调区内公办优质教育资源的政策，取得了良好的效果，这不仅能让人才安居乐业，也能激励人才为地区的发展作出新贡献。

新中国成立70多年来，特别是改革开放以来的40多年间，在坚持党管人才的原则和实施人才强国战略的背景下，我国人才的数量、结构和素质都得到了前所未有的提升，人才工作取得了非凡的成绩，并向新的高地不断迈进。习近平总书记强调，人才是第一资源。党的十八大以来，以习近平同志为核心的党中央，围绕人才体制机制建设进行了诸多改革，破除了阻碍人才发展的旧思想、旧观念，打通了人才流动、晋升、考核等方面的壁垒，人才的创造性、积极性进一步提升。但是，我们必须意识到我们距离人才资源强国的目标还有很长的路要走。由于领军人物及一些重点领域专业人才存量的不足，许多地区在人才市场的竞争中"明码标价"，伴随人才争夺战的进一步白热化，各地开出的"条件"也是水涨船高，一些中西部城市和经济欠发达地区不堪重负，一定程度上对人才的流动与配置产生了不良影响。"盖有非常之功，必待非常之人。"在关键的转折点上，我们脚踏实地、一步一个脚印切实推进人才工作体制机制上的改革，通过树立正确的选人用人导向、注重人才的引进与培养、健全配套机制、做好做优人才服务等，实现人才工作在重点领域、重要环节上的突破，提升抵御风险的能力，推进人才治理现代化。

第十一章

坚持党指挥枪，建设世界一流军队

党的十九届四中全会提出坚持党指挥枪，确保人民军队绝对忠诚于党和人民，有力保障国家主权、安全、发展利益是我们国家制度和治理体系十三个优势中的一个重要优势。深入学习和把握这一优势对于保证党对军队的绝对领导具有重要意义。

一、坚持和完善党对人民军队的绝对领导制度

在中国共产党的军事领导中，处于核心地位的是党对军队的绝对领导，把马克思主义建党建军学说同中国实际紧密结合，以党的先进性赋予人民军队先进性。习近平主席在庆祝中国人民解放军建军90周年大会上的讲话中指出："党对军队的绝对领导是中国特色社会主义的本质特征，是党和国家的重要政治优势，是人民军队的建军之本、强军之魂。"[①]党的十九届四中全会指出："坚持和完善党对人民军队的绝对领导制度，确保人民军队忠实履行新时代使命任务。"这明确了党对人民军队的绝对领导在党、国家和军队事业全局中的特殊地位和作用。建军90多年来，中国人民解放军之所以永葆政治本色，保持强大的凝聚力、向心力、战斗力，经受住各种考验，不断从胜利走向胜利，最根本的就是靠党的坚强领导。

[①] 习近平：《在庆祝中国人民解放军建军90周年大会上的讲话》，人民出版社2017年版，第14页。

第十一章　坚持党指挥枪，建设世界一流军队

（一）党对人民军队的绝对领导制度的形成与发展

中国共产党是人民军队的缔造者。在革命战争年代，党对军队绝对领导的原则，是在斗争中确立和逐步完善的。在和平年代，人民军队在党的领导下守护国家安全，并不断完成自身各系统的改革。

1. 党对人民军队的绝对领导的历史溯源

党对人民军队的绝对领导的根本原则和制度，发端于南昌起义，奠基于三湾改编，定型于古田会议，丰富发展于党领导人民军队革命、建设和改革的伟大实践。[①]

1927年，八一南昌起义是中国共产党独立创建人民军队的起点。但此时我们党对于如何建立军队和建立一支什么样的军队还没有足够经验，起义部队在南下过程中出现了大量减员。聂荣臻、陈毅等人回忆：潮汕之役后，一些师、团级干部先后离队，一些中下级军官和士兵也自动离队[②]，"这都是因为宣传工作没有深入士兵的原故"[③]。1927年8月7日，毛泽东同志在"八七会议"上提出"须知政权是由枪杆子中取得的"著名论断，提出我们要牢牢掌握军队，保持对"枪杆子"的领导权。1927年10月底，中共中央发布通告批评南昌起义军忽视宣传，在兵士之中并没有做充分的宣传及政治工作。该通告郑重指出："在这总的武装暴动工农革命政策之下，党的作用高于一切。必须有党的指导，……政治指导集中于党是非常之重要。"[④] 这是中共中央对党在军队中的领导地位的重要论断。1927年10月下旬

[①] 参见许其亮：《坚持和完善党对人民军队的绝对领导制度》，《人民日报》2019年11月21日。

[②] 《聂荣臻回忆录》上，解放军出版社1986年版，第75—76页。

[③] 《中共中央文件选集》第3册，中共中央党校出版社1989年版，第408—409、417页。

[④] 《中共中央文件选集》第3册，中共中央党校出版社1989年版，第400、404页。

至11月，南昌起义余部经过"赣南三整"保存了一批经受过严峻考验、具有坚定革命意志的骨干力量。

1927年9月，秋收起义部队打出"中国工农红军第一军"的旗帜。起义失败后，军官和士兵一路溃散，5000多人的队伍很快就剩下不到1000人了。为了扭转这一局面，毛泽东同志在江西永新县三湾村对部队进行改编。他创造性地提出"支部建在连上"的军队制度，实行班、排制，建立党小组，连队建立党支部，营、团建立党委，并规定部队的一切重大问题都要经过党组织集体讨论决定。10月中旬，毛泽东同志在水口首次主持连队建党，践行三湾改编确定的"支部建在连上"原则，此后在实践中初步建立起党领导军队的制度。

1928年4月28日，毛泽东同志领导秋收起义部队与朱德、陈毅同志率领的湘南起义和贺龙同志领导的南昌起义部分部队在井冈山会师。5月4日，根据湘南特委决定，将朱毛两部合编为工农革命军第四军，朱德同志任军长，毛泽东同志任党代表，陈毅同志任政治部主任。到1929年2月，湘赣边界特委书记杨克敏在向中央的报告中指出："红军中的党组织，由上而下说，由军委而团委、营委，连设支部，各班自成一小组，这个组织，我们很觉得法，很能适用于斗争，因为作战大部以连为单位，每一个作战单位有一个支部，会处理和指挥一个作战单位的事，很觉便当，我们的军队其所以打败仗而不致于溃败，这个组织的好处，应为主要的原因。"[1]鉴于此，周恩来同志在3月主持起草的中央给贺龙同志并湘鄂西前委的信中推广介绍了这一经验："在朱、毛军队中，党的组织是以连为单位，每连建立一个支部，连以下分小组，连以上有营委、团委等组织。因为每连都有组织，所以在平日及作战时，都有党的指导和帮助。据朱、毛

---

[1] 井冈山革命根据地党史资料征集编研协作小组、井冈山革命博物馆编：《井冈山革命根据地》上，中共党史资料出版社1987年版，第263页。

第十一章　坚持党指挥枪，建设世界一流军队

处来人说，这样组织，感觉还好。将来你们部队建党时，这个经验可以备你们参考。"①

"因为历次斗争的损失，党的发展常常受打击，所以组织力只有相当的程度，而不能如我们的计划去充分发展。"②在这种情况下，部队的补充来源主要是农民、游民和俘虏，加上连续作战，生活艰苦，部队中存在的单纯军事观点、军阀主义、流寇思想、极端民主化等不良倾向有所滋长，红四军内部在如何建军的问题上出现了原则性分歧。与此对应，军队政治工作也受到排斥，"差不多官兵一致地排斥宣传队，'闲杂人''卖假膏药的'就是一般人送给宣传员的称号"③。针对这些思想倾向，毛泽东同志在1929年6月给林彪的信中明确提出了党的"绝对的指挥权""绝对的党领导"④等概念。同年12月底召开的红四军党的第九次代表大会⑤明确批驳了单纯军事观点。毛泽东同志在《中国共产党红军第四军第九次代表大会决议案》中指出："红军决不是单纯地打仗，他除了打仗消灭敌人军事力量外，还要担负宣传群众，组织群众，武装群众，帮助群众建立革命政权以至于建立共产党的组织等的重大的任务。"忽视党的领导和军队政治工作的观点，"这种思想发展下去，便有走到脱离群众，以军队控制政权，离开无产阶级领导的危险，如国民党军队所走的军阀的道路一样"。决议案还规定："红军的军事机关与政治机关，在前委的指导之下，平行地执行工作。"⑥这就从理论上阐明了党对军队绝对领导的重要性，并确立了前委的最高领导地位和"党指挥枪"的重要原则。

---

① 《周恩来军事文选》第1卷，人民出版社1997年版，第77页。
② 井冈山革命根据地党史资料征集编研协作小组、井冈山革命博物馆编：《井冈山革命根据地》上，中共党史资料出版社1987年版，第261—263页。
③ 《中共中央文件选集》第5册，中共中央党校出版社1990年版，第819页。
④ 《毛泽东文集》第1卷，人民出版社1993年版，第67页。
⑤ 即1929年12月28—29日召开的古田会议。
⑥ 《毛泽东选集》第1卷，人民出版社1991年版，第113页。

为了贯彻党对军队的绝对领导，1930年9月，中共中央军委书记周恩来同志在主持中央军委扩大会议时反复强调："政治上党的领导要有最高威权，红军中只有党的一个领导，不能容许有第二个领导。"[①]1932年1月，中央革命军事委员会总政治部主任王稼祥在给红军中各级政治委员、政治部、党的支部委员会发出的指示信中明确指出："提高并巩固党在红军中的绝对领导，保证红军中对上级命令的执行与巩固红军中的纪律，这是目前红军中党的最中心任务。"[②]同年9月颁布的《中国工农红军总政治部关于红军中党的工作的训令》等文件，也一致要求"必须保障党对红军的绝对领导"[③]。

1935年6月，在长征途中的红一方面军与红四方面军在懋功会师，红四方面军的主要负责人张国焘拥兵自重，不服从党的领导。对此，沙窝会议重申党中央对红军有绝对的领导权，红军必须服从党的领导。沙窝会议决议强调："必须在一、四方面军中更进一步的加强党的绝对领导，提高党中央在红军中的威信。中国工农红军是在中国共产党中央的唯一的绝对的领导之下生长与发展起来的。"[④]同年11月，毛泽东同志在批判张国焘分裂行为时明确指出："我们的原则是党指挥枪，而决不容许枪指挥党。"[⑤]"党指挥枪"遂成为党对军队绝对领导的一种形象化表述。

抗战期间，中央领导人又对"党指挥枪"的原则和政治工作的重要性作了多次论述。1938年1月，周恩来同志在《抗战军队的政治工作》中提出："以革命主义为基础的革命政治工作是一切革命军队的生命线和灵

[①]《周恩来军事文选》第1卷，人民出版社1997年版，第120—121页。
[②]《王稼祥选集》，人民出版社1989年版，第16页。
[③] 总政治部办公厅编：《中国人民解放军政治工作历史资料选编》第2册，解放军出版社2002年版，第217页。
[④]《中共中央文件选集》第10册，中共中央党校出版社1991年版，第529—530页。
[⑤]《毛泽东选集》第2卷，人民出版社1991年版，第547页

第十一章　坚持党指挥枪，建设世界一流军队

魂！"①朱德同志也在1940年8月撰写的《党是军队的绝对领导者》中指出："我们八路军和新四军，是在共产党的领导之下产生、成长和壮大起来的。没有我们党，就没有这支军队；有了这支军队，就必须要巩固我们党的领导。"②1944年4月，中央军委总政治部副主任谭政受中央委托，起草并在西北局高干会议上作了《关于军队政治工作问题》的报告，从三个方面论述了党对军队绝对领导的思想。1945年6月，毛泽东同志在党的七大闭幕会上强调："我们军事干部在各方面一定要无条件去服从党"，"我们的军事干部离开了党，那他就一样也做不成，一样也做不了，一切问题要靠党"。③

1949年，中华人民共和国成立后，我们党根据时代条件和历史方位的新变化，既坚持党指挥枪的原则，又把人民军队纳入国家体制，使党指挥枪的原则上升为国家基本的军事制度。改革开放后，我们党进一步完善了国家政治体制和军队领导体制，理顺和规范了军队与政治、政党、国家的关系，实现了军队在国家政治生活中的科学定位，以保障国家长治久安，这就标志着我们的建军治军能力提高到新的水平。

2.坚持和完善党对人民军队的绝对领导的内涵

党对人民军队绝对领导，是指人民军队必须完全无条件地置于中国共产党绝对领导之下，在思想上政治上行动上始终与党中央和中央军委保持高度一致，坚决维护党中央和中央军委权威，任何时候任何情况下都坚决听从党中央、中央军委指挥，决不允许向党闹独立性，不允许其他政党在军队中建立组织或进行活动，也不允许任何个人向党争夺兵权，未经党中央、中央军委授权，任何人不得插手军队，更不得擅自调动军队。中国共产党对人民军队实施独立领导、直接领导、全面领导。党对人民军队绝对

---

① 《周恩来选集》上卷，人民出版社1980年版，第93页。
② 《朱德军事文选》，解放军出版社1997年版，第409页。
③ 《朱德传》，中央文献出版社2006年版，第646页。

领导的最根本特征就是它的"绝对性"。中国共产党对人民军队的领导是绝对唯一、绝对权威、绝对无条件的,人民军队中一切组织和人员必须对党绝对忠诚、绝对服从、绝对纯洁可靠。

建军90多年来,为坚持党对人民军队的绝对领导,党和国家在实践中形成和确立了根本原则和一整套制度。党对人民军队绝对领导的根本原则,基本内容包括:军队必须无条件地置于中国共产党的领导之下,在思想上政治上行动上始终同党中央、中央军委保持高度一致,坚决维护党中央、中央军委权威,任何时候任何情况下都坚决听从党中央、中央军委指挥。[1]党对人民军队的绝对领导有一整套制度保证,主要包括:军委主席负责制,党委制、政治委员制、政治机关制,党委统一的集体领导下的首长分工负责制,支部建在连上。[2]2017年党的十九大明确,中国共产党坚持对人民解放军和其他人民武装力量的绝对领导,把中央军事委员会实行主席负责制这一领导体制在党章中确立下来。这些制度相互联系、互为支撑,在不同层面发挥着重要作用:军委主席负责制,是从党和国家军事领导制度的层面,解决武装力量最高领导权和指挥权的归属问题,事关战略全局和根本方向,确保党中央、中央军委牢牢掌握人民军队的最高领导权和指挥权,这是党对人民军队绝对领导的核心要求;明确各级党组织是部队统一领导和团结的核心,是部队的领导中枢,不仅管思想、管党建,而且管军事、管打仗,实现了党对人民军队思想政治领导和军事行政领导的统一;明确人民军队是执行革命的政治任务的武装集团,坚持政治建军,通过革命的政治工作,将党的纲领路线和进步的政治精神贯注于人民军队中,从思想上政治上建设和掌握部队;党委统一的集体领导下的首长分

---

[1] 参见许其亮:《坚持和完善党对人民军队的绝对领导制度》,《人民日报》2019年11月21日。

[2] 参见许其亮:《坚持和完善党对人民军队的绝对领导制度》,《人民日报》2019年11月21日。

第十一章　坚持党指挥枪，建设世界一流军队

工负责制，使党的理论、路线、方针、政策得以在全军贯彻落实；"支部建在连上"使党的基层组织和军队的基层行政单位结合起来，确保党的意志主张在基层落地生根，实现了党的组织与人民军队建制的统一。这一整套制度，是思想、政治、组织领导力的高度融合统一，是政治与军事、领导与指挥、决策与执行的高度融合统一，构成了人民军队严密科学完整的组织领导体系，为党对人民军队的绝对领导提供了根本保证。历史和实践证明，党对人民军队的绝对领导彻底改变了几千年来旧军队的建设管理模式，解决了传统治理体系下建军治军的难题和矛盾，是我们党把马克思主义军事理论同中国军事实践相结合创造的新型军事制度。

（二）坚持党对人民军队的绝对领导的重要意义

坚持党对人民军队的绝对领导，关系到我军性质和宗旨、关系到社会主义前途命运、关系到党和国家长治久安。坚持和完善党对人民军队的绝对领导制度，对巩固党的执政地位、坚持中国特色社会主义制度、实现新时代强军梦、开辟"中国之治"新境界、确保党和国家长治久安，具有重大而深远的意义。

1. 坚持党对人民军队的绝对领导，是巩固党的执政地位和坚持中国特色社会主义制度的必然要求

军队是执政党维护国家统治的工具。在我国，中国共产党作为执政党，是中国政权的核心领导力量。党政军民学、东西南北中，党是领导一切的。对军队来说，坚持党的绝对领导，就是坚持中国特色社会主义，就是拥护中国共产党在中国特色社会主义事业中的核心地位。新中国成立后，我们党探索建立了人民当家作主的社会主义制度，将党对人民军队的绝对领导上升为国家基本军事制度，人民军队成为中国特色社会主义的坚强柱石。

国家社会制度性质决定军事制度性质，军事制度是国家社会制度的重要组成部分。党对人民军队的绝对领导制度作为党的领导核心地位在军事领域的体现，与人民民主专政的国体、人民代表大会制度的政体相符合，对捍卫社会主义、促进改革发展稳定，起到了不可替代的作用。只有坚持党对人民军队的绝对领导，才能永葆我军的人民军队性质和本色，切实履行好党赋予人民军队的历史使命，确保我国不受侵略，保证人民民主专政的国家制度不受颠覆，保障社会主义现代化建设的顺利进行，保卫我国人民的和平生活与劳动。

习近平同志担任中央军委主席以来，立足时代特点和国家安全与发展的战略全局，以治国安邦、治军强军的远见卓识和改革强军的深谋远虑，高度重视军队党的建设。2014年10月，习近平主席主持召开了古田全军政治工作会议，高举党对人民军队的绝对领导的旗帜，带领我军重整行装再出发。2024年6月，中央军委政治工作会议在陕西延安召开，习近平主席出席会议并发表重要讲话，强调要坚持党对人民军队的绝对领导，贯彻落实新时代政治建军方略，牢牢把握政治建军时代要求，聚焦打好实现建军一百年奋斗目标攻坚战，发扬彻底的自我革命精神，持续深化政治整训，锻造政治坚定、能力过硬的坚强党组织，锻造忠诚干净担当、堪当强军重任的高素质干部队伍，为强军事业提供坚强政治保证。坚持和完善党对人民军队的绝对领导制度，是坚持和完善中国特色社会主义制度的重要内容，也是推进国家治理体系和治理能力现代化的有机组成部分，对国家制度具有重要支撑作用。

2. 坚持党对人民军队的绝对领导制度，是实现新时代强军梦的坚强保证

党对人民军队的绝对领导制度是集中统一、权威高效的新型军事领导制度，彻底颠覆了旧社会军权私有的制度规定，从根本上实现了党的军

第十一章　坚持党指挥枪，建设世界一流军队

队、人民的军队、社会主义国家的军队的高度统一，是历经血雨腥风终获成功的历史经验教训的深刻总结。"中国共产党在中国人民解放军中的政治工作是我军的生命线"经毛泽东同志修订后作为《中国人民解放军政治工作条例》固定下来，成为我军最鲜明的底色。当前，我军建设所处的时代条件和历史方位发生了深刻变化，从炮火硝烟中走来的人民军队已经由过去单一军种发展成为诸军种合成、具有一定现代化水平并开始向信息化迈进的强大军队，党对人民军队绝对领导的实现形式也在不断与时俱进、改革创新，使这一制度得以固化和完善。习近平主席在庆祝中国人民解放军建军90周年大会上的讲话指出：天下并不太平，和平需要保卫。今天我们比历史上任何时期都更接近中华民族伟大复兴的目标，比历史上任何时期都更需要建设一支强大的人民军队。

坚持和完善党对人民军队的绝对领导制度，是与深化国防和军队改革紧密联系在一起的。深化国防和军队改革是中国特色社会主义军事制度的自我完善和发展，是为了更好地坚持党对人民军队的绝对领导，更好地坚持人民军队的性质和宗旨，更好地坚持我军的光荣传统和优良作风。在中国特色社会主义军事制度的大厦中，党对人民军队的绝对领导制度处于顶梁柱的位置。党的二十大报告明确实现建军一百年奋斗目标，开创国防和军队现代化新局面，必须贯彻习近平强军思想，贯彻新时代军事战略方针，坚持党对人民军队的绝对领导，坚持政治建军、改革强军、科技强军、人才强军、依法治军。

在最新一轮国防和军队改革中，我们已经通过领导指挥体制改革、规模结构和力量编成改革两大攻坚战，实现了军队组织形态和力量编成的整体性、革命性重塑，军队党组织的体系结构、类型设置、职能配置等都发生了相应变化。面对强国强军的时代要求，面对国家安全环境深刻变化，只有始终把人民军队置于党的绝对领导之下，才能把党的政治优势和组织

优势转化为制胜优势。面对强国强军的时代要求，无论战争形态怎么演变、军队建设内外环境怎么变化、军队组织形态怎么调整，都必须毫不动摇坚持党对人民军队的绝对领导。

3. 坚持党对人民军队的绝对领导，是维护国家长治久安的根本保证

强国必须强军，军强才能国安。在革命战争年代，广大官兵为人民扛枪，为人民打仗，与人民同呼吸、共命运；在和平建设时期，广大官兵为人民站岗放哨，为人民无私奉献，以实际行动支援国家进行社会主义现代化建设。新中国成立初期，人民军队中35个建制师、100多万名官兵转业复员到边疆参加生产建设，成为建设祖国、稳定边疆的重要力量。改革开放和社会主义现代化建设新时期，每一次山崩地裂，总有绿军装身影在废墟中撑起天空；每当江河鸣咽，总有鲜红旗帜在泥淖中高高飘扬；每当烈火肆虐，总有人民子弟兵舍生忘死扛起人民希望；每当突发疫情风险，总有军队白衣天使冲在最前沿。进入新时代，在加快建设社会主义现代化强国、迈向中华民族伟大复兴的征途上，我们面临着前所未有的战略机遇，也面临着前所未有的严峻挑战，正在进行具有许多新的历史特点的伟大斗争。2020年春季以来，新冠疫情在全球暴发并迅速蔓延，中央军委向人民军队发出为打赢疫情防控阻击战作贡献的号令，人民军队迅速启动联防联控工作机制，紧急抽调精兵强将，4000多名医护人员分3批奔赴抗疫一线，火速派出30架次运输机和2500多台次车辆向疫区投送医疗物资，尽最大努力救治更多的人民群众，为祖国和人民再立新功。世界上还没有哪一支军队像我们的人民军队这样，为了维护人民的利益甘愿付出、倾尽所有、毫无保留。

当今的国际局势中，单边主义抬头、对立对抗风险上升，各国力量的博弈日益明显，2023年世界军费开支连续第九年增长，总额达到24430亿美元。中华民族实现伟大复兴进入了关键阶段，维护国家主权、安全和发

第十一章　坚持党指挥枪，建设世界一流军队

展利益从来没有像今天这样重要，拥有一支强大的人民军队无疑才是最坚强的后盾。国内改革发展稳定任务更加繁重，军队改革转型正处在爬坡过坎期，维护社会大局和谐稳定的压力增大，人民军队一切行动听从党中央指挥，抵御各种各样的严重安全威胁，不折不扣地与党的旗帜、方向和意志保持高度一致，将我国国家制度与国家治理体系所具有的军事优势发挥好，从而更有力地保障国家主权、安全与发展利益，确保我们党长期执政、国家长治久安、中国特色社会主义事业兴旺发达。

（三）坚持和完善党对人民军队的绝对领导制度的路径

政治建军是我党我军的独特优势和命脉所在。习近平主席在庆祝中国人民解放军建军90周年大会上的讲话指出："前进道路上，人民军队必须牢牢坚持党对军队的绝对领导，把这一条当作人民军队永远不能变的军魂、永远不能丢的命根子，任何时候任何情况下都以党的旗帜为旗帜、以党的方向为方向、以党的意志为意志。"[①]新时代，强化党对人民军队的绝对领导，需要适应新形势、新任务、新要求，牢固确立习近平强军思想在国防和军队建设中的指导地位，巩固和拓展深化国防和军队改革成果，突出在提高各级党组织思想政治领导能力、军事实践领导能力、党组织建设能力和党管干部能力等方面下功夫。

1. 坚持党对人民军队的绝对领导的军魂意识不动摇

党的十九大把坚持党对人民军队的绝对领导列入新时代坚持和发展中国特色社会主义的基本方略，再一次证明党对人民军队的绝对领导，是人民军队的建军之本、强军之魂。

从近些年思想政治领域斗争形势来看，敌对势力一直妄图对我军官兵

[①] 习近平：《在庆祝中国人民解放军建军90周年大会上的讲话》，人民出版社2017年版，第7页。

"拔根去魂",想把我军从我党的旗帜下拉出去。20世纪80年代,苏联在宪法中放弃苏联共产党的领导地位,推行"军队国家化",失去正确方向,导致国家在没遭受一枪一弹的情况下就迅速解体。这一深刻教训警示我们,如果放弃党对军队的领导地位,就会丧失社会主义制度和国家政权,就会天下大乱。对此我们必须高度警惕,在坚持党对军队绝对领导的根本原则问题上,在事关军队性质、宗旨、本色的重大政治问题上,各级领导同志必须头脑特别清醒,态度特别鲜明,行动特别坚决。习近平主席在中央军委党的群众路线教育实践活动专题民主生活会上的讲话中指出,党叫干什么就坚决干,党不允许干什么就坚决不干,带头维护中央权威,维护军委权威,不能有半点含糊。坚持党对军队绝对领导,确保枪杆子永远掌握在忠于党的可靠的人手中。

要坚持用习近平新时代中国特色社会主义思想武装我军全体指战员头脑,突出抓好军魂培育,注重用党的路线方针政策教育部队,大力发扬党对军队绝对领导的军魂文化和优良传统,努力传承红色基因,旗帜鲜明反对"军队非党化、非政治化"和"军队国家化"等错误观点,帮助官兵进一步强化政治定力。党的二十大报告指出,全面加强人民军队党的建设,确保枪杆子永远听党指挥。健全贯彻军委主席负责制体制机制。深化党的创新理论武装,开展"学习强军思想、建功强军事业"教育实践活动。加强军史学习教育,繁荣发展强军文化,强化战斗精神培育。建全人民军队党的组织体系,推进政治整训常态化制度化,持之以恒正风肃纪反腐。

2. 全面贯彻军委主席负责制

"兵权贵一、军令归一"。中央军委主席负责中央军委全面工作,领导指挥全国武装力量,决定国防和军队建设一切重大问题,确保了集中统一领导和高效决策指挥。1982年宪法正式明确"中央军事委员会实行主席负责制"。2017年,党的十九大明确中国共产党坚持对人民解放军和其他人

第十一章　坚持党指挥枪，建设世界一流军队

民武装力量的绝对领导，把中央军事委员会实行主席负责制这一领导体制在党章中确立下来。这一制度在党对人民军队的绝对领导一整套制度中处于最高层次，居于核心和统领地位。这是党对人民军队的绝对领导的根本制度和根本实现形式，是中国特色社会主义政治制度和军事制度的重要组成部分，关乎党和国家长治久安，关乎中国特色社会主义前途命运，关乎新时代强军事业发展，必须把全面深入贯彻军委主席负责制作为最高的政治要求来遵守、作为最高的政治纪律来维护。

全面深入贯彻军委主席负责制，必须有健全完备、科学高效的体制机制来保证。党的十八大以来，党中央、中央军委通过一系列体制设计和制度安排，推动贯彻军委主席负责制严起来、实起来。党的十九大以来，中央军委及时修订《中央军事委员会工作规则》，制定《关于贯彻落实军委主席负责制建立和完善相关工作机制的意见》《关于全面深入贯彻军委主席负责制的意见》《军委主席批示指示督办落实暂行规定》等规章制度，同时建立高标准，抓好请示报告、督促检查、信息服务三项机制，为全面贯彻军委主席负责制提供体制机制保障。

还要通过调整改革军队领导管理体制，强化军委主席在国防和军队建设重大事务中的最高领导权和最终决定权；要健全联合作战指挥体制，确保军委主席统一高效指挥全国武装力量；要构建严密的权力运行制约和监督体系，强化军委主席对高层机关和高级干部的有效管理监督等，把军委主席负责制的各项要求真正落到实处。

历史经验也表明，军委主席负责制贯彻得好，党对人民军队的绝对领导就有根本保证，党和军队事业就会兴旺发达；军委主席负责制贯彻得不好，党对人民军队的绝对领导就会从根本上受到削弱，党和军队事业就会受到严重损害。

3. 突出发挥军队党组织功能作用

党在军队中的各级党组织是各单位统一领导和团结的核心。党的组织坚强有力，就能把各单位的全部力量凝聚到一起，实现组织力量的最大化。

要适应改革后的新体制新职能，找准各级各类党组织职能定位，健全制度机制，改进领导方式。要加强各级党委班子建设，自觉贯彻民主集中制原则，用好批评和自我批评这个有力武器，不断提高议事决策的质量和水平，切实把军队各级党委建设成为实现党对军队绝对领导、团结巩固部队和完成各项任务的坚强领导核心。要加强基层党组织建设，推动基层党组织设置和活动方式创新，真正发挥好基层党组织在宣传党的主张、贯彻党的决定、增强官兵团结、完成各项任务中的战斗堡垒作用。"支部建在连上"，是把党的意志贯穿于部队的最好组织形式，是我军的制胜密码。抗战时期，八路军在太行山分兵打游击，"麻雀满天飞"的战法让敌人吃尽苦头。美国战地记者贝尔登惊叹："如果换一支别的军队，也像这样分散于敌后，就很可能会丧失士气，归于瓦解。"[①]要加强对党员特别是党员领导干部的管理教育，严格落实双重组织生活制度、请示报告、述职述廉制度，不断强化广大党员特别是党员领导干部对党组织的思想认同、政治依靠、工作服从和感情信赖。

当前，意识形态领域的斗争尖锐复杂，官兵面临的政治考验更加严峻。我们必须赓续传承"支部建在连上"的优良传统，毫不动摇坚持党对人民军队的绝对领导的根本原则和制度，坚持不懈用党的创新理论铸魂育人，确保枪杆子牢牢掌握在绝对忠诚可靠的人手中。

---

① 转引自张红军：《确保党对军队的绝对领导直达基层直达官兵》，《解放军报》2019年12月9日。

4.锻造军队高素质干部和人才队伍

"欲治兵者，必先选将。"党的十八大以来，习近平主席高度重视我军干部和人才队伍建设，要求军委谋全局、抓大事，关键的一条就是要把干部队伍建设这件关系军队建设全局、关系未来战争胜负的大事抓好。

要突出选人用人的正确导向。2018年8月，习近平主席在中央军委党的建设会议上强调，要突出政治标准和打仗能力，严格按原则、按政策、按规矩、按程序选用干部。2024年，延安中央军委政治工作会议强调"锻造忠诚干净担当、堪当强军重任的高素质干部队伍"。贯彻新时代党的组织路线，完整准确理解把握军队好干部标准，把这一标准全面落实到干部工作的各环节。要按照军队好干部标准，全链路抓建干部队伍，把思想改造、岗位历练、任务锤炼、选拔使用等方面贯通起来、综合发力，在赛场上选千里马，在实践中选实干家，做大优秀人才的基本盘，让我军始终人才辈出。选拔干部要坚持德才兼备、以德为先，注重基层、注重实干、注重官兵公认，把优秀干部用起来。严明选人用人的制度规矩。完善对干部的考核评价机制，加强对干部的日常考核、分类考核、近距离考核，完善用人失察失误责任追究办法。加强对优秀年轻干部培养选拔，对看得准的重点培养，放在备战打仗一线，吃劲要紧岗位和急难险重任务中摔打磨炼。贯彻全链路抓建理念，把将才培养作为战略任务来抓，提高干部队伍建设整体效能。注重从政治上考察和使用干部，掌握干部在重大问题、关键时刻的政治态度和政治行动，真正把干部选准用好，确保枪杆子永远掌握在忠于党的可靠的人手中。此外，要推进各类人才协调发展，突出抓好联合作战指挥人才、新型作战力量人才、高科技尖端人才和高水平战略管理人才培养，完善军民融合人才培养开发机制。

广大官兵要更加坚定自觉地维护党中央、中央军委的权威，自觉贯彻落实好军委主席负责制，特别是在国防和军队改革的大潮中，坚定自觉地贯彻政治建军要求、落实改革强军战略，在军队履行使命任务中，坚决听从党中央和中央军委的指挥，时刻做到听党指挥、能打胜仗、作风优良，召之即来、来之能战、战之必胜。

二、建设世界一流军队

自人类有战争以来，军事领域就是国家竞争和对抗最激烈的领域。站在新的历史起点上，面对强国强军的时代要求，面对国家安全环境的深刻变化，面对实现中华民族伟大复兴中国梦的光荣使命，"全面推进军事理论现代化、军队组织形态现代化、军事人员现代化、武器装备现代化，力争到2035年基本实现国防和军队现代化，到本世纪中叶把人民军队全面建成世界一流军队"是党中央为人民军队擘画的强军蓝图。2017年10月，党的十九大召开，确立习近平强军思想在国防和军队建设中的指导地位，把"习近平强军思想"郑重写入党章。建立一支什么样的军队来保护我国数十年的发展成果，维护国家发展的重要战略机遇期，为全面建设社会主义现代化国家、实现中华民族伟大复兴提供坚强保障，已成为重大的时代课题。

（一）建设世界一流军队的战略重要性

2016年4月23日，习近平主席在视察国防大学时发出"实现强军目标、建设一流军队"的伟大号召。2017年，党的十九大报告提出："党在新时代的强军目标是建设一支听党指挥、能打胜仗、作风优良的人民军队，把人民军队建设成为世界一流军队。"2022年，党的二十大报告强调："如期实现建军一百年奋斗目标，加快把人民军队建成世界一流军队，是全面建设社会主义现代化国家的战略要求。"建设一支世界一流的新型人民军队，是中国共产党领导军事力量建设的不懈目标追求，是党中央、中央军委着

第十一章　坚持党指挥枪，建设世界一流军队

眼于支撑中国复兴伟业提出的奋斗目标，顺应了国家由大向强、屹立世界的时代呼唤，凝聚了中华民族百年以来的强军梦想。

1.建设世界一流军队是中国共产党领导中国人民实现富国强兵的战略主张

建设世界一流军队的战略命题，源于我们党建设强大人民军队的不懈追求，与我们党确立和坚持的建设一支强大军队战略思想是一以贯之的，反映了当代中国军队建设发展的客观规律和必然要求。没有一支强大的军队，没有巩固的国防，强国梦就难以真正实现。

回望过去，中国历史上的宋朝经济发达，然而，国富而军不强，君臣"口不言兵"，忽视军队建设，长期被外族凌辱，最终遭受"靖康之耻"。近代历史上，从鸦片战争到抗日战争，由于列强的侵略，我国现代化发展进程多次被拦腰斩断，清朝康雍乾时期，全球白银总产量为12万吨，其中约6万吨流入了中国。18世纪中国的工业产量已占世界的32%，足见其经济繁荣程度。然而，清王朝固守"马上打天下"的传统，无视世界军事领域的急剧变革，最终导致中华民族陷入"百年国耻"。[①]血的历史教训告诉我们：落后要挨打，国富而军不强，同样要挨打。

中国人民解放军是由党缔造的，一诞生便与党紧紧地联系在一起。自革命战争年代起，我们党就根据形势任务的变化，不遗余力地提高军队建设水平，及时提出明确的目标要求，引领我军建设不断向前发展。纵观世界历史，一个国家的军队建设是世界上最好的时候，往往是该国国势在世界上最强的时候。把军队搞得更强大，这样底气才更足。

新中国成立后，毛泽东同志在1950年9月明确提出："中国必须建立强大的国防军。"1952年12月，毛泽东同志和中央军委提出了"建设我军

---

① 转引自姜红明:《在改革强军征程中建设世界一流军队》,《湖北日报》2016年8月1日。

成为世界上第二支最优良的现代化军队"[1], 1953年又使用了"第二支最优良的现代化革命军队"的提法。但由于种种原因，军队建设发展未能真正"赶上时代"。进入改革开放和社会主义现代化建设新时期，邓小平同志提出"把我军建设成为一支强大的现代化、正规化革命军队"[2]；江泽民同志提出，"政治合格、军事过硬、作风优良、纪律严明、保障有力"总要求；胡锦涛同志提出要按照革命化现代化正规化相统一的原则加快军队全面建设的重要思想。党的十八大确立了"建设一支同我国国际地位相称、同国家安全和发展利益相适应的巩固国防和强大军队"的目标。此后，习近平主席又鲜明地提出了"实现党的强军目标、建设世界一流军队"的战略要求。

今天，中国经济快速发展，人民生活水平有了很大提高。但我们必须看到，近些年来，中国国家安全也面临着严峻形势与挑战，各种传统安全威胁和非传统安全威胁相互交织，危害我国社会稳定和人民生命财产安全。例如：美国的霸权战略对我国安全威胁具有根本性、严重性和长期性，其威胁和遏制中国的意图十分明显；日本军国主义阴魂不散，并在钓鱼岛及东海划界问题上不断滋事；南海周边国家蚕食我岛礁主权、攫取我海洋资源的步伐加剧，军事对峙趋于恶化；极端恐怖主义、民族分裂主义和宗教极端主义三股恶势力日益猖獗；俄乌冲突、巴以冲突及缅北、中亚各地区热点问题也影响着我国安全环境。随着我们深度融入全球化的进程中，我国安全利益也延伸到世界各地，改革开放以来，国民大量走出国门，对外投资连年增长，我国海外投资已遍布全球绝大多数国家或地区，海外华人华侨总数6000多万，这些利益如果不能有效维护，其

---

[1] 转引自廖盖隆主编：《历史经验与现实改革》，贵州人民出版社1989年版，第396页。

[2] 转引自廖盖隆主编：《历史经验与现实改革》，贵州人民出版社1989年版，第396页。

第十一章 坚持党指挥枪，建设世界一流军队

损失将是天文数字。"当前，世界主要国家都在加快推进军队改革，谋求军事优势地位的国际竞争加剧。在这场世界新军事革命的大潮中，谁思想保守、固步自封，谁就会错失宝贵机遇，陷于战略被动。"[①]在我国由大向强的关键发展阶段，建设一支与综合国力、国际地位和军队使命任务相匹配的世界一流军队，既是时代的呼唤，也是14亿中国人民的期待，不仅要改变落后就要挨打的历史，还要提高军队维护国家安全和发展利益的能力，真正做到有事不惧，无事不忧，一流的军队能带给国家的是长治久安。

2. 建设世界一流军队是实现中华民族伟大复兴中国梦的战略要求

军事能力是大国崛起的关键指标，一流军队是一流强国的标配。世界上任何国家的兴起都离不开强大军队的支撑。放眼世界近代史，无论是率先崛起的葡萄牙、西班牙、荷兰，还是后来居上的英国、法国、德国、美国，无一不是依靠强大的军事力量成为世界强国。

中国梦的基本内涵是国家富强、民族振兴、人民幸福，体现到各个领域，就是要建设世界一流的经济、政治、文化、科技和国防。建设世界一流军队更是实现中华民族伟大复兴中国梦不可或缺的内容。当今世界正经历百年未有之大变局，在这个变局下，各种战略力量加快分化组合，军事竞争成为大国战略竞争的焦点领域，大国力量配置的结构性重组与世界军事革命的紧密结合，日益改变着国际安全的基础。而在这期间，中国与世界的关系发生了前所未有的根本性变化，中国已成为世界秩序演变的最大变量。20世纪70年代后期，中国与外部世界关系的基调是中国被动适应、世界改变中国。进入21世纪，中国对世界的影响力显著扩大，中国的一举

[①] 刘志辉主编：《平易近人 习近平的语言力量》军事卷，上海交通大学出版社2017年版，第78页。

大国优势

一动都直接牵动着世界的神经，体现出"一定意义上走向主导者的姿态"[①]，中国开始影响世界。中国已成长为世界上最重要的经济体之一，成为带动世界经济复苏的最重要引擎，中国正从具有影响力的地区大国向世界大国迈进。对中国的发展，一些西方国家频频使绊子、卡脖子、下套子，甚至不惜赤膊上阵亮刀子，千方百计地对我国围堵和遏制。我国面临的安全压力与风险已经超越了单纯的主权得失，要高度警惕国家被侵略、被颠覆、被分裂的危险，高度警惕改革发展稳定大局被破坏的危险，高度警惕中国特色社会主义发展进程被打断的危险。

军事手段是实现伟大梦想的保底手段。中国致力于建设世界一流军队，有效履行新的历史时期军队使命，坚决维护中国共产党的领导和中国特色社会主义制度，坚决维护国家主权、安全、发展利益，坚决维护国家发展的重要战略机遇期，坚决维护地区与世界和平。历史上有的国家，建立并正确运用了强大军队，从而实现了崛起；有的国家，由于军事上的失误，迟滞甚至是葬送了崛起态势。从历史到现实，从中国到世界，和平发展中的中国要担起负责任世界大国的重担，与世界各国人民一道构建更公平合理的国际秩序，只有经济影响力是远远不够的，迫切需要建设一支与其相匹配的世界一流军队，在维护世界和平中发挥中流砥柱作用。

当前，我国面临维护政治安全、领土主权和社会稳定的任务艰巨。建设世界一流军队就是要打造民族复兴向强的钢铁脊梁。国防和军队建设必须放在实现中华民族伟大复兴这个大目标下来认识和推进，服从和服务于这个国家和民族最高利益。历史规律反复证明，强大的军队是立国之所需、强国之利器。只有建设世界一流军队，努力补齐"两个差距很大"和"两个能力不够"的短板，才能有效应对国际战略格局调整带来的风险挑战，为实现中华民族的伟大复兴提供强大保障。

---

① 转引自门洪华：《中国塑造世界的战略路径》，《新华文摘》2016年第14期。

第十一章　坚持党指挥枪，建设世界一流军队

3. 建设世界一流军队是中国迎接新军事革命挑战的现实举措

我国正处在由大向强发展的关键阶段，建设世界一流军队，调整了军队建设发展的参照坐标，将光圈聚焦到世界竞争舞台的中心区域，面向世界一流对手，参照世界顶级指标。肩负为民族复兴提供强有力安全保障神圣任务的人民军队，必须把建设标准投向世界一流，学习借鉴发达国家军队建设的长处，正视自己的短处，把自己的强项传承下去。

当前，世界新军事革命深入发展，传统战争是"大吃小"，现代战争是"快吃慢"，未来战争是"新吃旧"，现代战争在作战样式、特点规律和制胜机理方面都发生了翻天覆地的变化。武器装备远程化、精确化、智能化、隐身化、无人化的趋势越来越明显，战场不断从传统空间向新型领域拓展，战争形态由机械化战争向信息化战争演变加速。一些军事大国在军队建设上正紧锣密鼓地进行大动作改革，如美军正在推动"二次转型"[①]，加紧实施"第三次抵消战略"[②]，不遗余力进行军事技术和体制创新。俄军深入推进"新面貌"军事改革，着力打造信息化新型作战力量。英、法、德、日、印等主要国家也都在积极推进军队调整改革。这场世界范围的新军事革命是全方位、深层次的，覆盖了战争和军队建设全部领域，直接影响着国家的军事实力和综合国力。改革为军队建设扫除了不科学的制度障碍，创新为军队战斗力生成注入了强大动力。如果我们错过这轮新军事革命潮流，就可能丧失战略主动权。

---

① 2012年4月，美国陆军公布《2012年陆军战略规划指南》，强调海军与海军陆战队的深度融合，以打赢西太平洋地区的制海权战争。

② "抵消战略"是"二战"后美国军事战略界创造的术语，是指用技术优势抵消对手的数量优势，或用突破性技术提供的新能力抵消对手现有的优势军事能力。美国从20世纪50年代以来先后出台了三次"抵消战略"。在奥巴马上台后提出"亚太再平衡"战略并加速推进背景下，美国国防部高官的系列讲话和智库的相关研究报告开始提出"第三次抵消战略"，旨在通过发展新的军事技术和作战概念"改变未来战局"，在与主要对手的新一轮军事竞争中，占据绝对优势地位，矛头直接指向中国。

大国优势

历史上赵武灵王胡服骑射、锐意改革，使赵国军队一跃而成为仅次于秦国、排名第二的强大军队，彻底结束了周边游牧民族连年向赵国发动军事掠夺的状态；16世纪西班牙军队确立的"军官"职业体系，使西班牙成为欧洲双头鹰之一；日本明治天皇在军事领域的"维新"，使日本迅速跻身世界强国之列；美国在20世纪后期推进的新军事变革，是美军在后冷战时代创造不败战绩的根本原因。[1]我军从小变大、由弱变强的历史，也是一部不断改革创新的历史。通过改革军队领导制度，我军首创了党对军队绝对领导体制，确保枪杆子永远掌握在人民手中，从制度上根除了旧军队私有属性，排除了军人干政现象；通过探索农村包围城市的革命道路，我军首创了人民战争战法，开掘了立于不败之地的战争伟力源泉；通过不断依据变化了的形势改革编制体制、技术战术、武器装备，我军充分发挥人民群众和全体官兵创造智慧，为提高部队战斗力奠定了坚实基础。正是在不断改革中获得的强大力量，使我们打败日本侵略者，保卫我们的国家，打败国民党反动派建立新中国，让不可一世的美军在朝鲜战场上低下头来，美军参谋长联席会议主席布莱德雷上将说道："朝鲜战争是美国在错误的时间、错误的地点，与一个错误的对手打了一场错误的战争。"[2]面对当今世界急剧变化的安全形势，我们更需要对军队建设中存在的体制性障碍、结构性矛盾、政策性问题进行大刀阔斧的改革，确保将人民军队建设成为一支听党指挥、能打胜仗、作风优良的世界一流军队。

世界新军事革命在信息技术迅猛发展和激烈国际战略竞争的双重催化下，正进入一个新的质变阶段。这为我军赶超世界大国强军提供了一个弯道超车的宝贵时机。习近平总书记指出，"机遇稍纵即逝，抓住了就能乘

---

[1] 转引自姜红明：《在改革强军征程中建设世界一流军队》，《湖北日报》2016年8月1日。

[2] 转引自罗学蓬：《中国人眼中的朝鲜战争》下，重庆出版社2018年版，第719页。

第十一章　坚持党指挥枪，建设世界一流军队

势而上，抓不住就可能错过整整一个时代"①。一代军人有一代军人的使命担当，生活在实现中国梦强军梦的伟大时代，就要为建设世界一流军队作出贡献，竭尽所能跑好历史接力赛。

（二）在深刻领悟强军战略中把握建设世界一流军队的时代要求

放眼全球各大国的军事建设，达到世界一流军队的标准，主要有四个突出标志：一是能在全球任何地域维护世界和平与安全，迅即到达，速战速决；二是能打赢一场较大规模的信息化局部战争，同时控制一场可能发生的危机，维护国家利益和人民生命财产安全；三是能迅速有效应对非传统安全领域重大威胁与挑战，及时消除危机和风险；四是能自我完善、自我创新、不断壮大。②

建设世界一流军队的要求至少包含以下几个方面。

1. 具有世界一流的军事理论

军事理论是军事发展的指导方针。一定意义上讲，作战理论的深度、广度和高度，直接影响着军事转型的速度与质量，甚至决定战争的走向和胜负。必须重视先进理论的引领作用。2012年12月，习近平主席到原广州军区考察，鲜明指出"强国梦，对于军队来讲，也是强军梦"，这一论断具有重大理论奠基意义。以此为思想发端和逻辑起点，习近平主席在领航人民军队进程中进行了艰辛的理论探索和实践创造。2013年3月，习近平主席出席十二届全国人大一次会议解放军代表团全体会议时郑重指出，"建设一支听党指挥、能打胜仗、作风优良的人民军队，是党在新形势下

---

① 解放军报社主编：《强军文化论　军事文化名家的时代思考》，解放军出版社2015年版，第214页。
② 参见曹益民：《建设世界一流军队是划时代的战略要求》，《中国军事科学》2016年8月。

273

的强军目标"。2016年2月，在中央军委扩大会议上，习近平主席进一步阐述实现强军目标、建设世界一流军队的思想。理论界认为，这一系列重要讲话表明，习近平强军思想的基本框架开始形成。习近平主席指出，科学的军事理论就是战斗力，一支强大的军队必须有科学理论做指导。实践证明，一流军队设计战争，二流军队应付战争，三流军队尾随战争。美军作为当前世界新军事革命的"领跑者"，紧跟技术发展前沿，前瞻战争形态演变，先后提出"空地一体战""网络中心战""空海一体战""全球一体化作战"等创新军事理论，正是通过不断推陈出新，美军才能始终保持世界领先的军事实力。第二次世界大战爆发前，德军提出基于坦克快速突击的"闪击战"理论，以此引领军队体制编制变革、作战样式创新，在战争初期取得了闪击波兰、占领法国的丰硕战果。回顾我军发展的历史，我们在抗日战争、解放战争时期，结合国情、军情、敌情、战情，创立了人民战争理论，独创性地提出了毛泽东军事思想，有效指导军事实践，以弱胜强、以少胜多，确保了战争胜利，充分体现了一流军事理论能够催生出超强的战斗力。

党的十九大报告提出"全面推进军事理论现代化"的建设目标，对于构建现代化军事体系、谋划未来作战样式、打造作战人才方阵具有重大意义。军事理论具有一定的时代性，世界上没有一套亘古不变的军事理论，石器时代、冷兵器时代、热兵器时代、信息时代作战方式各有不同，所有的军事理论一般只能最大限度地满足于当时的作战条件。当前，军事理论创新更应关注"超越时代"。在加紧完成机械化和信息化双重历史任务道路上，必须结合担负的使命任务和武器装备发展状态，认真清除与未来信息化战争不相适应的思维观念，重点研究与谁打仗、怎么打仗、打到什么程度等重大问题。面向一体化联合作战背景下各战略方向、作战行动及联合应急行动，紧盯新型作战样式和典型作战目标，牢固树

第十一章 坚持党指挥枪，建设世界一流军队

立信息主导、体系作战、联合制胜、精打要害等现代战争理念，从惯性思维中跳出来，加强作战理论研究，真正发挥作战理论在未来战争中的指导作用。

2. 拥有世界一流的武器装备

武器装备是军队现代化的重要标志，先进武器装备是军事斗争准备的重要基础，拥有世界一流的武器装备是建设世界一流军队的重要支撑。从冷兵器时代、热兵器时代到信息化时代，先进的武器装备始终是战争制胜的重要物质技术基础，是世界一流军队的明显标志。春秋战国时期，秦军的骑兵和重弩兵战斗力强悍，力克敌手，使秦国横扫六国而建立起中国历史上第一个大一统的国家。美军对武器装备的发展高度重视，很早就提出武器装备始终要超过第三世界国家10～30年，超出盟国5～10年，以保证美军在世界范围内的绝对优势。如果武器装备上存在代差，在现代战争中就很难打赢。

全面建成世界一流军队，不仅要有一流的陆军装备、海军装备、空军装备，还要有能够有效制敌的"撒手锏"和战略威慑武器，必须深度挖掘现代科学技术，瞄准对战斗力提升有重大贡献的重点领域，坚定不移地开展战略性、引领性、颠覆性技术研究攻关，并尽早物化成武器装备，加快形成具有新原理、新机理的新质战斗力，在一些战略必争领域占有一席之地，力争主导战争、设计战争。

3. 具备世界一流的创新能力

创新能力是一支军队的核心竞争力，也是生成和提高战斗力的加速器。中国人民解放军的建设史本身就是一部把马克思主义军事理论同中国革命战争和人民军队建设实践相结合的创新发展史，革命战争年代，我们根据中国革命的特点提出了农村包围城市的道路，制定了支部建在连上的建军原则、人民战争的指导路线和机动灵活的战略战术，逐步形成了一整

套建军治军的原则和制度，成为我军屡战屡胜的法宝。党的十八大以来，我军不断创新军队组织形态，习近平主席亲自决策部署和领导推动深化国防和军队改革，人民解放军突破了长期实行的总部体制、大军区体制、大陆军体制，建立起"军委管总、战区主战、军种主建"的新格局，实现了军队组织架构的一次历史性变革，这是我军特有优势。

当今时代，世界新军事革命加速演变，军事技术正处于新一轮创新突破期，实现党在新时代的强军目标亟须开拓创新，必须坚决破除各种守常心理、守旧做法和守成思想，让军事创新走在战争前面，紧盯科技前沿技术。科技催生战斗力成为当前各国军队建设最显著的特征。科技领先则战斗力领先。我军历来重视科技创新，从"两弹一星"到国产航母，在探索高精尖武器装备的征程中从来没有停歇过，目前，我国已拥有三艘航母——"辽宁舰""山东舰""福建舰"。未来还需要在军事科技方面敢为人先，探索特殊领域作战装备及方法。面对世界新军事革命的机遇和挑战，只有与时俱进、大力推进军事创新才能尽快实现新的跨越。要综合研判未来战争的发展趋势，全新构建适应我军联合作战的政策法规、作战样式、训练模式和保障方式，加快形成基于信息系统的联合作战能力、全域作战能力，大力推进从武器装备到作战训练、从理论研究到战法运用、从体制机制到人才培养的全方位创新。

4. 锻造出世界一流的战斗力

军队是战斗队，军队的生命力在于战斗力。军队的一切工作都必须围绕提高战斗力这个根本标准，向能打仗、打胜仗聚焦。衡量军队是否世界一流，最根本的还是要看在战场上能否取得胜绩，能否打败对手。

习近平主席指出，军事训练是未来战争的预演，军事训练水平上不去，军事斗争准备就很难落到实处，部队战斗力也很难提高，战时必然吃大亏。习近平主席关于国防和军队建设的重要论述把实战化训练作为贯彻

第十一章　坚持党指挥枪，建设世界一流军队

战斗力标准、增强军队制胜能力的基本机制。一流的装备、一流的官兵只有通过一流的战备训练才能紧密结合，发挥出一流的战斗力。反之，就不可能发挥出一流的作战能力。甲午战争前，中日军队武器装备并无明显差距，但清军在战场上却节节失利，直接原因就是备战不实、练兵不严、战斗力低下。冷战结束后，美国相继发动海湾战争、科索沃战争、阿富汗战争和伊拉克战争，俄罗斯连续应对车臣战争、与格鲁吉亚的冲突、与乌克兰的冲突，全方位检验实战练兵成果，训练与作战一体化成效显著。

我们必须时刻绷紧备战打仗的弦，保持优良的战斗作风，坚决纠治训练中的顽瘴痼疾，紧紧抓实备战打仗，把战斗力标准硬起来、立起来、落下去。要坚持从重大行动进入战位做起，从钻研打仗抓起，寻求联合作战指挥、战略运筹谋划、现代作战管理等能力素质突破，研究解决"两个能力不够"①"五个不会"②等突出问题，按照实战化要求严格训练，坚持以作战的方式训练，以训练的方式作战，带头在重大军事斗争实践和军事演训活动中磨砺自己，推进训练与实战一体化带动队伍，练就过硬本领，切实把部队实战化水平提升上去，提高军队的战斗力。

5. 培育世界一流的人才群体

强军之道，要在得人。人才发展关系到军队建设的全局，是军事发展的大事。任何战争本质都是人的较量，人永远是最重要、最核心的因素。一流的军队须由高素质人才锻造和组成。

春秋战国时期，齐桓公重用管仲完成霸业，燕昭王起用乐毅击败强齐；西汉高祖刘邦重用萧何、张良、韩信威加海内；三国时期刘备重用孔明得以三分天下。红军在长征途中，面对数十倍于己的敌人重重围困，靠

---

① 指打现代化战争能力不够，各级干部指挥现代化战争能力不够。
② 指挥员不会分析判断形势、不会定下作战决心、不会理解上级意图、不会摆兵布阵、不会处置突发情况，就不能率领部队打胜仗。

着灵活用兵、机动作战的优秀指挥员群体打出了一个个变被动为主动的以少胜多战役战斗的胜利；解放战争中，我军武器和保障均不及国民党军队，但凭借官兵上下一心、敢打善战的优良作风，最终击败数倍于己的敌人。抗美援朝战场上，我军与以美军为首的"联合国军"武器装备差之甚远，但志愿军官兵以英勇顽强、不怕牺牲的战斗精神和过硬的战术素养战胜了强大的对手。战争史表明官兵素质在某种程度上甚至可以弥补力量规模、武器装备、后勤保障等方面的不足。

当前，我国的国防和军队现代化建设进入提质增效阶段，迫切需要一批具有战略素养、联合素养、指挥素养、科技素养的一流军事人才。这就需要按照党的二十大提出的"深化军队院校改革，建强新型军事人才培养体系，创新军事人力资源管理"，锻造深谙联合作战、精通军事谋略、善于创新攻坚，能熟练掌握和运用新型装备的人才群体，促使热爱军队事业的优秀人才全身心投入强军兴军伟大事业。

6. 具有世界一流的军队管理体制

一流的军队，必须有一流的领导管理体制，服务打赢是管理工作的军事要求。当今世界军事竞争激烈，现代战争形态及战斗力生成模式已发生根本性改变，军队建设管理、作战行动无不强调标准化、规范化、精细化，更加依赖于依法治军、从严治军。

依法治军、从严治军是强军之基，是我们党建军治军的基本方略，鲜明揭示了建设世界一流军队的法治密码。习近平主席指出，军队越是现代化、信息化，越要法治化。中国人民解放军建军90多年，从"三大纪律八项注意"到"五统四性"，从"恢复法制"到"依法治军"，法纪严明成为克敌制胜、发展壮大的法宝。

建设世界一流军队，不仅要有一流的作战能力和先进装备等，更要靠一流的管理把所有的军事单元和要素整合起来，必须坚持于法周延、

第十一章　坚持党指挥枪，建设世界一流军队

于事简便的原则，努力实现"三个根本转变"：从单纯依靠行政命令的做法向依法行政的根本性转变，从单纯依靠习惯和经验开展工作的方式向依靠法规和制度开展工作的根本性转变，从突击式、运动式抓工作的方式向按条令条例办事的根本性转变。唯有提高管理质效，进一步解放和发展战斗力，增强军队活力，才能推动备战打仗各项要求进一步落地生根。

7.具备世界一流的后勤保障和高效的国防动员能力

打仗就是打后勤。古代战争讲究"兵马未动，粮草先行"，现代信息化战争也是如此。任何时代的战争、任何形式的战争都离不开后勤保障。世界各大国的军费开支中，绝大多数是用于后勤开支，武器装备、机械维修、医疗卫生、食宿补给、道路维修，哪一样跟不上也不行。在伊拉克战争中美军花费了2.2万多亿美元，俄罗斯军队参与叙利亚战争时仅空袭费用每天就高达400万美元。[①]西方科学家分析，在俄乌冲突高发期，俄罗斯每天大概的军费开支高达10亿—20亿美元……随着军队建设发展，我国的国力将更雄厚，我军的保障手段将更多样，只有完善的后勤体系才能支撑起建成世界一流军队的保障所需。

同时，要建设世界一流军队离不开强大的国防动员能力。国防动员能力是平战转换、维持战争进展的重要保证。党的二十大报告指出："深化全民国防教育。加强国防动员和后备力量建设，推进现代边海空防建设。"国防动员主管部门在平时协调民用物资向军事需求转换方面起到了重要作用。未来30多年，在中央军民融合发展委员会、军委国防动员部等组织机构的领导规划下，我国的国防动员工作将更有效。一旦国防形势需要、人民军队需求，国防动员将能够快速转换，各种民用物资、经济资源、社会人才迅速"参军"，中国雄厚的国民经济、众多的人口资源成为国防动员最坚实的后盾。

---

① 参见张凤坡：《世界一流军队是什么样》，《学习时报》2018年1月17日。

8.国际担当作用更加彰显

中国始终是世界和平的建设者,中国军队始终是维护世界和平的坚定力量。作为联合国安理会常任理事国之一,中国直接参与世界上涉及安全和地区稳定重大问题的决策,世界期待中国的大国责任与大国担当。过去,中国军队积极参与国际军事合作交流,与各国一道共同应对全球性安全挑战,极大地壮大了维护世界和平的力量,特别是在人道主义援助、国际维和、国际疫情防控、护航撤侨等领域发挥了重大作用,为推动构建人类命运共同体作出积极贡献。

我军要更好地发挥维护世界和平与促进共同发展的使命,必须与履行国际事务的责任相适应。中国是联合国安理会常任理事国中对外派出维和军事人员最多的国家,在参与国际事务行动中,我军人员向世人展示了威武之师、文明之师、和平之师的光辉形象。中国维和部队充分发扬了"特别能吃苦、特别能战斗、特别能奉献"的精神,完成了一项又一项"不可能完成的任务"。他们在险恶环境中所展示的奋斗精神和与当地民众和睦相处的人道主义精神,以及同友邻部队相互支援的互助奉献精神,赢得了联合国机构、当地政府和民众的高度赞扬。[1]未来,中国建设世界一流军队要着眼于更好地维护我国国家安全和发展的需要,更有效地承担起大国应尽的责任和义务。

(三)在坚定不移走中国特色强军之路的征程中建设世界一流军队

建设世界一流军队必须立足中国的国情和军情,深刻学习领会习近平强军思想的精髓要义,牢牢把握党在新形势下的强军目标,坚持政治建

---

[1] 参见董栓柱:《建设世界一流军队的时代呼唤》,《中国国防报》2016年7月29日。

第十一章　坚持党指挥枪，建设世界一流军队

军、改革强军、科技强军、人才强军、依法治军，坚持边斗争边备战边建设，坚持机械化信息化智能化融合发展，加快军事理论现代化、军队组织形态现代化、军事人员现代化、武器装备现代化，提高捍卫国家主权、安全、发展利益战略能力，有效履行新时代人民军队使命任务。

1. 坚持政治建军，铸牢军魂

政治建军是我军建成世界一流军队的根本保证。1929年12月，红四军党的第九次代表大会在古田确立政治建军原则，铸就了把我军建设成为一流军队之魂，确立了建设一流军队之本。2024年在延安召开的中央军委政治工作会议上，习近平主席深刻阐明新时代政治建军方略主要内容：明确政治建军是人民军队立军之本，明确政治工作永远是我军的生命线，明确政治整训要突出政治上的正本清源，明确掌握思想领导是掌握一切领导的基础，明确党的力量来自组织，部队凝聚力战斗力来自组织，明确枪杆子要始终掌握在对党忠诚可靠的人手中，明确严才能正纲纪、严才能肃军威、严才能出战斗力，明确军中绝不能有腐败分子的藏身之地，明确作风优良才能塑造英雄部队，明确军政军民团结是我军胜利法宝。习近平主席在中央军委政治工作会议上阐述的"十个明确"，深刻揭示了政治建军内涵要义，系统回答了新时代坚持党指挥枪的根本性、全局性重大问题，丰富发展了党的建军治军理论，巩固了人民军队的立军之本，为深入推进军队党员干部的思想改造、政治锻造提供了根本遵循。

建设世界一流军队，必须坚持科学理论武装全军。坚持习近平强军思想，紧紧围绕政治工作时代主题，突出官兵理想信念教育，强化政治意识、大局意识、核心意识、看齐意识，坚决听从党中央指挥，坚决维护军委主席负责制，严守政治纪律和政治规矩，确保政令军令畅通，培养"四有"新一代革命军人，锻造"四铁"部队。

服从命令是军人的天职，是党性观念的集中体现。1950年初，原定接

管川南的第18军军长张国华接到刘伯承、邓小平首长的急电：就地待命，军领导及各师一名负责人速赴重庆领受最新任务。同年1月10日，刘伯承、邓小平接见张国华等18军领导时，邓小平第一句话讲道："今天谈话凭党性。"张国华军长回答："一切听从党安排。"1981年，正在为引滦入津工程艰苦奋战的铁道兵某师官兵突然接到命令：铁道兵并入铁道部，全体官兵脱下军装、集体转业。尽管撤编在即，但该师官兵依然集体决定"为铁道兵写好光辉历史的最后一页"，创造了轰动全国的"引滦精神"。2016年，陆军第27集团军整体从河北移防山西，成为全军第一个因改革而进行部署调整的军级单位。

2. 坚持改革强军，提升战斗力

军事领域是最具有革命性的、变革最活跃的领域。坚定不移走中国特色强军之路，是历史的启示，也是时代的潮流。习近平主席指出，要坚持用强军目标审视改革、以强军目标引领改革、围绕强军目标推动改革。实现强军目标，建设世界一流军队，必须把握军事变革大势，科学统筹规划设计，全面持续扎实推进。

要坚持用建设世界一流军队的目标统领改革规划、制定改革方案、编制长远规划，各项举措、建设项目、指标要求都向世界一流军队标准聚焦，坚决防止一切偏离目标的错误观念和做法。要细化明确建设世界一流军队的改革内容和具体项目，优化设计能力指标体系，精确管控项目推进落实进度，严格限制自由裁量空间，排除部门利益和本位主义羁绊。

习近平主席强调，军队的规模结构和力量编成不能固定不变，必须随着战争形态和作战方式变化而变化，随着国家战略需求和军队使命任务变化而变化。否则，曾经再强大的军队最后也要落伍，甚至不堪一击。历史上，只有那些抓住军事变革机遇的军队才能支撑起一个强国的崛起。新中国成立以来几次较大规模的军改，主要是裁减员额、撤并一些单位等，这轮改革不仅是裁减，更重要的是改变体系结构。目的就是让战区和军兵种在军委统一领导下各司其职、各尽其责，使作战指挥职能和建设管理职能相对分离，为赢得军事竞争优势提供有力的体制机制支撑。

要确立以强军目标审视改革、引领改革和推进改革的基本原则，牢牢把握住听党指挥是灵魂、能打胜仗是核心、作风优良是保证的基本要求，实现治军方式的"三个根本性转变"。今天，军队改革的步伐以前所未有的超常节奏有力推进。面对改革，要有"开弓没有回头箭"的坚定决心，积极投身其中，谱写军队发展的新篇章。

3.坚持依法治军、从严治军

建设世界一流军队，必须全面落实法治要求，充分发挥法治建设对军队建设的规范和保障作用。习近平主席提出"依法治军、从严治军是我们党建军治军的基本方略"，将依法治军、从严治军纳入全面依法治国的重要组成部分，"整个国家都在建设中国特色社会主义法治体系、建设社会主义法治国家，军队法治建设不抓紧，到时候就跟不上趟了"。这精准把握了军事法治建设与国家法治建设的关系，凸显出法治军队在法治中国中的方位坐标。

要坚持用法治强化绝对忠诚，从制度上、法律上把党对国防和军队建设的要求确立下来，引导官兵毫不动摇地坚持党对人民军队的绝对领导。必须健全依法运转的工作机制，推动建立党委决策法律咨询保障制度，让党委重大决策合法性审查落地生根。必须构建完备的军事法规制度体系。军事法规制度是依法治军、从严治军的前提和基础。2017年5月，《军事立法工作条例》颁布，军事立法体制进一步完善。

要坚持用法治手段规范秩序、纠风肃纪，用刚性制度和严格执行推动作风建设由治标向治本转变，形成按规矩用权、依纪律行事的良好政治生态。习近平主席强调构建严密的权力运行制约和监督体系。军委审计署调整组建全部实行派驻审计,中央军委巡视实现全军各大单位全覆盖,纪律检查监督和责任追究常态化,军事司法机关调整组建坚持有案必查、有罪必究,军事行政诉讼试点工作启动,严密的军事法治监督显现出强大的震慑效应。党的十八大以来,增强法规制度执行力成为重塑法治生态的着力点,符合法治要求的领导指挥体制改革重塑,全军"八个专项清理整治"激浊扬清,军队形象面貌焕然一新,军心士气为之大振,各行业、各领域风气焕然一新,一个向陈规告别、与积习决裂的法治新生态渐成气候,构建起依法治军、从严治军的部队管理体系。

4. 坚持以"人"为本,锻造军事人才

一流的军队必须有一流的人才。随着国防和军队现代化建设的深入推进,人才问题越来越突出。深化国防和军队改革,必须坚持党管干部、党管人才,加强军事人力资源集中统一管理,健全新型军事人才培养体系、科学设置各类人才成长路径。

我军人才队伍建设虽然取得巨大成绩,但仍存在"人才匮乏问题越来越突出"等问题。建设世界一流军队,必须把人才队伍建设作为关键事项优先解决,用一流事业吸收一流人才,用一流报酬支撑一流事业,努力实现"一流青年进军队,一流军人当军官,一流军官当将军"。要奋力造就一大批高素质、敢担当的建军治军骨干,特别是具有世界眼光、战略思维、联合素养、科技基因的现代职业军官队伍。要教育引导各类人才把献身党的事业、建设世界一流军队作为最大的人生追求,坚定强军报国信念。要完善兵役制度、士官制度、退役军人安置制度等配套政策,构建具有中国特色的军官职业化制度目标体系,使军队真正成为各类人才安心创业、施展才华的沃土。

要加紧培养高端人才。1947年陈毅同志在总结华东作战情况时说:"我们比战术是比不上人家的……我们愈往下比愈差,但愈往上比则愈强……到统帅部战略的指导更不知比他高明多少倍。"①必须整合院校教育资源，大力扶持前沿学科，做大做强名师队伍，拓展人才培养渠道，形成我军特色、国际一流、立体完备的人才培养体系。在全军树立识才爱才敬才的良好生态，形成重才用才容才的价值导向，完善人才成长进步和科研成果转化机制，破除引进人才的条条框框，拓展高端人才的引进渠道。要抓好军队中的"关键少数"。"若安天下，必须先正其身，未有身正而影曲，上治而下乱者。"习近平主席指出，领导干部特别是高级干部要自觉站在党和军队大局、深化国防和军队改革全局上想问题、看问题，带头强化政治意识、大局意识、核心意识、看齐意识，提高精准理解、精准发力、精准落地能力。

无论是军官还是士官、战士，都要聚焦打仗，自觉历练一不怕苦、二不怕死的战斗精神，历练奋勇拼搏、无所畏惧的顽强意志，在强敌面前硬得起来，适应军队发展新常态，在改革强军伟大征程中书写光辉的时代篇章。

5.坚定不移推进军民融合发展战略

深化国防和军队改革不只是军队的事情，而且是全党、全军、全国各族人民的共同事业。从世界趋势来看，随着科学技术的迅猛发展，国家战略竞争力、社会生产力、军队战斗力之间的关联越来越密切，国防经济和社会经济、军用技术和民用技术的融合度越来越深。实现军民融合深度发展，是走中国特色强军之路的关键之举，是对军民融合发展作出全局性、长远性、根本性的谋划。

习近平主席在出席十三届全国人大一次会议解放军和武警部队代表团全体会议时强调，实施军民融合发展战略是构建一体化国家战略体系和能力的必然选择，也是实现党在新时代的强军目标的必然选择，要加强战略

---

① 《陈毅军事文选》，解放军出版社1996年版，第411页。

大国优势

引领，加强改革创新，加强军地协同，加强任务落实努力开创新时代军民融合深度发展新局面，为实现中国梦强军梦提供强大动力和战略支撑。只有努力促进信息、技术、人才、资本、设施、服务等要素军地双向流动、渗透兼容，做到军地一盘棋，建立常态化制度化的军地沟通渠道，杜绝"玻璃门""旋转门"现象，密切军政军民团结，才能共同为建设世界一流军队进而实现中华民族伟大复兴奠定坚实基础。

对于如何建设世界一流军队没有统一的模式，必须走自己的路。我们一定要坚定道路自信，走中国特色强军之路，既要遵循世界一流军队建设的普遍规律，又要根植当代中国军队发展的实践沃土，从中国特色国防和军队建设实际出发，实现军队建设由大向强的历史性跨越。新时代的人民军队，正沿着中国特色强军之路，按照建设一支听党指挥、能打胜仗、作风优良的人民军队的强军目标，向着全面建成世界一流军队进发。

第十二章

坚持"一国两制",保持香港、澳门繁荣稳定,促进祖国和平统一

"一国两制"方针是中国特色社会主义的一个伟大创举。事实证明"一国两制"方针是实现祖国和平统一的重要制度和有效手段,体现了制度设计的合理性与实效性,彰显了"一国两制"的制度优势。习近平总书记在党的二十大报告中深刻总结"一国两制"实践取得的历史性成就,系统阐述了新时代坚持和完善"一国两制"的新理念、新思路、新战略。这些重要论述标志着我们党对"一国两制"实践规律的认识和把握达到新高度,丰富了我们党治国理政的新经验,为做好新时代港澳台工作提供了根本遵循和行动指南。"一国两制"方针不仅为解决中国统一问题提供治症良方,还为人类政治文明作出了突出贡献,为世界各国同类问题的解决提供了全新的方案。

一、中国共产党人对"一国两制"方针的理论探索和发展

"一国两制"方针是中国共产党人为实现祖国统一大业而进行的艰难理论探索和实践摸索,发端于新中国成立初期,形成并实践于改革开放时期,在新时代得到进一步的创新性发展和贯彻落实。为缓和两岸对立的紧张局势,早日实现祖国统一,从20世纪50年代中期开始,毛泽东、周恩

来等老一辈党和国家领导人就在积极探索能否用和平方式解决台湾问题,并就此提出了一些重要的思想和原则。因此,"一国两制"方针虽然正式形成于党的十一届三中全会以后,但在十一届三中全会以前,以毛泽东同志为核心的党的第一代中央领导集体就已经开始进行探索。以邓小平同志为核心的党的第二代中央领导集体经过探索和实践,对"一国两制"方针进行理论建构和实践改进,促进了祖国统一的进程。随着时间的推移,在香港、澳门成功回归后,党和国家对"一国两制"方针积累了更多的实践经验。在改革开放的伟大实践中,以邓小平同志为核心的党的第二代中央领导集体也加紧了对如何实现香港、澳门回归的路径探索和思路规划。终于,在世纪之交,香港、澳门相继回归,这不仅是"一国两制"理论的成功实践,也是"一国两制"方针的成熟标志,为解决台湾问题提供了科学典范。党的十八大以来,以习近平同志为核心的党中央从实现中华民族伟大复兴的全局高度,对"一国两制"方针有了全新的发展和理论创新,赋予"一国两制"新的时代内涵和历史使命,使其成为国家治理体系中越发重要的组成部分。全面准确、坚定不移贯彻"一国两制"、"港人治港"、"澳人治澳"、高度自治的方针,推动香港进入由乱到治,走向由治及兴的新阶段;提出新时代党解决台湾问题的总体方略,牢牢把握两岸关系主导权和主动权,坚定不移推进祖国统一大业。

(一)追根溯源:"一国两制"理念是对毛泽东思想的继承和发展

中华人民共和国成立后,以毛泽东同志为核心的中国共产党第一代中央领导集体,为解决台湾、香港、澳门等历史遗留问题、实现祖国统一,提出了一系列重要设想,其中一些重要的思想,可以看作"一国两制"的思想渊源。

第十二章　坚持"一国两制",保持香港、澳门繁荣稳定,促进祖国和平统一

我们党早在20世纪50年代就开始了实现祖国和平统一的探索。1955年4月,周恩来总理在万隆会议上代表中国政府声明,中国人民有权用一切方式包括不排除和平方式解放台湾。这是中国共产党和中国政府首次明确公开表示愿意用和平方式解决台湾问题。1956年1月,毛泽东同志在最高国务会议上讲:"古人有言,不咎既往,只要现在爱国,我们都要欢迎他们。"[①]同年10月,再次进一步表示:"如果台湾和平统一,一切可以照旧。"[②]1963年,周恩来总理将毛泽东同志的有关思想和中国政府的对台政策归纳为"一纲四目"。"一纲四目"是中国共产党第一代中央领导集体智慧的结晶,是毛泽东思想的重要组成部分。

中国在1956年完成社会主义改造之后,毛泽东同志及时提出"消灭了资本主义再搞点资本主义"的政治主张。这个思想标志着毛泽东同志把无产阶级革命的思想在特定情况下发展为对现存的资本主义可以进行一定的利用的思想。这个思想表明无产阶级处理同资本主义的关系,在革命后有了新的含义和变化。毛泽东同志对处理资本主义的主张不仅为当时社会主义现代化建设提供了新的发展思路,也为"一国两制"构想奠定了思想基础。"二战"后的国际局势扑朔迷离,但战后世界各国迫切需要和平发展的意愿被周恩来等党和国家领导人敏锐地察觉。20世纪50年代中期,在世界首创了处理国与国关系的"和平共处五项原则",以促进世界继续走向合作。"和平共处五项原则"得到了毛泽东同志的大力赞同,此后被确立为中国外交政策一贯坚持的基本原则,该原则也得到各国广泛赞同,在国际上产生了广泛影响。国内外政策和形势的种种变化,都展现了党和国家对内和对外政策的转变,丰富了毛泽东思想的内容。

[①] 聚生、张冰编著:《毛泽东与国民党人交往录》,团结出版社2008年版,第62页。

[②] 郭德宏:《毛泽东思想邓小平理论论稿》,中央文献出版社2003年版,第497页。

(二)伟大创造:"一国两制"方针是邓小平同志的创造性科学构想

邓小平同志在以毛泽东同志为核心的中国共产党第一代中央领导集体关于解放台湾问题思想的基础上,从国家和民族利益出发,尊重历史、尊重现实,创造性地提出了用"一个国家,两种制度"的方式解决台湾问题,完成祖国统一大业。①邓小平同志提出的"一国两制"构想既遵循了实事求是的重要思想方法,也尊重了建设中国特色社会主义的现实基础。

首先,"一国两制"构想体现了实事求是的思想路线。邓小平同志在谈到"一国两制"构想时曾说,它是"我们根据中国自己的情况提出来的"②。"要归功于马克思主义的辩证唯物主义和历史唯物主义,用毛主席的话来讲就是实事求是。"③"一国两制"构想是实事求是的产物。邓小平同志和党中央在处理香港、澳门和台湾问题上所提出的"根据新情况,新问题,提出新办法","新问题就得用新办法来解决","采取合情合理的办法",以及"找出一个能为各方所能接受的方式,使问题得到解决"的政治谋略和斗争艺术,都是一切从实际出发、按照辩证法来分析、解决问题的思想体现,也是邓小平同志对我党历史经验总结和理论升华的智慧结晶,体现了我们党对实事求是思想的全新理解和灵活运用。

其次,"一国两制"构想是邓小平同志基于中国特色社会主义建设的宏观大局所作出的独特制度设计。一方面,当时世界局势和国内社会主要矛盾的变化使社会主义现代化建设变得更迫切。对于中国大陆而言,"一国两制"构想逐步实现,祖国也逐渐统一,这将为中国大陆的改革开放和

---

① 参见蓝天主编:《"一国两制"法律问题研究》总卷,法律出版社1997年版,第12页。
② 《邓小平文选》第3卷,人民出版社1993年版,第59页。
③ 《邓小平文选》第3卷,人民出版社1993年版,第101页。

第十二章　坚持"一国两制",保持香港、澳门繁荣稳定,促进祖国和平统一

社会主义现代化建设提供安稳和平定的发展环境,也有助于中国大陆与港澳台地区之间的交流和合作。另一方面,"一国两制"的成功实施,也会激发港澳台地区更大的经济动力,使其享受中国大陆巨大的市场和人口红利。对港澳台地区而言,"一国两制"不仅保障了其应该享有的地位和权利,也促进了本地区的经济发展,增进人民福祉,是双赢的好办法。

再次,"一国两制"构想是邓小平同志对列宁"和平共处"和"利用资本主义来促进社会主义"思想的创造性运用和发展。和平共处的思想是列宁在俄国十月革命胜利后,针对当时世界范围内社会主义制度和资本主义制度同时并存,社会主义国家面临帝国主义颠覆干涉的危险提出的处理苏维埃国家与其他资本主义国家关系的基本准则。1919年12月,列宁第一次明确地提出:"俄罗斯苏维埃联邦社会主义共和国希望同各国人民和平共处,把自己的全部力量用来进行国内建设,使自己能在苏维埃制度的基础上把生产、运输和社会管理工作纳入轨道"[1]。十月革命胜利后,列宁从当时的实际情况出发,提出了要利用资本主义,建设社会主义的思想。他指出:"当我们国家在经济上还极其薄弱的时候,怎样才能加速经济的发展呢?那就是要利用资产阶级的资本。"[2]根据列宁的思想,苏联当时在对外政策上大胆地同资本主义国家发展经济和科技交流,实行新经济政策,运用租让制的办法来吸收、利用资本主义的资金、设备和技术,对迅速恢复和发展本国经济起了重要作用。列宁对社会主义发展的思想,后来一直成为社会主义国家处理同资本主义国家关系及国与国之间关系的一个指导方针。邓小平同志深刻理解并发展了该思想,创造性地将其运用到一个国家内不同社会制度的地区,"一国两制"方针孕育而生,这为解决国家统一问题和社会主义经济发展奠定了理论和实践基础。

---

[1] 《列宁全集》第30卷,人民出版社1958年版,第200页。
[2] 《列宁全集》第30卷,人民出版社1958年版,第392页。

（三）蓬勃发展：江泽民同志对"一国两制"理论的完善和发展

以江泽民同志为核心的党的第三代中央领导集体主持1997年7月1日中国政府对香港恢复行使主权和1999年12月20日中国政府对澳门恢复行使主权的庄重典礼，在"一国两制"理论的基础上，创造性地提出了早日解决台湾问题的一系列新思想、新论断和新主张。从而把"一国两制"理论发展到了一个新阶段，为实现祖国完全统一提供了行动纲领，具有重大的理论和实践指导意义。

1995年1月30日，江泽民同志代表中国共产党和中国政府发表了《为促进祖国统一大业的完成而继续奋斗》的重要讲话，以邓小平同志关于"一国两制"理论为指导，提出了发展两岸关系、推进祖国和平统一进程的八项主张。党的十六大报告深刻分析了两岸关系的基本格局和发展趋势，提出了之后一个时期党对台工作的指导思想和工作重点。这些重要主张和重要论断是"一国两制"理论在新形势下的重大发展，体现了党对台方针政策的一贯性、连续性。2000年12月20日，江泽民同志在中华人民共和国澳门特别行政区成立一周年庆祝大会上的讲话，更详细地阐述了其对"一国两制"方针的深刻理解和创新发展，他指出："'一国两制'是一个完整的概念。讲'一国'，有两层意思。一是澳门是祖国一部分，澳门特别行政区直辖于中央人民政府，根据宪法和基本法实行高度自治。二是祖国内地始终是澳门特别行政区的坚强后盾。不论是过去、现在还是将来，澳门都离不开祖国内地的支持。""讲'两制'，就是国家的主体坚持实行社会主义制度，澳门继续实行原有的资本主义制度、生活方式不变。中央政府不干预澳门特别行政区的自治范围内的事务，这个原则要始终坚持；澳门特别行政区则要切实维护中央的权威和国家的利益，决不允许

第十二章　坚持"一国两制",保持香港、澳门繁荣稳定,促进祖国和平统一

极少数人在澳门进行针对中央政府和分裂国家的活动,这个原则也要始终坚持。"[1]

江泽民同志在邓小平同志的具体设想的基础上,提出了新的设想。他指出:"两岸统一后,台湾可以保持原有的社会制度不变,高度自治。台湾同胞的生活方式不变,他们的切身利益将得到充分保障,永享太平。""台湾同胞可以同大陆同胞一道,行使管理国家的权利,共享伟大祖国在国际上的尊严和荣誉。"[2]在这里,江泽民同志用"高度自治"并"共享国际上的尊严和荣誉"概括了祖国统一后台湾的状况,这相对于邓小平同志的一些比较具体的设想而言更加概括,有了更大的发挥空间,同时表明"一国两制"实现之后,台湾同胞在国际上的地位将进一步提升。江泽民同志的上述重要论述是对"一国两制"方针实践的正确理解和理论升华。这对祖国完成统一大业和认真贯彻实施"一国两制"具有重要的指导意义。

(四)重大转型:新形势下胡锦涛同志对"一国两制"方针的发展

2002年至2012年是"一国两制"方针经历重大转变的时期。无论是2003年的"非典"疫情,还是2008年的国际金融危机,都是对"一国两制"方针的考验。面对复杂严峻的国内外局势,以胡锦涛同志为总书记的党中央对"一国两制"方针进行全力支持和建设,体现了"一国两制"方针的根本原则,最大限度地保障了港澳台地区的社会稳定和人民福祉。

香港回归作为检验"一国两制"方针实施的试金石,该方针首要关注点就聚焦在香港地区的民主政治建设上。香港回归以来,遵循着"一国两制"方针的原则和方向,依循"从香港的法律地位和实际情况出发""既

---

[1] 《江泽民文选》第3卷,人民出版社2006年版,第169—170页。
[2] 《江泽民文选》第3卷,人民出版社2006年版,第65页。

大国优势

保持原政治体制中行之有效的部分，又要循序渐进地发展适合香港情况的民主制度"等基本原则。在此基础上，胡锦涛同志对"一国两制"方针下港澳台地区的民主政治建设也有重要论述。首先，在民主制度上，"香港回归前，英国委派总督在香港实行了150多年的殖民统治。回归后，香港特别行政区政府和立法机关由当地人组成。行政长官在当地通过选举或协商产生，由中央政府任命；立法机关由选举产生。香港基本法明确规定行政长官和立法会全部议员最终由普选产生，使之成为法定目标。香港特别行政区成立以来，中央政府和香港特别行政区政府坚定不移地按照香港基本法和全国人大常委会有关决定的规定，推动以行政长官产生办法和立法会产生办法为主要内容的民主制度循序渐进向前发展"[1]。其次，中央在"一国两制"下，对港澳特别行政区政府的依法施政也给予了坚定支持。2003年3月，胡锦涛同志会见来北京出席全国政协十届一次会议的港澳地区政协委员时讲道："在过去的几年里，我们在实施'一国两制'方针的实践中积累了一些重要经验，概括起来说就是要全面、正确地贯彻'一国两制'方针，严格按照基本法办事，全力支持特别行政区行政长官和特别行政区政府的工作，切实加强香港、澳门各界人士在爱国爱港、爱国爱澳旗帜下的广泛团结，努力保持社会稳定和谐与经济繁荣发展。今后我们要始终不渝地坚持这些重要经验，同时要本着与时俱进的精神不断丰富和发展这些经验。无论遇到什么情况和问题，我们都将严格按照基本法办事，继续恪守不干预香港特别行政区、澳门特别行政区自治范围内事务的原则，全力支持两个特别行政区行政长官及其领导下的特别行政区政府的工作。"[2]再次，将"一国两制"方针与实现中华民族伟大复兴联系起来，

---

[1] 中华人民共和国国务院新闻办公室：《"一国两制"在香港特别行政区的实践》，人民出版社2014年版，第16页。

[2] 《长期坚持"一国两制"既定方针 全力保持香港澳门繁荣稳定》，《人民日报》2003年3月8日。

第十二章　坚持"一国两制"，保持香港、澳门繁荣稳定，促进祖国和平统一

提升了其理论深度和现实意义。2009年12月20日，胡锦涛同志在庆祝澳门回归祖国10周年大会暨澳门特别行政区第三届政府就职典礼上的讲话中，对"一国两制"同样有过非常重要的阐述。他指出："'一国两制'事业是香港特别行政区、澳门特别行政区和祖国内地共同发展繁荣的事业，也是中华民族伟大复兴事业的重要组成部分。""必须全面准确理解和贯彻'一国两制'方针。'一国两制'是完整的概念，'一国'和'两制'紧密相连。要全面准确理解和贯彻'一国两制'方针，关键是要把爱国和爱澳有机统一起来。"[①]

胡锦涛同志对"一国两制"理论的阐释和发展，不仅对港澳台地区在政治、文化、经济和法治等方面的政策进行了具体理论指导和实践部署，也为该地区的持续繁荣稳定打下坚实基础。其强调"一国两制"方针对于中华民族实现伟大复兴的重要意义，这是对"一国两制"理论更深层次的挖掘和发展。

（五）时代强音：习近平新时代中国特色社会主义思想对"一国两制"方针的丰富再升华

党的十八大以来，以习近平同志为核心的党中央，直面香港和澳门回归以来"一国两制"在香港、澳门特别行政区实践过程中出现的新情况、新问题。在维护国家主权和领土完整的同时，进一步巩固和深化港澳地区保持长期繁荣稳定的制度优势，进一步巩固和深化港澳特别行政区全面准确地理解认识和贯彻落实"一国两制"方针政策，进一步夯实大陆与特别行政区之间的交流与合作，形成了对"一国两制"方针认识和理解的一系列重大成果和重大突破。尤其是党的十九届四中全会审议通过的《中共中

[①] 胡锦涛：《在庆祝澳门回归祖国10周年大会暨澳门特别行政区第三届政府就职典礼上的讲话》，人民出版社2009年版，第7、31页。

大国优势

央关于坚持和完善中国特色社会主义制度 推进国家治理体系和治理能力现代化若干重大问题的决定》(以下简称《决定》),在深入总结"一国两制"实践经验的基础上,从制度层面,特别是中央对特别行政区实行管治的层面,对推进"一国两制"实践作了系统的制度设计和工作部署。这体现了以习近平同志为核心的党中央高超的政治智慧、政治勇气和战略定力,体现了新时代党的光荣使命和责任担当,指引全中华儿女迈向中华民族伟大复兴的新征程。

1. 始终准确把握"一国"和"两制"之间的关系

2017年7月1日,习近平总书记在庆祝香港回归祖国20周年大会暨香港特别行政区第五届政府就职典礼上讲道:"'一国'是根,根深才能叶茂;'一国'是本,本固才能枝荣。'一国两制'的提出首先是为了实现和维护国家统一。""在'一国'的基础之上,'两制'的关系也应该完全可以做到和谐相处、相互促进。要把坚持'一国'原则和尊重'两制'差异、维护中央权力和保障香港特别行政区高度自治权、发挥祖国内地坚强后盾作用和提高香港自身竞争力有机结合起来,任何时候不能偏废。"[①]这一论述体现了习近平总书记对国家主权的重视和坚决维护主权的决心,表明了强烈的底线思维,充分说明在"一国"的前提下国家主权是底线,任何违背这一原则的做法都是走不通的,也必将依法受到严惩。贯彻"一国两制"方针就要准确把握"一国"和"两制"之间的关系,明确"一国两制"方针是一个完整的体系。"一国"是实行"两制"的前提和基础,"两制"从属和派生于"一国",并统一于"一国"之内。"一国"原则愈坚固,"两制"优势就愈彰显;"一国"底线越牢,"两制"空间就越大。"一国"之内的"两制"并非等量齐观、比肩并列,国家的主体必须实行社会主义制度。准确把握好这一科学内涵才能不断开创港澳工作新局面,为实现第二个

---

① 《习近平谈治国理政》第2卷,外文出版社2017年版,第435页。

第十二章　坚持"一国两制"，保持香港、澳门繁荣稳定，促进祖国和平统一

百年奋斗目标和中华民族伟大复兴作出新的更大贡献。

2."一国两制"的实践是实现中华民族伟大复兴中国梦的重要组成部分

习近平总书记强调："推进祖国和平统一进程、完成祖国统一大业，是实现中华民族伟大复兴的必然要求。"[①]党的二十大报告第十三部分"坚持和完善'一国两制'，推进祖国统一"指出，"一国两制是中国特色社会主义的伟大创举，是香港、澳门回归后保持长期繁荣稳定的最佳制度安排，必须长期坚持……推进粤港澳大湾区建设，支持香港、澳门更好融入国家发展大局，为实现中华民族伟大复兴更好发挥作用……解决台湾问题、实现祖国统一，是党矢志不渝的历史任务，是全体中华儿女的共同愿望，是实现中华民族伟大复兴的必然要求。"[②]民族复兴梦想有助于激发促进国家统一的强大动力，民族复兴进程将为完成国家统一大业创造更为有利的条件。在追求中华民族伟大复兴中国梦征程中实现祖国统一，既是海内外中华儿女的共同心愿，也是历史发展的必然趋势。实现中华民族伟大复兴体现了中华民族和中国人民的整体利益，把国家、民族、个人的利益融为一体，也蕴含了港澳台同胞的利益和期盼。从香港、澳门回归祖国之日起，就纳入了国家现代治理体系，融入了中华民族伟大复兴的征程之中。

3.提升依法治理能力，推进国家治理能力和治理体系现代化

党的十九届四中全会审议通过的《中共中央关于坚持和完善中国特色社会主义制度　推进国家治理体系和治理能力现代化若干重大问题的决定》第十二部分集中就"一国两制"制度体系建设应该坚持什么、完善什

[①] 习近平：《在庆祝中国共产党成立95周年大会上的讲话》，《人民日报》2016年7月2日。

[②] 《习近平著作选读》第1卷，人民出版社2023年版，第47—48页。

么展开论述，这在党的历史上也是前所未有的。全会在深入总结"一国两制"实践经验的基础上，始终强调"一国两制"在我国国家制度和治理体系中的特殊重要地位。新时代以来，祖国推动香港、澳门积极主动参与国家治理实践，香港、澳门回归祖国后已纳入国家治理体系。在中华民族伟大复兴的历史进程中，香港、澳门必将在融入国家发展大局中实现更好发展，为全面建设社会主义现代化国家发挥更大作用、作出更大贡献，共同谱写中华民族伟大复兴的时代篇章。

社会良性发展需要健全的法律体系、透明的法律程序、严谨的法治精神，保证其繁荣、稳定与和谐。习近平总书记指出："人类社会发展的事实证明，依法治理是最可靠、最稳定的治理。"[1] 习近平总书记还指出，"中华人民共和国宪法和香港特别行政区基本法共同构成香港特别行政区的宪制基础""基本法是根据宪法制定的基本法律""在落实宪法和基本法确定的宪制秩序时，要把中央依法行使权力和特别行政区履行主体责任有机结合起来"[2]。党的二十大报告强调，"全面准确、坚定不移贯彻'一国两制''港人治港''澳人治澳'、高度自治的方针，坚持依法治港治澳，维护宪法和基本法确定的特别行政区宪制秩序"[3]。这是全面推进依法治国在港澳工作中的具体体现，表明今后在港澳特别行政区要强调把宪法和基本法共同作为宪制基础，逐步推动宪法在特别行政区的效力得到落实，并通过法治实践促进特区形成良性的宪制秩序，即在宪法和基本法共同发挥作用的情况下，推动中央全面管治权和特别行政区高度自治权形成良性互动。这体现了中央依法治港、治澳首先要依照宪法和基本法治港、治澳的

---

[1] 习近平：《在庆祝澳门回归祖国15周年大会暨澳门特别行政区第四届政府就职典礼上的讲话》，《人民日报》2014年12月20日。
[2] 习近平：《在庆祝香港回归祖国二十周年大会暨香港特别行政区第五届政府就职典礼上的讲话》，人民出版社2017年版，第7页。
[3] 《习近平著作选读》第1卷，人民出版社2023年版，第47页。

第十二章　坚持"一国两制",保持香港、澳门繁荣稳定,促进祖国和平统一

思路,也体现了"一国两制"方针中重要的法治基础。以法律形式明确坚持"一国"的根本原则,尊重"两制"的制度差异,这犹如航船的桅杆,只有保证方向正确,航船才能劈波斩浪、行稳致远。

二、"一国两制"的制度优势和实施成就

党的十九届四中全会,专题研究坚持和完善中国特色社会主义制度、推进国家治理体系和治理能力现代化问题并作出回答。这既是对中国特色社会主义历史经验的高度总结,也是对坚持和完善中国特色社会主义制度的有力探索。此次全会通过的《中共中央关于坚持和完善中国特色社会主义制度　推进国家治理体系和治理能力现代化若干重大问题的决定》(以下简称《决定》),把"坚持和完善'一国两制'制度体系,推进祖国和平统一"作为坚持和完善中国特色社会主义制度、推进国家治理体系和治理能力现代化这一全党重大战略任务的重要组成部分,并明确指出"坚持'一国两制',保持香港、澳门长期繁荣稳定,促进祖国和平统一"是我国国家制度和国家治理体系的显著优势,充分显示了中国共产党对"和平统一、一国两制"的坚持与自信。

香港、澳门回归祖国后,走上了同祖国内地优势互补、共同发展的宽广道路,"一国两制"实践取得举世公认的成功。实践充分证明,"一国两制"是保持港澳长期繁荣稳定的好制度,是保障港澳居民根本利益和福祉的好制度。在中央政府和祖国内地的大力支持下,港澳的独特地位和优势得到不断巩固,始终保持蓬勃发展的生机活力。中央政府大力支持香港、澳门发展经济、改善民生,巩固提升香港、澳门在国际金融、贸易、航运航空、创新科技、文化旅游等领域的地位,深化香港、澳门同各国、各地区展开更开放、更密切的交往合作。香港经济蓬勃发展,抵御了国际金融危机、新冠疫情等的冲击,国际金融、航运、贸易中心地位稳固,各项事

大国优势

业取得长足进步，创新科技产业迅速兴起，营商环境世界一流，对外交往日益活跃，国际影响进一步扩大，自身的文化特色得以保持，"东方之珠"和"活力之都"的魅力更胜往昔。香港连续多次被评为全球最自由经济体第一位，在世界竞争力排名中长期位居前列。澳门在经济发展、民生改善、社会稳定、文化建设等各方面取得了长足的进步，走出一条具有澳门特色的"一国两制"成功实践道路。以宪法和澳门基本法为基础的特别行政区宪制秩序牢固确立，治理体系日益完善，民主政治有序发展，澳门居民依法享有的广泛权利和自由得到充分保障。经济实现跨越式发展，居民生活持续改善，人均收入水平稳居世界前列，社会保持稳定和谐，多元文化交相辉映，国际影响力不断提升。

（一）"一国两制"实施铸就港澳特别行政区经济腾飞

香港、澳门回归以来，在"一国两制"方针的坚决贯彻下，特别行政区政府既能得到资本主义制度的金融资金便利，又能得到祖国的政策扶持和快速发展的红利。在既有"一国"之本，又有"两制"之利的制度优势下，以祖国作为强大后盾，"一国两制"保证了特区的繁荣稳定，是港澳特别行政区经济腾飞的基石。

香港回归以来，"一国两制"为香港的繁荣与稳定提供制度保障，使香港至今仍保持着国际金融、航运、贸易中心这三大中心地位，继续成为全球最自由经济体和最具竞争力的地区之一。香港回归之前，国际社会对香港回归后的经济发展前景忧心忡忡，甚至看衰香港未来的发展前景。然而，在"一国两制"方针的指引下，香港回归前后，经济发展呈现持续利好态势。在灾难面前，更能彰显"一国两制"的巨大优越性，1997年下半年至1998年下半年的亚洲金融危机、2003年的"非典"疫情、2008年的国际金融危机及2020年的新冠疫情，种种天灾人祸都在冲击着香港金融秩序，

第十二章　坚持"一国两制",保持香港、澳门繁荣稳定,促进祖国和平统一

而在祖国内地的大力支持和"一国两制"的制度优势下,香港经济突破艰难险阻,继续保持繁荣和稳定。以固定(2020)市值计算,香港本地生产总值从1998年的1688.86亿美元增长至2017年3414.49亿美元,经济发展持续稳中向好且发展成果显著。

"一国两制"的制度优势还体现在党和国家对香港经济的政策和规划上。祖国内地40多年的改革开放,创造了世界经济奇迹,中国一跃成为世界重要经济体之一,香港在国家发展和治理体系中也扮演着越发重要的角色。香港特别行政区前行政长官梁振英在2013年施政报告中指出:"香港作为国家的特别行政区,一直得到国家的关怀和支持,充分发挥'一国两制'的优势,不仅在内地拓展了经济发展所需的广阔腹地,而且作为国际金融、贸易和航运中心的地位,在世界上亦日益巩固和提高。""国家'十二五'规划特别提到,支持香港发展成为离岸人民币业务中心和国际资产管理中心。"他在2015年施政报告中还指出:"在经济方面,香港有独特的'一国'和'两制'的双重优势。香港既是中国的一部分,得益于国家的高速发展,享有国家给予的优惠,同时亦享有和内地城市不同的制度优势。"国家的第十四个五年规划明确表示要支持香港、澳门特别行政区更好融入国家发展大局,高质量建设粤港澳大湾区,完善便利港澳居民在内地发展政策措施。支持香港、澳门特别行政区同各国、各地区开展交流合作。香港特别行政区行政长官李家超在2023年施政报告中强调,政府的施政理念,是贯彻"一国两制",发展经济,改善民生。施政方向是要强化我们的优势,把握好我们的机遇,补短板,化风险。施政目标是要让市民有更好的生活,居住有更好的房屋,学生有更好的教育,青年有更好的发展,老人家有更好的照顾,社会关爱共融,经济发展蓬勃,市民安居乐业。

2016年3月,国务院印发《关于深化泛珠三角区域合作的指导意见》,

大国优势

明确要求广州、深圳携手港澳，共同打造粤港澳大湾区，建设世界级城市群。粤港澳大湾区的规划和建设巩固和提升了香港在国际金融、航运、贸易中心和国际航空枢纽地位，强化了其全球离岸人民币业务枢纽地位，增强了国际资产管理中心及风险管理中心功能，推动金融、商贸、物流、专业服务等向高端高增值方向发展。香港回归以来经济的持续繁荣，凸显了"一国两制"方针在香港的成功实践。香港不仅保留了自身独特的金融优势，中央政府和中国内地还将自身作为香港保持繁荣稳定的大后方和坚强后盾，更彰显出"一国两制"方针的先进性和制度优势。2022年7月，习近平总书记在庆祝香港回归祖国25周年大会上的讲话中强调，中央全力支持香港抓住国家发展带来的历史机遇，主动对接"十四五"规划、粤港澳大湾区建设和"一带一路"高质量发展等国家战略；全力支持香港同世界各地展开更广泛、更紧密的交流合作，吸引满怀梦想的创业者来此施展抱负；全力支持香港积极稳妥推进改革，破除利益固化樊篱，充分释放香港社会蕴藏的巨大创造力和发展活力。支持香港提升国际金融、航运、贸易中心和国际航空枢纽地位，强化全球离岸人民币业务枢纽、国际资产管理中心及风险管理中心功能。支持香港建设国际创新科技中心、亚太区国际法律及解决争议服务中心、区域知识产权贸易中心，支持香港服务业向高端高增值方向发展，支持香港发展成为中外文化艺术交流中心。

澳门特别行政区在"一国两制"方针下，经济以博彩业为主，大力开发第三产业，经济结构由单一型向多元化方向发展，呈现出蓬勃生机。根据世界银行公开的数据，澳门本地生产总值从1999年的64.91亿美元增至2018年的545.45亿美元，人均生产总值由1999年的15513美元增至2018年的86355美元。据统计，1999年，澳门特别行政区政府财政收入为169亿澳门元，2018年则增至1413亿澳门元。数据表明，澳门已成为全球最富裕的地区之一，且政府公共财政充足，为政府有效施政、提供优质公共服务

第十二章　坚持"一国两制"，保持香港、澳门繁荣稳定，促进祖国和平统一

和改善民生奠定了基础。澳门回归后经济发展平稳，居民就业状况良好，失业率由1999年的6.4%持续降至近年来的1.8%左右。澳门人均月工资收入中位数由1999年的4920澳门元增至2018年的1.6万澳门元。社会福利和基础设施建设不断提升，人民生活幸福感逐年递增，彰显了"一国两制"在澳门的治理成效和制度优势。

　　澳门回归以来，每一方面的发展都切实体现中央政府对澳门政策的推动作用和"一国两制"制度体系的先进性。20世纪60年代至80年代，澳门经济是以出口加工业为主，博彩旅游业、金融保险业和建筑产业为辅的多元化经济格局。但到20世纪末期，由于澳葡政府经济政策失误，对澳门管治乏力且社会发展缺少必要的基础设施和法律政策支持，再加上东南亚金融危机的冲击，澳门经济增长速度开始放缓。澳葡政府在施政方面的欠缺使澳门经济在1996年至1999年连续4年出现负增长，且经济结构逐渐呈现出以博彩业为主导的单一化倾向。特别行政区政府成立后，在"一国两制"方针的贯彻和支持下，执行"固本培元、稳健发展"的施政方略。回归一年后，澳门经济即开始复苏，2002年以后的多数年份均出现两位数的高增长。2003年10月17日，澳门特别行政区政府与内地签署《内地与澳门关于建立更紧密经贸关系的安排》（以下简称CEPA）。在此协议框架下，澳门与内地基本实现货物贸易自由化，来自澳门原产地的多数货物商品享受出口到内地零关税的待遇。2004年1月1日CEPA的实施，将澳门与内地之间的经贸合作关系推进到了一个新的阶段。此后，澳门的GDP增长率、内地赴澳门旅游人数、澳门企业进入内地市场拓展业务或开设公司数量都在不断增长。2017年7月，由国家发改委、香港特别行政区、澳门特别行政区及广东省四方签署的《深化粤港澳合作　推进大湾区建设框架协议》中，针对澳门的部分，在以往"一个中心，一个平台"的基础上，增添了"建设以中华文化为主流、多元文化共存的交流合作基地，促进澳门经济

适度多元可持续发展"的内容。2019年2月公布的《粤港澳大湾区发展规划纲要》将大湾区定位为充满活力的世界级城市群、"一带一路"建设的重要支撑、具有全球影响力的国际科技创新中心、宜居宜业宜游的优质生活圈，以及内地与港澳深度合作示范区，同时明确支持澳门建设世界旅游休闲中心、中国与葡语国家商贸合作服务平台，促进经济适度多元发展，打造以中华文化为主流、多元文化共存的交流合作基地。《中华人民共和国国民经济和社会发展第十四个五年规划和2035年远景目标纲要》也明确提出，要支持澳门丰富世界旅游休闲中心内涵，支持粤澳合作共建横琴，扩展中国与葡语国家商贸合作服务平台功能，打造以中华文化为主流、多元文化共存的交流合作基地，支持澳门发展中医药研发制造、特色金融、高新技术和会展商贸等产业，促进经济适度多元发展。在"一国两制"方针的指引和党中央的坚定支持下，澳门又将迎来全新的发展机遇和活力。

（二）"一国两制"实施营造民生和美

自"一国两制"方针实施以来，中央政府和中国内地给予港澳地区大力支持，香港和澳门不仅社会持续稳定，经济再造辉煌，更在食品安全、基础设施建设、教育、医疗服务、文体事业等与人民生活紧密相关的各方面体现出党和国家的关怀和"一国两制"方针的制度优势。

受自然环境的限制，香港人民日常生活所需的淡水、蔬菜、肉禽等基本生活物资主要由中国内地供应。自20世纪60年代初，内地开通供应香港鲜活冷冻商品的"三趟快车"并建设东深供水工程以来，中央政府和有关地方全力保障对香港食品、农副产品、水、电、天然气等的供应。中国国务院新闻办公室于2014年6月10日发布的《"一国两制"在香港特别行政区的实践》白皮书（以下简称《白皮书》）披露："截至2013年底，香港市场活猪95%、活牛100%、活鸡33%、河鲜产品100%、蔬菜90%、面粉

第十二章　坚持"一国两制"，保持香港、澳门繁荣稳定，促进祖国和平统一

70%以上由内地供应，供港食品合格率一直保持在较高水平。2013年，广东按照与香港新修订的协议对香港供应淡水6.06亿立方米。自1994年起，大亚湾核电站向香港供电，每年供电量占全港电力总消耗的四分之一。2013年，内地向香港供应天然气25.31亿立方米。"[①]

香港教育、医疗卫生事业和社会福利保障体系不断进步，财政投入连年提升，人民受教育权利和生命健康得到保障，社会福利和财政扶持彰显制度优势。《白皮书》披露："2014—2015财政年度教育总支出预算为753.7亿港元，是政府开支的第一大项目。2008—2009学年开始在公营学校实施十二年免费教育。在反映基础教育水平的'国际学生评估（PISA）'2012年全球测试中，香港继续名列前茅。2014—2015财政年度用于医疗服务的财政预算支出524亿港元，占政府经常开支的17%。香港居民可平等享受价格低廉的公立医院服务。截至2012年底，香港各类医疗卫生机构共有病床3.55万张。香港婴儿死亡率由1997年的4‰下降至2013年的1.6‰，是全球婴儿死亡率最低的地方之一。2013年，香港男性与女性的预期寿命分别为80.9岁及86.6岁，是全球预期寿命最高的地方之一。香港特别行政区政府在社会福利方面的开支总额由1997—1998财政年度的204亿港元增长到2014—2015财政年度预算的619亿港元，增长了2.03倍。香港已形成多层次、多元化的社会保障和福利服务体系。社会服务机构共有400多家，注册社工从1998年底的8300名发展到目前的1.8万多名。特别行政区政府还积极推动公共房屋建设，协助基层市民入住公共房屋，资助市民自置居所。香港约有一半市民居住在政府提供或资助的房屋，其中超过200万人租住公共房屋，100多万人居住在政府资助的自置房屋。"[②]

---

①　中华人民共和国国务院新闻办公室：《"一国两制"在香港特别行政区的实践》，《人民日报》2014年6月11日。

②　参见中华人民共和国国务院新闻办公室：《"一国两制"在香港特别行政区的实践》，《人民日报》2014年6月11日。

大国优势

在保障和提升人民物质生活水平的同时，对特别行政区人民的精神文化需求给予满足。特别行政区政府大力发展文化、体育事业，促进社会协调、蓬勃发展。香港中外文化荟萃，特别行政区政府鼓励文化艺术多元发展，促进相互交流。香港已有潮人盂兰胜会、大坑舞火龙、大澳端午龙舟游涌、长洲太平清醮等4个独有项目被列入第三批国家级非物质文化遗产名录。香港2008年协办北京奥运会马术比赛项目，2009年主办第五届东亚运动会。帆板、乒乓球、自行车、武术等项目的运动员在奥运会、世锦赛、亚锦赛等国际赛场上屡创佳绩。[①]

澳门回归后，在"一国两制"方针的指导下，民生建设也取得重大成就，澳门人民幸福感持续上升。澳门特别行政区政府在财政盈余逐年增加的情况下，特别行政区政府根据"发展经济，改善民生"的施政理念，坚持以民为本，重视改善民生福利。特别行政区政府完善双层社保体系，充实多元惠民措施。《非强制性中央公积金制度》正式实施，标志着双层式社会保障制度踏入新里程。在2024年澳门施政报告中，澳门特别行政区行政长官贺一诚提出，经过各界共同努力，经济快速复苏，主要经济指标稳中向好。据《中华人民共和国澳门特别行政区政府2024年财政年度施政报告》，2023年上半年，本地生产总值按年实质增长71.5%，经济总量恢复至2019年同期的71%。首8个月入境旅客同比增长3.6倍，澳门位居内地居民出境旅游目的地首位。留宿旅客同比增加5.2倍，客房平均入住率同比上升43.4个百分点至80.9%。2023年上半年零售业销售额比2019年同期增长19%。物价保持基本稳定。持续监察燃油产品价格变动和保障民生必需品供应稳定。至2023年8月为止的12个月，整体通胀率为0.86%。社会各界对本澳经济发展的信心持续增强。在经济逐步恢复的同时，就业状

[①] 参见中华人民共和国国务院新闻办公室：《"一国两制"在香港特别行政区的实践》，《人民日报》2014年6月11日。

第十二章　坚持"一国两制"，保持香港、澳门繁荣稳定，促进祖国和平统一

况持续改善。2023年6月至8月，本地居民失业率回落至3.1%，较疫情高峰期的5.5%下降2.4个百分点；就业不足率回落至2.3%，较疫情高峰期的17.9%，大幅回落15.6个百分点。[①]

据《中华人民共和国澳门特别行政区政府2024年财政年度施政报告》，澳门在保障民生基础上推进教育全面发展，实施多元人才培养规划。首先，提升青年综合素质，支持青年融入国家发展。多方位关爱和扶持青年，为青年创造更好的教育、就业、创业和生活环境。持续深化爱国爱澳教育，设立"一国两制"研习基地，落实"家国情怀延展教育计划"。充分发挥澳门科学馆"双基地"优势，强化科普教育。不断优化黑沙青少年活动体验营方案。其次，加快"一基地"建设，做好文化保育及传承。荔枝碗船厂片区X11-X15投入使用。启用"澳门文化中心黑盒剧场"，建设"阅读之城"。完成编制澳门海上丝绸之路申报世界遗产史迹点的保护及管理规划。落实《非物质文化遗产管理指引》，推出"历史建筑维修资助计划"。出版《澳门志·地理分志》。再次，推动体育事业发展。举办多元大众体育活动，至2023年9月超过9.9万人次参与大众体育活动。完善体育设施，筹划兴建运动员培训及集训中心辅助大楼。开展第十五届全国运动会澳门赛区的筹备工作。组织澳门体育代表团参加2023年东亚青年运动会、第十九届亚洲运动会、第四届亚洲残疾人运动会及第一届全国学生（青年）运动会等体育盛会，均取得佳绩。事实证明"一国两制"方针具有强大的活力，带领特区人民走向和美、幸福的未来。

[①]《中华人民共和国澳门特别行政区政府2024年财政年度施政报告》，第13页，中华人民共和国澳门特别行政区政府入口网站，https://www.gov.mo/zh-hant/content/policy-address/year-2024/。

(三)"一国两制"实施推进政制完善和民权进步

政治体制是否与社会现实发展相适应及民主权利是否得到充分保障是考量社会制度先进与否的重要参数之一,也是全世界对"一国两制"方针在香港、澳门回归后能否成功实践所关注的焦点。

香港回归前,一切权力集中于港督,而港督则由英国政府直接任命,香港民众无法表达任何意愿,没有任何选举与被选举的权利,没有真正的民主自由。而香港的一切文武官员、公民须顺从港督。香港的立法权直接由港督控制,立法局也由港督全权管理,立法局成员也是港督培植的政治代理人。回归以来,在"一国两制"方针的指引下,香港实行高度自治,中央政府只负责香港有关的国防、外交及其他不属于特别行政区自治的事务。特别行政区行政长官由港人民主推选产生,行政长官、行政机关、立法机关之间相互制衡。香港居民拥有信仰自由、选举权和被选举权,地位平等。从2017年开始,香港特别行政区行政长官选举可以实行由普选产生的办法,相比回归前港督由英国政府委派,这是一个巨大的历史性跨越。同时,香港特别行政区立法机关的议员全部经过选举产生,其中地区直选议员从回归之初的三分之一已增至二分之一。

习近平总书记在会见香港工商界专业界访京团时强调:"中央政府将坚定不移贯彻'一国两制'方针和基本法,坚定不移支持香港依法推进民主发展,坚定不移维护香港长期繁荣稳定。"[1]全国人大常委会在2007年12月作出的有关香港政制发展的决定,已为香港订下普选时间表,即可于2017年普选行政长官及于2020年普选立法会。中央政府坚决信守香港基本法所明文规定的以"双普选"为目标指向和主要内容的民主发展之庄严承

---

[1] 《习近平会见香港工商界专业界访京团》,《人民日报》2014年9月23日。

第十二章　坚持"一国两制",保持香港、澳门繁荣稳定,促进祖国和平统一

诺。香港以"双普选"为目标指向和主要内容的政制改革和民主化进程,是全国人大对香港制度的顶层设计和具体规定。《中华人民共和国香港特别行政区基本法》第四十五条规定:"香港特别行政区行政长官在当地通过选举或协商产生,由中央任命。行政长官选举办法根据香港特别行政区的实际情况和循序渐进的原则而规定,最终达至由一个有广泛代表性的提名委员会按民主程序提名后普选产生的目标。"香港基本法第六十八条规定:"香港特别行政区立法委员会由选举产生。立法委员会产生办法根据香港特别行政区的实际情况和循序渐进的原则而规定,最终达至全部议员由普选产生的目标。"香港以"双普选"为目标指向和主要内容的政制改革和民主化方案,是"一国两制"方针实施的目标和方向,也是对香港政治制度改革和人民民主权利保障的重要举措。事实证明,香港回归以来,在"一国两制"方针的指引下,政治清明、民主稳固,充分体现了"一国两制"在香港的成功实践和制度优势,"香港明天会更好"的美好愿景已经在现实化地呈现。

澳门回归前,在澳葡当局统治下,澳门同胞享受不到平等的公民权和参政权。回归祖国后,澳门通过基本法确立了特别行政区制度,"一国两制"从科学构想变成生动现实。澳门回归前的政制和民生都处在较低水平,原因在于"长久以来,葡萄牙人对庞大的海外殖民帝国管制相当混乱与低效。殖民官吏的任命没有固定的法律可循,高级职位经常成为国内服务后的一种奖励"[①]。这种情况使澳葡政府的官员更换频繁,导致澳门总督在平均任期内很难掌握澳门的社情民意,难以对澳门进行有效的施政管理。再加上,澳葡政府对澳门的施政方针一向是以葡萄牙本国在澳门的政治经济利益为宗旨。因此,"长期以来政府向社会提供的公共产品服务仅

---

① 娄胜华:《转型时期澳门社团研究——多元社会中法团主义体制解析》,广东人民出版社2004年版,第306页。

限于国防、司法秩序、财产所有权等极其有限的范围,基本不介入社会民生事务"①。

习近平总书记强调:"澳门的成功实践告诉我们,只要对'一国两制'坚信而笃行,'一国两制'的生命力和优越性就会充分显现出来。"②澳门回归以来,在"一国两制"方针的贯彻和落实下,政制发展稳健有序,澳门特区政府架构发生了根本性变化,确立了行政主导体制。在"一国两制"下,中央依法行使全面管治权,并授权特别行政区依法实行高度自治权。根据基本法规定,澳门特别行政区享有行政管理权、立法权、独立的司法权和终审权;澳门居民依法享有的基本权利和自由,受到宪法、基本法及澳门本地法律的充分保障。澳门特别行政区真正实现了"澳人治澳"、高度自治,澳门同胞真正实现了当家作主。

回归前,澳门同胞在当时澳葡政府的管治下,政治地位与今天是不可相比的。回归后,得益于"一国两制"的成功实践,得益于国家的支持和国家的改革开放,澳门同胞在融入国家发展的过程中,既作出了贡献,也实现了自我发展。澳门特别行政区成立以来,除第一任行政长官和第一届立法会依全国人大相关决定产生外,已顺利进行六任行政长官选举和六届立法会选举。在实现"澳人治澳"过程中,澳门特别行政区形成了以行政长官为核心的行政主导体制。在行政长官统领下,行政、司法、立法机关分工负责,行政、立法机关既互相制衡又互相配合,司法机关独立行使审判权。这一政治体制既不同于澳葡时期总督大权独揽的殖民统治体制,也不同于西方国家的政治体制,促进了澳门特别行政区政治体制良好运作,促进了社会和谐。

---

① 娄胜华:《转型时期澳门社团研究——多元社会中法团主义体制解析》,广东人民出版社2004年版,第309页。

② 习近平:《在庆祝澳门回归祖国二十周年大会暨澳门特别行政区第五届政府就职典礼上的讲话》,人民出版社2019年版,第4页。

第十二章　坚持"一国两制"，保持香港、澳门繁荣稳定，促进祖国和平统一

三、新时代坚持和完善"一国两制"制度体系，保障国家安全

党的十九届四中全会在深入总结"一国两制"实践经验的基础上，从制度层面特别是中央对特别行政区实行管治的层面，对推进"一国两制"实践作了系统的制度设计和工作部署。全会明确提出："建立健全特别行政区维护国家安全的法律制度和执行机制，支持特别行政区强化执法力量。""绝不容忍任何挑战'一国两制'底线的行为，绝不容忍任何分裂国家的行为。"全会把"坚持'一国两制'，保持香港、澳门长期繁荣稳定，促进祖国和平统一"作为国家制度和治理体系的十三个显著优势之一，这充分体现了"一国两制"在我国国家制度、安全和治理体系中的重要地位。党的二十大也强调，全面准确、坚定不移贯彻"一国两制"、"港人治港"、"澳人治澳"、高度自治的方针，坚持依法治港治澳，维护宪法和基本法确定的特别行政区宪制秩序。坚持和完善"一国两制"制度体系，落实中央全面管治权，落实"爱国者治港""爱国者治澳"原则，落实特别行政区维护国家安全的法律制度和执行机制。坚决打击反中乱港乱澳势力，坚决防范和遏制外部势力干预港澳事务。

"一国两制"实践在香港、澳门取得举世瞩目的成就的同时，也面临着新的问题和挑战。现阶段突出问题是针对特别行政区的国家安全风险日益凸显。《中华人民共和国香港特别行政区基本法》第二十三条规定："香港特别行政区应自行立法禁止任何叛国、分裂国家、煽动叛乱、颠覆中央人民政府及窃取国家机密的行为，禁止外国的政治性组织或团体在香港特别行政区进行政治活动，禁止香港特别行政区的政治性组织或团体与外国的政治性组织或团体建立联系。"《中华人民共和国香港特别行政区基本法》第二十三条立法既体现了国家对香港特别行政区的信任，也明确了香

大国优势

港特别行政区负有维护国家安全的宪制责任和立法义务。但是第二十三条立法受到反中乱港势力和外部敌对势力的极力阻挠，致使第二十三条立法一直没有完成。而且自2003年第二十三条立法受挫以来，这一立法在香港已被一些别有用心的人严重污名化、妖魔化。立法的阻挠使本来用于维护香港和国家安全的法律和规定不能正常实施，国家安全出现巨大漏洞。香港正在成为政治上不设防的城市，成为中国国家安全系统最薄弱的一个环节。这不但严重影响到香港本地的安全与社会稳定，而且困扰着国家安全战略，影响到中央和香港的政治互信关系。除法律制度的缺失外，香港特别行政区在维护国家安全方面的机构设置、力量配置和执法权力等方面存在明显缺失；香港社会对青年人爱国主义教育、民族观、传统文化和国家安全教育等方面的引导出现偏差。种种原因使维护国家安全的这个"短板"持续放大，严重危害国家安全和香港长期的繁荣和稳定。

近年来，不论是2014年在香港发生的持续79天的非法"占中"事件，还是2016年农历春节期间的旺角暴乱，以及2019年因为《逃犯条例》和《刑事事宜相互法律协助条例》的修订引发的香港"修例风波"，都让香港屡屡陷入动辄得咎的管治危机和宪制危机中。特别是2019年下半年，随着"修例风波"持续蔓延，暴力活动也不断升级，香港内部极端政治力量和外部政治势力之间相互深度勾连，内外联动，频频出手，各种危害国家安全的活动愈演愈烈。

近年来，一些外国和境外势力公然干预香港事务，通过立法、行政、非政府组织等方式进行插手和捣乱，与香港反中乱港势力勾连合流、沆瀣一气，为香港反中乱港势力撑腰打气、提供保护伞，利用香港从事危害我国国家安全的活动。这些行为和活动，严重挑战"一国两制"原则底线，严重损害法治，严重危害国家主权、安全、发展利益，必须采取有力措施依法予以防范、制止和惩治。

第十二章　坚持"一国两制",保持香港、澳门繁荣稳定,促进祖国和平统一

针对国家安全体系漏洞的弥补和国家治理体系现代化的不断推进,中央和国家有关部门在对各种因素进行综合分析、评估和研判的基础上,经认真研究并与有关方面沟通后提出了采取"决定+立法"的方式,分两步予以推进。第一步,全国人民代表大会根据宪法和香港基本法的有关规定,作出关于建立健全香港特别行政区维护国家安全的法律制度和执行机制的决定,就相关问题作出若干基本规定,同时授权全国人大常委会就建立健全香港特别行政区维护国家安全的法律制度和执行机制制定相关法律;第二步,全国人大常委会根据宪法、香港基本法和全国人大有关决定的授权,结合香港特别行政区具体情况,制定相关法律并决定将相关法律列入香港基本法附件三,由香港特别行政区在当地公布实施。

2020年5月21日,第十三届全国人民代表大会第三次会议举行预备会议,审议通过全国人民代表大会常务委员会关于提请审议《全国人民代表大会关于建立健全香港特别行政区维护国家安全的法律制度和执行机制的决定(草案)》的议案。2020年5月28日,十三届全国人大三次会议表决通过了《全国人民代表大会关于建立健全香港特别行政区维护国家安全的法律制度和执行机制的决定》(以下简称《决定》),自公布之日起施行。这是最高国家权力机关贯彻党的十九届四中全会精神,根据宪法和香港基本法的有关规定,适应新的形势和需要,坚持和完善"一国两制"制度体系,从国家层面建立健全香港特别行政区维护国家安全的法律制度和执行机制的重要制度安排,为下一步制定相关法律提供了宪制依据。《决定》第六条规定:"授权全国人民代表大会常务委员会就建立健全香港特别行政区维护国家安全的法律制度和执行机制制定相关法律,切实防范、制止和惩治任何分裂国家、颠覆国家政权、组织实施恐怖活动等严重危害国家安全的行为和活动以及外国和境外势力干预香港特别行政区事务的活动。全国人民代表大会常务委员会决定将上述相关法律列入《中华人民共和国香港特

别行政区基本法》附件三，由香港特别行政区在当地公布实施。"

2020年6月17日，十三届全国人大常委会第十九次委员长会议听取了全国人大常委会法工委关于香港特别行政区维护国家安全法起草工作等情况的汇报，认为草案符合宪法规定和宪法原则，符合"一国两制"方针和香港基本法，符合全国人大《决定》精神，是成熟可行的，决定将《中华人民共和国香港特别行政区维护国家安全法（草案）》提请全国人大常委会审议。香港特别行政区维护国家安全法草案有六章，共六十六条，主要包括以下几个方面的内容：明确规定中央人民政府对有关国家安全事务的根本责任和香港特别行政区维护国家安全的宪制责任；明确规定香港特别行政区维护国家安全应当遵循的重要法治原则；明确规定香港特别行政区建立健全维护国家安全的相关机构及其职责；明确规定四类危害国家安全的罪行和处罚；明确规定案件管辖、法律适用和程序；明确规定中央人民政府驻香港特别行政区维护国家安全机构。其中第六条明确指出中央人民政府将在香港特别行政区设立维护国家安全公署，香港特别行政区政府将设立维护国家安全委员会，来加强和保障香港特别行政区和国家安全，弥补漏洞。这一系列的重大立法和举措彰显了国家维护香港政治安全和国家安全的决心和信念，也凸显了党和国家对维护香港、澳门长期繁荣稳定的坚强意志和不懈努力，这也是党和国家在港澳特别行政区实施"一国两制"方针的初心。

2020年6月30日，十三届全国人大常委会第二十次会议表决通过了《中华人民共和国香港特别行政区维护国家安全法》，高票通过，一致赞成，充分代表了人民的意志，充分反映了全国各族人民包括香港同胞在内的心声和意愿。国家主席习近平签署主席令予以公布，该法律自公布之日起施行。6月30日当天，十三届全国人大常委会第二十次会议还作出了《关于增加中华人民共和国香港特别行政区基本法附件三所列全国性法律

第十二章　坚持"一国两制",保持香港、澳门繁荣稳定,促进祖国和平统一

的决定》,将刚通过的香港特别行政区维护国家安全法列入香港基本法附件三,明确由香港特别行政区在当地公布实施。2020年7月,中央人民政府依法设立驻香港特别行政区维护国家安全公署,香港特别行政区依法设立维护国家安全委员会。2022年12月,十三届全国人大常委会第三十八次会议通过《关于〈中华人民共和国香港特别行政区维护国家安全法〉第十四条和第四十七条的解释》。通过建立健全香港特别行政区维护国家安全的法律制度和执行机制,确保香港和澳门特别行政区的长期繁荣稳定。

从国家层面建立健全香港特别行政区维护国家安全的法律制度和执行机制,改变国家安全领域长期"不设防"状况,在宪法和香港基本法的轨道上推进维护国家安全制度建设,加强维护国家安全工作,确保香港"一国两制"事业行稳致远。这标志着"一国两制"被纳入国家安全立法体系之中,在国家制度设计和治理体系中被赋予更高的地位和使命,同时充分体现了党中央对香港整体利益和人民安全福祉的坚定维护与切实关照。"一国两制"制度体系在习近平新时代中国特色社会主义思想的指导下,在党领导人民建设社会主义的伟大实践中,不断经受检验,并不断加以完善,彰显了社会主义制度优势的大国自信,引领中华儿女为实现中华民族伟大复兴的中国梦而努力奋斗。

第十三章

坚持独立自主和对外开放相统一，构建人类命运共同体

时代大潮浩浩汤汤，和平是其中永不过时的话题。中华民族自古以来就是一个热爱和平的民族，从张骞出使西域到郑和下西洋，再到今天的和平发展，中国始终怀抱着一颗和平之心和满满的诚意在与世界各国人民进行交往，和平的种子已深深种在了每一位中华儿女的心里。经历过苦难的中华民族，从新中国成立起就奉行独立自主的和平外交政策。改革开放以后，在总结经验教训和正确把握世界大势的基础上，我们认识到"和平"和"发展"是当今世界的两大主题，经过长期艰难的探索，成功地走出了一条适应中国国情和反映时代需求的和平发展之路，不仅实现了国家实力的提升，也为世界的发展作出了贡献。

随着中国综合国力和国际地位的日益提升，世界的目光开始聚焦于东方，各国都在关注中国在新的格局中将扮演什么样的角色，将对国际社会产生什么样的影响。党的十八大以来，以习近平同志为核心的党中央在统筹国内国外、发展安全的基础上，以全人类的共同繁荣为导向，积极开展大国外交、承担国际责任，以实际行动践行着和平发展的诺言，让世界纷纷为中国竖起了大拇指。党的二十大报告指出，在世界之变、时代之变、历史之变的新形势下，世界又一次站在历史的十字路口，何去何从取决于各国人民的抉择。面对新变局、新挑战，中国将坚持和完善独立自主的和

第十三章　坚持独立自主和对外开放相统一，构建人类命运共同体

平外交政策，始终不渝地坚守和平发展之路，以世界和平的建设者、全球发展的贡献者、国际秩序的维护者推动人类命运共同体建设，为人类进步和全球治理提供中国方案、贡献中国智慧。

一、坚持和平发展道路

和平的环境来之不易，必须倍加珍惜。坚持和平发展道路不是一拍脑袋就作出的决策，是中国共产党基于时代发展和自身利益作出的战略性决策，体现了我们对自身发展道路的高度自信。只有经历过苦难的民族才能深刻体会和平的重要性与来之不易，从鸦片战争开始，惨遭蹂躏的中华民族作出了巨大的牺牲才杀出了一条血路成立了新中国，风雨飘摇的中华民族终于安定下来，劫后余生的我们渴望一个和平稳定的国内外环境，因此和平发展是必然选择。新中国成立70多年来，特别是改革开放以来的40多年间，和平发展道路的理念内涵得到了不断的丰富和发展。和平发展道路既体现了对历史的传承、对经验的总结、对现实的思考，又彰显着我们的大国情怀与担当。作为马克思主义政党，中国共产党的目标和价值指向，就是在实现为中国人民谋幸福、为中华民族谋复兴的基础上，推动全人类的共同发展与进步。和平发展是中国外交的基本原则与立足点，如今，这一理念已经载入宪法与党章，更显示了中国走和平发展道路的决心。不论世界风云如何变幻，中国将始终高举和平发展的旗帜，和世界各国一道共担风雨，为人类命运共同体建设作出新的贡献。

（一）坚持和平发展道路是我们的必然选择

中国特色的和平发展道路是马克思主义中国化的产物，体现着无产阶级政党的价值诉求。无产阶级的阶级属性要求我们反对霸权主义和强权政治，实现公平正义。在马克思和恩格斯看来，未来社会中，社会主义国家

将在独立自主的原则下进行和平的交往。列宁将马克思、恩格斯的和平发展思想进行了丰富和发展，认识到在社会制度与意识形态不同的国家之间和平共处将搭建起国家交流、交往的桥梁，并将和平发展的理念运用于新生的苏维埃政权的建设中。其颁布的《和平法令》建议缔结停战协议，就公正的和约进行谈判，实现不割地、不赔款的和平。在俄共（布）第八次全国代表会议上，列宁进一步提出愿同世界各国人民和平相处，将"把自己的全部力量用来进行国内建设，以便在苏维埃制度的基础上把生产、运输和社会管理工作纳入轨道"。[1]一系列的政策使新生的苏维埃政权在外交领域不断获得突破，"1921年，苏维埃政权首先同英国签订了贸易协定，建立了通商关系，并得到英国事实上的承认，随后又与德、意、挪威、日本等国建立了外交关系。"[2]马克思主义经典作家关于和平发展的论述为中国特色社会主义的和平发展道路奠定了重要理论基础。

与西方文化强调个体不同，中华文明更崇尚"和合"的思想，寻求万事万物处于一种融洽和谐的状态。"和"字最早可见于战国金文之中，原指声音的相应和，其中已包含了"和谐"的含义。先秦诸子百家的学说中"和合"的思想更是占据了重要的地位，儒家重视"以和为贵"、墨家强调"兼爱""非攻"、道家提倡"无为而治"等。但是"和合"的思想并不是要求"一刀切"，也不是要将自己的标准强加于人，它是一种在重视差异和冲突前提下的协和，讲求"和而不同"。关于"和同"的释疑，《左传》中有一段精彩的描述：晏婴在与齐景公讨论治国时，将"和"比喻为煮汤和奏乐，认为在煮汤时，只有将各种材料合理调配，做出的汤才能美味合

---

[1] 羊绍武：《中国特色社会主义和平发展理论的思想渊源及其内涵》，《前沿》2010年第22期。

[2] 羊绍武：《中国特色社会主义和平发展理论的思想渊源及其内涵》，《前沿》2010年第22期。

第十三章　坚持独立自主和对外开放相统一，构建人类命运共同体

口；奏乐时只有将不同的音律安排得当，演奏出的音乐才能美妙动听。① 从中可以看出，"和合"思想追求的不是事物的简单相加，而是通过有机的配合形成多样性的统一。随着时代的发展，"和合"思想逐渐融入中华民族的日常生活中，成为人们在处理与社会、自然关系时的一种原则，也成为中国和平发展道路的思想来源之一。和平发展道路在追求和睦相处时，提出尊重别国主权与利益、求同存异，便是对"和合"思想的完美诠释。

以史为鉴，中国绝不会再走"国强必霸"的老路。正如马克思说过的那样，资本来到这世间，从头到脚，每一个毛孔都滴着血和肮脏的东西。近代西方社会的发展崛起表现为霸权与扩张，充满着暴力与血腥，给世界带来了深重的灾难。不论是西班牙、葡萄牙还是荷兰都是经过掠夺与战争才得以"发家致富"，"后起之秀"的英国、法国等更是不甘示弱，富裕起来的他们为了一己私利不断挑起战争，开始了疯狂掠夺。随着国力的日益鼎盛和新航路的开辟，为了开拓海外市场、掠取更多的资源和财富，富庶的东方大国——中国成了列强眼中的肥肉。他们沆瀣一气，乐此不疲地在中国的领土上划分起自己的势力范围，中华民族受尽了屈辱。面对国破家亡，中华儿女追求和平之心日盛，为了走出战争的泥潭，实现国家的独立和民族的解放，中国各阶层进行了不懈的努力。最终，在中国共产党的领导下，中华民族打了一个翻身仗，以新的姿态重新傲立于世界东方。走得再远，走到再辉煌的未来，都不能忘记过去的苦难与经历，因此，坚持和平发展道路成为从苦难里浴火重生的中华民族的必然选择。所谓"己所不欲，勿施于人"，中华民族将依靠自己的智慧避开"修昔底德陷阱"、走出"强国必霸"的怪圈。

和平发展道路是基于实践和现实的战略性抉择。新中国成立以来，特

---

① 参见肖晞：《中国和平发展道路：文化基础、战略取向与实践意义》，《国际观察》2015年第4期。

别是改革开放以来，我们依靠独立自主的和平外交政策，为自身的发展赢得了良好的国内外环境，在众多领域取得了历史性的突破，一跃成为世界第二大经济体。但是，我们必须清楚地意识到，虽然中国人民的钱包鼓了、日子富了，我们在生活品质、科技创新、经济发展结构等方面与发达国家还有很大的差距，发展中不平衡、不充分的问题依然突出。习近平总书记曾经强调，在道路方针正确的前提下，财富水平和幸福指数的整体提升是可以迅速实现的，但要实现每个个体的目标却不是那么容易，同样的一桌饭，即使再丰盛，8个人吃、80个人吃、800个人吃是不一样的。中国仍处于并将长期处于社会主义初级阶段的基本国情没有改变，中国是世界上最大发展中国家的国际地位没有改变，要满足14多亿人的需求，我们必须协调好国际国内的环境，在和平稳定的条件下一心一意搞建设。同时，随着苏联的解体，世界格局发生着巨大的变化，剑拔弩张的对垒状态不复存在，新的条件下，各国都在探求发展的新道路。虽然局部矛盾和摩擦不断，但求和平、谋发展、促合作是人心所向、大势所趋。如果谁想逆潮流而动，必将被时代抛弃。综合各种因素，我们找不到任何理由不坚持这条被实践反复证明了的正确的发展道路。

（二）和平发展道路理论的形成和发展

和平发展道路理论的形成经历了一个不断发展、不断完善的过程，我们必须将历史串联起来条分缕析，总结出其中的规律和经验，才能在复杂多变的国际形势中掌握主动权、立于不败之地。从新中国成立之初我们就开始了走和平发展道路的探索。新中国成立标志着中国共产党兑现了最初对中国人民许下的诺言，但要巩固新生政权、完成共产主义的远大目标，我们迫切需要一个安定的环境来医治战争创伤、恢复社会秩序、进行现代化建设。为此，以毛泽东同志为核心的党的第一代中央领导集体付出了艰

第十三章　坚持独立自主和对外开放相统一，构建人类命运共同体

辛的努力。在1949年9月召开的中国人民政治协商会议第一届全体会议上就提出了在新中国外交中要坚持"平等、互利及互相尊重领土主权"的原则。①1953年12月，就西藏问题与印度政府谈判时，周恩来总理正式提出了以"互相尊重领土主权、互不侵犯、互不干涉内政、平等互惠、和平共处"为内容的和平共处五项原则。1954年，在访问印度、缅甸期间，周恩来总理分别与印度总理尼赫鲁和缅甸总理吴努发表联合声明，共同倡导和平共处五项原则。和平共处五项原则成为国际交往的重要准则，为世界和平环境的构建发挥了重要作用。20世纪六七十年代，根据国际局势的发展变化，毛泽东同志突破原有的按照国家制度和意识形态划分世界的传统思维，提出了"三个世界"的理论，为中国外交实现新的突破创造了良好的条件，我们先后和50多个第三世界的国家建立了外交关系。外交上的发展带来了一系列的连锁反应，中国的国际影响力不断提升，经贸获得了极大的发展，为后来的改革开放营造了良好的大环境。邓小平同志曾评价道，"毛泽东同志在他的晚年还提出了关于三个世界划分的战略思想……从而为世界反霸斗争和世界政治前途创造了新的发展条件。我们能在今天的国际环境中着手进行四个现代化建设，不能不铭记毛泽东同志的功绩。"②

20世纪70年代，日益崛起的第三世界国家成为国际格局中的重要力量，特别是随着中日、中美关系的改善，我们发展的外部环境已然发生了深刻的变化。邓小平同志对国际局势进行了实事求是的分析，认为国际局势总体上趋于缓和，世界大战在短期内不会爆发，和平和发展将成为时代的主流。根据改革的需要，邓小平提出中国外交政策要与改革开放相衔接、为改革开放服务，并在对外方略上进行了战略性的调整，要求坚持独

---

① 参见羊绍武：《中国特色社会主义和平发展理论的思想渊源及其内涵》，《前沿》2010年第22期。
② 参见任洁：《坚持走和平发展道路应正确处理八大关系》，《马克思主义研究》2014年第11期。

立自主的外交方针，不与任何国家结盟，从而确立起新的时代条件下中国外交的基本方向，中国特色和平发展道路的理念内涵得到了进一步丰富、发展。面对苏联解体、东欧剧变，我们冷静观察、沉着应对，始终坚持和平的外交方针，向世界有力地证明了中国是维护和平的使者，从而平稳地渡过了这次风波，同时赢得了更多的发展机遇。进入21世纪，经济全球化进程加快，科学技术迅猛发展，世界各国交往的深度和广度日益加深。中国始终将维护世界和平、促进共同发展作为外交的宗旨，坚持走和平发展道路，积极开展多层次、多维度的外交，逐渐形成了大国是关键、周边是首要、发展中国家是基础、多边外交是重要舞台的外交新格局，为全球性事务的解决和国际政治经济新秩序的建立发挥了重要作用。

金融危机爆发引发了世界政治、经济、文化等领域的变化，全球性问题日益突出，国家间的竞争日趋激烈，国际局势中不稳定因素上升，世界局势呈现出新的阶段性特点。在全球性经济下行压力不断增加的背景下，资本主义国家体制机制的弊端凸显，国内矛盾由此升级。同时，中国凭借着强大的制度优势取得了非凡的成绩，国际地位和影响力持续提升。中国的强劲发展引起了以美国为首的资本主义国家的不安，他们一方面利用互联网等科技手段叫嚣"中国威胁论"、制造负面舆论，另一方面妄图通过干预中国内政、操控国际议题来转嫁国内矛盾、遏制中国发展。中国一直是维护世界和平的中坚力量，党的十八大以来，我们用实际行动践行着自己的理念，不仅致力于地区间的信任和合作，还以更加积极主动的姿态参与全球治理，承担起应当承担的责任，特别是在处理有争议的问题上展现了应有的大国风范。正如习近平总书记申明的那样，中国践行和平发展的道路不是一时的权宜之计，也不是一种外交辞令，是基于对历史、现实、未来客观分析和判断而得出的结论，是思想与实践自信的有机统一。一路走来，关于中国特色和平发展道路的理论日趋完善，历史和现实充分地证

第十三章　坚持独立自主和对外开放相统一，构建人类命运共同体

明了中国走和平发展道路的正确性与科学性。"德不孤，必有邻"，只要我们秉持"天下一家"的理念，高举和平发展的旗帜，求同存异，就一定能在未来赢得更多国家的认可和赞许，中国道路会越走越宽。

（三）坚持和平发展道路要明确方向、坚定原则

理论上明晰了，行动上才能更坚定，中国特色和平发展道路具有丰富的内涵。"中国特色"要求既要从马克思主义的视角出发，又要与中华优秀传统文化、体制机制建设相衔接，反映时代需求，适应中国国情；"和平"一方面指国家内部有一个安定有序的建设环境，另一方面指在外避免冲突和矛盾、营造良好的国际环境；"发展"要求消除贫困、实现共同繁荣，随着时代的进步，发展的含义已经不仅是指代经济上的增长，其涉及经济、政治、文化、社会、生态文明等多领域、多维度。改革开放40多年来，我们能实现经济的持续健康发展、取得举世瞩目的成就，与和平稳定的国际环境有着密不可分的关系。党的二十大报告指出，党在现阶段和未来一段时间的中心任务是实现第二个百年奋斗目标，以中国式现代化全面推进中华民族伟大复兴。稳定和谐的国际环境是我们党团结带领全国各族人民实现目标任务、推动国家发展再上新台阶的必要条件。因此，在战略布局上不仅要立足于国内发展，更要着眼于大局，对外谋和平、求合作，坚持独立自主、自力更生，倡导互信、互利、平等、协作，深化对外开放，承担国际责任，走好和平发展道路，实现互利共赢，推动全球治理朝着更加公正合理的方向发展。

坚持和平发展道路要坚守底线思维。2005年，中国发表了《中国的和平发展道路》白皮书，2011年又发表了《中国的和平发展》白皮书，这表明中国坚持走和平发展道路的决心没有丝毫的动摇。但是，坚持和平发展并不意味着一味的退让、毫无底线的容忍。中国希望在和平的环境中实

大国优势

现新的发展、取得更大的成就，也希望通过自身的发展更好地维护世界和平，但是一旦涉及领土、主权等国家根本性利益时，我们一步也不能让。百年前的中国割地赔款、丧权辱国的悲剧不会在今天重演，因为我们明白，以牺牲国家根本利益换来的"和平"是昙花一现，没有底线的退让只会让利益得到者得寸进尺、更加肆无忌惮。习近平总书记在主持十八届中央政治局第三次集体学习时强调："我们要坚持走和平发展道路，但决不能放弃我们的正当权益，决不能牺牲国家核心利益。任何外国不要指望我们会拿自己的核心利益做交易，不要指望我们会吞下损害我国主权、安全、发展利益的苦果。"[1]但是总有一些国家试图挑战我们的底线，我们不惧任何挑战，并通过一个个事例表明我们在原则和底线问题上毫不动摇。在主权问题上我们坚决捍卫，面对菲律宾对南海问题作出的所谓的最终裁决，我们多次声明因其无法、无效，中方不承认、不接受；在国家安全问题上我们寸步不让，面对外部势力的网络渗透，我们防堵结合，打造风清气正的网络环境；在发展问题上我们据理力争，反对贸易保护主义，致力于构造良好的国际贸易环境。一个随意割舍自己利益的国家谈不上和平与发展，在坚持和平发展的道路上，我们既要维稳也要维权。

坚持和平发展道路要树立正确的利益观。中国的发展观不是东风压倒西风，也不是要仗着经济、军事、科技等方面的优势去对其他国家的建设和发展指手画脚，中国的发展是和平的发展、是讲求公平正义的发展。回顾近几百年来的世界历史，资本主义国家由于其狭隘的世界观，每当有一个新的大国崛起，老牌的资本主义强国就会心生不悦，感觉自己的地位受到了威胁，嫉妒和恐慌让他们费尽心机对新生大国进行打压，从而引发了

---

[1] 中共中央文献研究室《中国特色社会主义和平发展道路》课题组：《和平、发展、合作、共赢的中国梦——十八大以来中国特色社会主义和平发展道路的新进展》，《党的文献》2016年第1期。

第十三章　坚持独立自主和对外开放相统一，构建人类命运共同体

地区、国家间的矛盾与冲突，更有甚者会挑起战争，国际的规则形同虚设，似乎成了强者控制弱者的手段。在发展中，中国始终坚持义利兼顾、以义为先，坚守道义与责任，追求良性竞争，反对霸权主义和强权政治，注重与发展中国家的团结协作，不仅要让自己变得更好，也要让世界变得更好。

坚持和平发展道路要做到合作共赢。独木难成林，个体的力量总是有限的，我们要学会抱团取暖。没有兄弟姐妹间的互帮互爱，家庭的和睦就难以维持；没有廉颇蔺相如的将相和，赵国就难以抵御强国的入侵；没有"二战"中各个爱好和平的国家之间的协作，反法西斯战争就不能取得最终的胜利，小到一个家庭，大到整个世界，历史和现实反复证明合作的重要性。全球化的发展使各国在各领域利益交织，相互依赖性增强，过去那种针锋相对的关系将逐渐被合作、共享、互惠的关系所取代。各国只有跳出冷战、零和博弈的旧式思维，秉持团结合作、互利共赢的精神和理念，才能在新的条件下获得更好的发展。世界潮流，顺之则昌，逆之则亡。中国特色的和平发展道路就是以合作代替对抗，以共赢代替独霸，通过同舟共济、荣辱与共实现更高层次的共同发展。为此，我们一方面积极参加G20峰会、APEC会议等国际会议，承担国际责任、履行国际义务；另一方面通过举办"一带一路"国际合作高峰论坛、国际互联网大会等，搭建沟通桥梁、加深了解互信，把合作共赢的理念贯穿到对外交往的方方面面。

（四）坚持和平发展道路具有深远意义

坚持和平发展道路对中国发展而言有利于伟大梦想的实现。中国的发展向来立足于自身又放眼于世界，是和平的、合作的、共赢的。从中华民族一路奋斗的征程来看，不论是过去、现在还是将来，中国从来没有将自己与世界割裂开来。经济全球化的发展促进了人员、资金、技术等要素在

世界范围内迅速流通，世界各国在各领域、各层级上的交往日益加深，对外开放水平的提高使中国的发展时刻受到国际社会和周边环境变动的影响。当下，实现高质量发展依旧是我们面临的首要任务，巩固拓展脱贫攻坚成果的任务依然艰巨，我们不能有"停一停""歇一歇"的懈怠念头。一个霸道、自私、不友好的国家，在国际交往中必然会引起许多争端，使其在对外事务上投入过多精力而无心国内建设。我们要百尺竿头更进一步，外部局势的和平稳定的重要性不可小觑。只有坚持和平发展的道路，秉持合作共赢的理念，我们才能更加安心地搞自己的建设，一步一个脚印地筑牢伟大梦想的基石，最终实现新的飞跃。

坚持和平发展道路对世界发展而言有利于全球性问题的解决。经济发展、科技进步在创造了大量的物质财富、便利了人类生活的同时，给人类的生存带来巨大的危机。一方面，大气污染、污水排放、土壤沙化、森林锐减……一个个落英缤纷的"桃花源"消失不见，人类可生存的空间日益被压缩；另一方面，恐怖主义、核武器、经济危机……各国的矛盾和摩擦加剧，世界不和谐、不稳定的因素增加。这些全球性问题的解决，不是哪个国家、哪个地区靠一己之力就可以解决的，世界各国只有携起手来，树立人类命运共同体理念，才能为人类的未来找到出路。和平发展道路中体现的平等互利、合作共赢、求同存异等为全球性问题的解决提供了新途径、新方法，与人类命运共同体理念最终的价值取向不谋而合。只有坚持和平的发展道路，才能使各国在着眼于整个世界未来的发展中放下分歧、寻求合作，打通顶层设计上的壁垒，建设一个包容有序、和谐共生的新世界。

和平发展的道路是中国共产党和中国人民在坚持马克思主义的基本原理、继承中华优秀传统文化的基础上，立足实践、着眼未来作出的战略性抉择，它反映了时代的发展和中国建设的需求。和平发展道路作为一种战

第十三章　坚持独立自主和对外开放相统一，构建人类命运共同体

略性抉择，意味着无论世界形势如何变动，中国将始终坚持这条道路。如何更好地坚持这条道路，一靠宣传，二靠实践。首先，我们要将自己的心声传播出去。无论是政府间的互访、参加国际会议，还是学术交流、民间交往，都始终要把中国坚持走和平发展道路的名牌贴在身上，让世界知道中国是维护世界和平的中坚力量；其次，我们要真抓实干、取信于人。俗话说，"光说不练假把式"，我们不仅要倡导和平，也要做和平的实践者，要用和平的方案解决地区争端、助力全球发展，推动构建公平公正的新型国际关系，为人类事业进步作出新的更大的贡献。坚持走和平发展道路作为习近平新时代中国特色社会主义思想的重要内容，不仅将继续指引中国的发展，也将对世界的和平稳定、人类命运共同体的构建产生深远影响。

二、推动构建人类命运共同体

在充分沟通和交流的基础上寻求利益共同点，推进人类命运共同体建设，以便更好地应对复杂多变的国际形势和日益突出的全球性问题，提升全球治理的能力和水平，是当前人类社会面临的重大课题。人类命运共同体理念作为新时代中国治国理政的重要组成部分，是新一代的中国共产党人在人类社会何去何从的紧要关头，不断总结规律经验，以全人类的福祉为出发点、坚持问题导向原则、着眼于全人类的前途和命运而贡献的中国智慧和中国方案，这一思想具有鲜明的时代特征和丰富的科学内涵。

人类命运共同体理念体现了马克思主义的价值追求，着力回答了面对百年未有之大变局将要建设一个什么样的世界和怎样建设世界的时代命题，其中体现的利益共享、责任共担、公平正义的理念具有前瞻性、时代性意义。党的十九届四中全会更是提出在坚持和完善独立自主的和平外交方针的前提下推进人类命运共同体建设。在新的时代，中国愿与全世界各国人民在坚持合作、互助、平等等原则下，一同为完善全球治理出谋

划策。

（一）人类命运共同体理念的生成逻辑

人类命运共同体理念得益于人类优秀文明的滋养。人类命运共同体理念作为马克思主义中国化的最新理论成果之一，具有鲜明的中国特点。中华民族自古以来对待万事万物就拥有一种"天下观"的情怀，讲求"大道之行也，天下为公""穷则独善其身，达则兼济天下""计利当计天下利"，正是这种文化的积淀让我们在处理全球事务时能拥有更高的视野，思考长远，把整个人类的未来发展作为当下行事的依据。马克思关于人类社会发展的理论也是人类命运共同体理念的重要来源之一。马克思和恩格斯认为，随着社会分工的发展、生产力的提高、资本的扩张等，人们之间的隔绝封闭状态将被打破，交往将突破地域性的局限，逐渐在政治、经济、文化上产生横向的整体性联系，世界会形成一个有机的整体。各国将不再是一个大孤岛，一个国家内部发生的事情将通过各种相连的途径对其他国家产生影响。因此，要获得进一步的发展必须转变不适宜的思想和观念，建立合理公正的新秩序，这也是人类命运共同体理念的价值追求之一。此外，古希腊的"城邦共同体"思想、《威斯特伐利亚和约》的平等和主权原则、日内瓦公约提倡的国际人道主义精神等也为人类命运共同体理念的发展提供了丰富的给养。

人类命运共同体理念与新中国的外交实践息息相关。新中国成立70多年来，始终奉行独立自主的和平外交政策，坚持走和平发展的道路，从未因觊觎别国的权益而主动挑起过一场战争、入侵过一寸土地，一心致力于建立和平、稳定、公正的国家关系，并先后提出和平共处五项原则、求同存异方针等一系列的和平外交政策。这些外交理念被大多数国家和人民所认同，并对战后和平发展、解决争端发挥了积极的作用。党的十八大以

第十三章　坚持独立自主和对外开放相统一，构建人类命运共同体

来，以习近平同志为核心的党中央紧握时代脉搏，不断完善、丰富对外交往的理论，外交工作在新时期平稳向前迈进。在党的二十大报告中我们向世界庄重承诺，中国永远不称霸、永远不搞扩张，始终坚持维护世界和平、促进共同发展的外交政策宗旨，致力于推动构建人类命运共同体。人类命运共同体理念作为中国外交的又一重大理论创新，继承了新中国不同时期的外交主张，在实现民族复兴的道路上，中国将依旧以和平的方式与世界各国共谋发展。

人类命运共同体理念是对时代大势的正确把握。任何思想都深深根植于时代发展中，新发展催生新思想、新理念。进入21世纪，国际形势产生了新的变化，新兴经济体的崛起冲击着原有的体系框架，世界格局将面临新一轮的洗牌；经济全球化和国际交往的日益频繁，使各国之间的相互依赖程度不断提升；部分国家间的分歧和争端加剧，全球性问题的解决难度加大。当今各国之间的高度依赖性决定了人类社会早已变成了你中有我、我中有你、荣辱与共的命运共同体。单枪匹马地蛮干是不行的，实现全球经济、政治持续健康的发展需要各国共同发力，提供一种顺应时代发展、符合各国利益需求的新思想和新理念，推进全球治理体系现代化。人类命运共同体作为中国提出的讲求相互依存的国际权力观、共同利益观、可持续发展观和全球治理观的发展新理念，是当代中国共产党人集体智慧的结晶，反映了新时代世界人民的呼声，体现了大国的责任与担当，也终将为人类事业的发展作出更大的贡献。

（二）人类命运共同体理念的内涵和目标追求

人类命运共同体理念的第一次明确提出是在党的十八大报告中，党的十九大报告将其作为习近平新时代中国特色社会主义思想的重要内容正式写入党章，十三届全国人大一次会议第三次全体会议将其作为党的十八大

以来在习近平新时代中国特色社会主义思想指导下外交理论和实践创新的重要成果正式载入宪法。共同体是马克思主义研究的一个重要范畴,它不仅指共同的生存空间,更强调共同的价值追求和共同的前途命运,是一个包含诸多意义的概念。共同体理念的价值主体是全人类,从唯物辩证法的视角出发,以人类共同的价值观为根本遵循,要求把握规律、符合客观需要、经得起实践检验。新时代中国共产党人所提倡的人类命运共同体理念要求以尊重、平等、互助为前提,"以共同发展为导向,以和平合作为手段,以互利共赢为目标"[①],在政治上强调彼此尊重、坚持对话协商,建设持久和平的世界;在安全上讲求协商对话、坚持共建共享,建设普遍安全的世界;在经济上强调开放共享、坚持合作共赢,建设共同繁荣的世界;在文化上要求尊重差异、坚持交流互鉴,建设开放包容的世界;在生态上,要求尊重自然、坚持绿色低碳,建设清洁美丽的世界。党的十八大以后,习近平总书记多次在重要场合阐述人类命运共同体理念的科学内涵、时代意义、实现途径,并将人类命运共同体理念的实践领域不断扩展。

　　人类命运共同体理念以世界的发展繁荣为目标。全球治理面临的诸多困境最终都可以归结为利益的冲突,经济基础决定上层建筑,要想从根本上解决问题,高度发达的生产力是先决条件。自国际金融危机爆发以来,一方面资本主义制度的弊端越发凸显,资本主义的生产方式已经成为世界经济社会实现可持续发展的阻碍力量;另一方面,世界经济还处于转型期,新旧动能的转化尚需时日,经济增长后劲不足,世界范围内发展不平衡、不充分的问题加剧。发达国家凭借资本、技术优势长期占据全球产业链的高端位置,获得了丰厚的利润,发展中国家因缺乏自主创新的能力,

---

① 崔海波:《人类命运共同体理念的价值意蕴及其实践》,《学校党建与思想教育》2020年第2期。

第十三章　坚持独立自主和对外开放相统一，构建人类命运共同体

长期处于不利地位，经济增长缓慢，南北差距加大；无论是全球范围内还是国家、地区范围内，绝大多数的财富集中于少数人手中，贫富差距加大。发展是全人类面临的共同话题，但发展的不平衡不充分已严重制约人类前进的步伐。构建人类命运共同体就是以解决人类发展中的矛盾为根本方向，构建起新的生产关系，激发创新动力，将发展的蛋糕做大、做好，满足各国人民对美好生活的向往，实现合作共赢、共同发展。

人类命运共同体坚持以人民为主体的价值指向。用理论关照现实一直是马克思主义的出发点和落脚点。马克思在其中学毕业论文——《青年在选择职业时的考虑》中，就表达了自己愿为人类幸福而奋斗的伟大理想，在随后的岁月中，马克思将这一理想贯穿到了他生命的每分每秒和他所创造的理论中。在马克思主义的视域下，共同体是人类生存的基本形态，在不同的历史时期表现为不同的形式，在"人的依赖关系"的状态下形成了自然共同体，在"以物的依赖性为基础的人的独立性"的形态下形成了虚幻共同体，在"建立在个人全面发展和自由个性"的形态下形成了自由人联合体。[①] 在高级阶段，人类终将从桎梏中解放出来，实现自由而全面的发展。人类命运共同体理念作为当代的马克思主义，自建构之初就秉持着马克思共同体思想的价值指向，注重关照现实中的人，因此，发展为了人民、发展依靠人民、发展成果由人民共享是这一理念的应有之义。这里的"人民"不是狭义的概念，指的是全人类。"一花独放不是春，百花齐放春满园"，我们不仅要让中国人民过上好日子，也要让世界各国人民都过上好日子，使各国人民拥有更多的获得感、幸福感。

---

① 参见张鹭、李桂花：《人类命运共同体的生成逻辑与时代价值》，《理论月刊》2019年第12期。

(三) 人类命运共同体理念的中国实践

构建新型国际关系。建立合作共赢的新型国际关系是各国共同的追求，中国作为世界和平的维护者和促进者，始终坚持走和平的发展道路，积极推进建立新型国际关系。大国之间的关系是影响世界和平的重要因素，在发展中，我们注重不断深化中俄新时代全面战略协作伙伴关系，构建稳定、健康、可持续的中美关系，打造中欧和平、增长、改革、文明的伙伴关系，构建了总体稳定、均衡发展的大国关系框架。我国周边有将近30个国家，其中14个与我国直接接壤，与周边国家关系的好坏将对我国的建设发展产生直接的影响。为此，中国始终坚持与邻为善、以邻为伴的周边外交方针，在实践中践行亲、诚、惠、容的理念，不断深化合作，开创了睦邻友好的新合作局面。中国积极推行多边外交，通过参加国际会议和搭建国家交流合作的平台，不断深化与各国在政治、经济、文化、战略等方面的合作，赢得了世界各国的认可，朋友圈越来越大，与各国的感情也越来越深厚。在以周边和大国为重点、以多边为舞台的外交方针的指导下，中国不断与世界各国深化务实合作、加强政治互信、夯实社会基础、完善机制建设，构建起相互尊重、公平正义、合作共赢的新型国际关系。

建立国际新秩序。反对霸权主义、单边主义、保护主义，缔造一个和平稳定的国际秩序，进而推动人类的共同进步是当下世界人民需求的真实写照。人民的呼声代表着时代发展的方向，中国旗帜鲜明地反对冷战思维、强权政治及零和博弈，坚持国家不分大小、强弱、贫富，一律平等，倡导对话而不对抗、结伴而不结盟的国与国交往的新路，为建立公正合理的新秩序而不懈努力。坐而论道不如起而行之，中国在对外交往的实践中不断践行着自己的理念。中国积极参加联合国的国际维和行动，是安理会常任理事国第一大出兵国。近年来，中国军队先后赴20多个国家和地区参

第十三章　坚持独立自主和对外开放相统一，构建人类命运共同体

加联合国维和行动，组建8000人规模维和待命部队，累计派出维和官兵5万余人次，为维护地区安全与稳定发挥着关键作用。积极为地方热点问题的解决贡献自己的智慧与方案，在朝核问题上，中国坚持半岛无核化，并积极推进各方进行对话磋商；在叙利亚问题上，中国主张尊重叙利亚的主权和领土完整，提倡通过政治手段解决叙利亚问题；在中东问题上，中国希望从地区实际出发，寻求各方利益的结合点，早日实现中东的和平稳定。改革开放40多年，中国的建设取得了辉煌的成就，经济总量不断攀升，在实现自身发展的同时，中国也在为全球的发展而不懈努力，不断加强对非洲等落后地区的投资与援助，中国企业在赞比亚、毛里求斯、尼日利亚等地建立了工业园区，带动了当地经济的发展，2023年，中非贸易额达到2821亿美元的历史峰值，中国连续15年保持非洲第一大贸易伙伴地位。没有公平正义的国际秩序，人类的共同发展只能是纸上谈兵。目前，中国已经与100多个国家、地区和国际组织建立了不同形式的伙伴关系，并利用联合国等国际平台积极参与到国际事务中，随着综合国力的不断提高，中国将推动国际秩序向更加公正合理的方向发展。

推进全球治理。随着各国交往和联系的日益紧密，现有的全球治理体系已经难以适应时代发展的需要，推进全球治理现代化成为历史的必然。在《联合国宪章》及国际法的原则和宗旨下，各国、各地区开展平等对话和协商，使全球朝着普惠、共赢的方向发展，推进国家关系民主化，实现全人类的发展共荣是全球治理应有之义。但现实中，以美国为首的西方大国以人类社会的引导者自居，肆意左右国际规则的制定，本应助力全球发展的国际规则成为他们维护自己私利的"保护伞"，发展中国家和一些落后地区长期被排挤在外，利益受到损害，这样不以人类共同利益为前提的国际治理体系在大灾大难面前必然难以发挥作用。2020年初暴发的新冠疫情将现有的全球治理体系的弊端暴露无遗。各国的交流合作是解决全球性

问题的重要基石，当新冠疫情发生后，中国果断采取措施，并在第一时间对外公布了疫情的相关数据和疫情进展情况，实现了信息共享。反观一些西方国家，在接收到中国政府提供的疫情信息时，认为是危言耸听并置之不理，当疫情在其国内全面暴发，为了转嫁矛盾不断"甩锅"中国，更有世界知名学府罔顾事实发表不实论文、甘当炮灰。中国并没有因受到污蔑而放下身上的责任，截至2023年初，三年来，中国向153个国家和15个国际组织提供数千亿件抗疫物资，与全球180多个国家和地区及10多个国际组织共同举办疫情防控、医疗救治等技术交流活动300余场，向34个国家派出37支抗疫医疗专家组，向120多个国家和国际组织供应超过22亿剂新冠疫苗，向150多个国家和地区介绍中医药诊疗方案，用行动践行了人类卫生健康共同体理念。谣言止于智者，中国通过实际行动赢得了世界的赞誉，中国有效的疫情防控也让世界再次领略了东方智慧的魅力。此次的疫情只是一个缩影，当更多的矛盾与问题不断暴露，推进全球治理现代化才是解决问题的根本之道。中国将不断促进全球治理体系的变革，推动人类共同发展，为维护世界和平、捍卫人类共同利益而贡献中国智慧、展现中国担当，勾画人类发展新蓝图。

尽管世界依旧面临恐怖主义、生态破坏、经济失衡、信任赤字等一系列挑战和问题，但在互联互通的世界，谁也不可能独善其身，面对人类共同的发展，各国需要携起手来，摆脱思维的贫困，牢固树立人类命运共同体的理念，打造更加公平、正义、和谐的世界，不断提升人类应对风险的能力，实现全球治理现代化。从和平共处五项原则到坚持和平发展道路，再到人类命运共同体理念，中国始终是世界和平和发展忠实的拥护者和坚定的维护者。得益于正确的外交政策和方针，在国内外和平稳定的环境中，中国在经济、政治、文化、社会、生态文明五大领域不断发力，中国特色社会主义建设取得了一个又一个喜人的成绩，日益接近中华民族伟

第十三章　坚持独立自主和对外开放相统一，构建人类命运共同体

大复兴的梦想，同时为世界各国的发展提供了新的经验和借鉴。党的十八大以来，以习近平同志为核心的党中央在埋头苦干的同时积极承担国际责任，与各国平等交流、共谋发展，为世界的进步贡献自己的力量。"亲仁善邻，国之宝也"，在全面深化改革的新时期，中国将依旧坚持和平发展，以习近平外交思想为指引，统筹好国内国际两个大局，以更加积极的姿态走出去，为人类进步而不懈奋斗。

后　记

党的二十届三中全会于2024年7月在北京召开。这次会议的主题是进一步全面深化改革、推进中国式现代化。这是坚持和完善中国特色社会主义制度、推进国家治理体系和治理能力现代化的必然要求。通过进一步全面深化改革，充分彰显中国特色社会主义制度优势和伟大的中华人民共和国这个大国的优势。我国全面深化改革蹄疾步稳，充分运用制度优势和国家的力量应对风险挑战冲击、激发经济活力潜能，构建全方位、高水平对外开放的新格局。为系统阐述我国进一步全面深化改革释放出来的制度优势，我们结合党的十九届四中全会精神、二十届三中全会精神组织编写了《大国优势》这本书。

全书具体编写任务分工如下：中共中央党校（国家行政学院）科研部副主任、教授、博导洪向华任主编，负责组织设计提纲，联系出版社，组织编写队伍，承担统稿、负责后记的撰写；第一章由重庆渝中区委党校余玲承担；第二章由湖南师范大学周耀杭承担；第三章由内蒙古讲师团于潇承担；第四章由中国地质大学（北京）杨润聪承担；第五章由内蒙古自治区委党校于美丽承担；第六章由中国纪检监察学院张杨承担；第七章由中国纪检监察学院张杨承担；第八章由中国地质大学（北京）杨润聪承担；第九章由中共中央党校（国家行政学院）叶子鹏承担；第十章由中国石油大学（北京）冯文燕承担；第十一章由内蒙古自治区委党校于美丽承担；第十二章由湖南师范大学周耀杭承担；第十三章由中国石油大学（北京）

后 记

冯文燕承担。

由于时间仓促、能力有限，该书在撰写过程中，难免有不当之处，有些内容也需要进一步完善。本书参考了大量的著作、论文，未能一一列举出来，一并对业内同行表示感谢。

洪向华

2025年3月